U0107780

东西哲学与文明互鉴文库

中山大学东西哲学与文明互鉴研究中心 主编

# 自觉中的直观与反省

〔日〕西田几多郎 著 廖钦彬 译

商务印书馆
The Commercial Press

西田幾多郎

自覚に於ける直観と反省

岩波書店 1917 年

根据岩波书店 1917 年初版译出。

另参考西田幾多郎『西田幾多郎全集』第 2 卷、岩波書店、2004 年；以及

Nishida Kitaro, *Intuition and Reflection in Self-Consciousness*, translated by

Valdo H. Viglielmo with Takeuchi Yoshinori and Joseph S. O'Leary, State

University of New York Press, 1987。

# 总　序

声一无听，物一无文。文，交错也，物相杂故曰文。

举凡古老文明之所以多诞生于大江大河流域或环海之滨，正因彼乃四通八达万方汇聚之所，故各方人群、各种发明、各类技术可以于此相聚会通、相激相荡，由此而有各古老文明孕育生发。故文明本身即诞生于不同因素、不同力量之交流互鉴之中。

而文明之生长持续、繁荣壮大，更离不开与其他文明的相互交流、彼此互鉴。他山之石，可以攻玉。凡古老文明中之源远流长者莫不善于借鉴、吸收外来文明以吐故纳新而生生不息。

当今之世，有各类不同文明并存于天地之间。面对此文明多元之事实，有宣扬本文明之优越而盲目排外者，有信奉文明冲突而彼此敌视者。

然天地之大，无不持载，无不覆帱。我们坚信万物可以并育而不相害，道可以并行而不相悖；我们更坚信，欲求各自文明之持续繁荣发展，必须于不同文明间相互学习、互镜互鉴。兼之，今日之人类实已作为命运共同体生活于同一片天地，必然甚至已经面临若干共同挑战，故我们必须于不同文明间互相学习彼此智慧以应对这些共同挑战。而一切文明之智慧最为集中的体现莫若各民族之哲学，因哲学即爱智慧。

故我们推出此文库，以期让东西哲学与各大文明互镜互鉴，彼此激发，以为各文明也为人类整体走向更加美好的未来寻求智慧之道。

中山大学东西哲学与文明互鉴研究中心

# 目 录

# 中译本体例说明

一、此译本注释中文献信息大部分为小坂国继在《西田几多郎全集》（2004 年）的注释，其他部分为本译者添加的注释，不再另加说明。

二、注释中文献版本及页码信息大部分为小坂国继在《西田几多郎全集》（2004 年）注释中的考证，少量为本译者考证。

三、此译本中出现的个别外文及外文句子之汉译，按照西田本人的译语进行翻译，以求文章整体的协调性。

# 导论一
# 《自觉中的直观与反省》在西田哲学中的
# 位置和意义 *

藤田正胜


## 一

西田几多郎出生于 1870 年（明治 3 年），从 1899 年（明治 32 年）开始的十年间在金泽旧制第四高等学校执教，1909 年（明治 42 年）就任学习院教授，次年以京都大学伦理学讲座副教授身份赴任京都大学。1914 年（大正 3 年）成为哲学讲座教授，在此讲座教书总共 14 年。《善的研究》是西田任职于京都大学的次年，即 1911 年（明治 44 年）从弘道馆出版的第一本著作。之后，西田发表许多著作，现在出版的《西田几多郎全集》（岩波书店）总共有 24 卷。可以说，贯穿西田全部著作的基本思想，早已在《善的研究》中出现。此书出版已逾 110 年，现在仍然脍炙人口，被翻译成中文、韩文、英语、德语、法语、意大利语、西班牙语等多国语言。

《善的研究》为何会被长期阅读？为何会有关于此书的众多研究出现

---

* 此导论专为此中译本所写。

呢？答案有很多种。① 首先我们可以说是因为这本书显露出西田自身独特的哲学思考活动。明治初期，哲学这门学科被介绍到日本，经过四十多年的接纳期后，终于用自己的双脚开始迈步前进。明治44年出版的《善的研究》可说是标志这个历史的纪念性著作。此书也是西田之后的哲学家在形成自身哲学的依据和指标。

然而《善的研究》不单只具有历史价值而已。西田在这本书中直面西方哲学，将自己投入以下议论当中，并针对尚未被完全解决的问题彻底深化自己的思考。《善的研究》视为问题的有"实在是什么？""善是什么？""宗教是什么？"，这些问题以其哲学意图为基础被加以探讨。在论述这些问题时，西田一方面和当时的西方哲学正面对峙与交涉；另一方面亦以佛教、儒教等东方思想传统为基础，在未曾有的、更宽广的视野下来思考这些问题，并展示出他自身的思考。从这个视点来看，可知他置身在所谓西方和东方的中间，对哲学世界开拓出新的展望。这一点正是此书的最大魅力。

## 二

然而，此书并非意味着西田展示出完整的哲学立场。西田本人自觉到在此书之中展开的"纯粹经验"的立场蕴含着很多问题。重要的是，这个自觉或反省成为之后西田思想发展的原动力。西田的思想，事实上有多方面的发展。多年后，比如1937年《善的研究》新版出版时，西田回顾自己思想的轨迹，在"更新版本之际"中如此说道：

> 纯粹经验的立场到了《自觉中的直观与反省》，通过费希特本原

---

① 详见拙著《西田几多郎的思索世界：从纯粹经验到世界认识》（东京：岩波书店，2011年）、《西田几多郎的〈善的研究〉是一部怎样的著作？——〈善的研究〉在日本哲学历史上的影响和意义》（《世界哲学》2021年6期）。关于西田著作，皆引用竹田笃司等编《西田几多郎全集》新版全24卷（东京：岩波书店，2002—2009年），引文以（NKZ：卷数·页数）标记。

行动的立场发展至绝对意志的立场,在《从动者到见者》后半,通过希腊哲学而转向,到达了"场所"的想法。我认为在这里我获得了将我的想法逻辑化的开端。"场所"的想法作为"辩证法的普遍者"被具体化,"辩证法的普遍者"立场作为"行为的直观"的立场被直接化。在此书所说的直接经验世界或纯粹经验世界,现在则变成了历史实在的世界。行为直观的世界、制作的世界才是真正的纯粹经验世界。(NKZ:1·3)

从这段话我们可以读取到西田思想的两面性。一方面,我们可以看到西田的思想从"纯粹经验"立场到"绝对意志"立场,接着从"场所"立场到达"辩证法的普遍者"或"行为的直观"立场的变化。然而在另一方面,我们必须注意到"行为直观的世界、制作的世界才是真正的纯粹经验世界"这句话。西田显然承认自己思想中的一贯性。关于这个两面性,西田在写给弟子高山岩男出版的《西田哲学》(1935年)"序文"中如此说道:"自《善的研究》以来,我的想法既不是从主观出发的,也不是从客观出发的,而是从主客未分以前出发的。即使在今日,仍然没有改变。只是要如何作为哲学来掌握这种直接、具体的立场,要如何思考从那而来的各种问题,在不断地苦心思索中,我的想法也有了各种变化"(NKZ:11·281)。回归到"主客未分以前"这个语言所表达的最直接、具体的立场,并从这里来掌握事物全体的西田,从初期到晚年为止,都没有改变其态度。然而,在要如何掌握该直接、具体的东西,又要如何掌握从那而来的事物全体这些点上,我们可以说西田的思想有了很大的变化。

## 三

具有此两面性的西田思想发展,是随着赴任京都大学而同时开始的。西田去到京都最初得到的东西,便是能立即且详细地知道欧洲学界动向的环境，这对往后西田的思想具有极大的意义。1915 年，西田出版了第二本著作《思索与体验》（除了一篇文章外，其他都是到京都后撰写的）。我们从"序文"的以下内容可以得知，在那样的环境中，西田得到了什么："刚到京都时，驱动我的思想的是李凯尔特等人所谓纯逻辑派的主张和柏格森的内在绵延学说。我对后者有同感，通过前者获得了反省，从两者获得了非常大的助益。"（NKZ：1·166）

关于西田高度评价柏格森哲学，从其弟子泽泻久敬的《吾师吾友》（1984 年）这本书的回忆文章中亦能窥见。在京都大学教授西洋哲学史的九鬼周造曾说过，20 世纪前半最伟大的哲学家是柏格森。听过此话的泽泻，向西田询问过其感想，他如此说道："先生确实明确地说过：'当今哲学家就属柏格森一人！'"。[①] 事实上，西田在赴任京大后，立即和柏格森的著作进行"搏斗"，该年 11 月在京大文科大学杂志《艺文》发表《柏格森的哲学方法论》。接着，在次年 11 月《教育学术界》临时增刊《最近学艺大观》发表《柏格森的内在绵延》（两篇文章皆收录在《思索与体验》）。

西田特别对柏格森的"直观"概念有"同感"。柏格森所说的"直观"，意味着并非从外部来掌握事物，而是进入到事物当中，从内部来掌握它的态度或方法。与之相反，柏格森将从外部来掌握事物的立场称为"分析"。所谓"分析"，不外乎是将对象还原到已知的要素，换言之，即是还原到和其他对象共通的要素当中。与此相对，"直观"意味着进入到正在活动、生成的东西当中，在不失去其生命的情况下，在"动性"（mobilité）当中来掌握它。在一篇题为《形而上学入门》的论文中，柏格森对它进行如下表述："对生命深入地进行探求，通过一种精神的听诊来触知灵魂的脉动"。[②]

关于柏格森的"直观"立场，西田在《柏格森的哲学方法论》中如此解

---

① 泽泻久敬：《吾师吾友：其思想与生活方式》，东京：经济往来社，1984 年，第 20 页。

② Henri Bergson, Introduction à la métaphysique. Œuvres. Textes annotés par André Robinet. Paris 1959, p. 1408.

说道："要变成物自身来看，也就是直观（Intuition）。因此没有能表现它的符号等东西存在，这就是所谓绝言的境界"（NKZ：1·255），"实在的真面目毕竟无法从外部来窥见，只能成为它，从内部来知道它（所谓'如饮水者，冷暖自知'）"（NKZ：1·256）。"变成物自身来看"或"成为它从内部来知道它"的表现，我们也可以理解为是说明"纯粹经验"的语言表现。比如，西田在《善的研究》中批判将精神和自然对置的立场，并如此说道："吾人知道物，只不过是在说自己和物一致。当看到花时，就是自己变成花"（NKZ：1·76）。在这种实在的理解里，我们可以说西田在自身哲学和柏格森哲学之间看到了深度相通的东西。接着是关于把握它的方法，和柏格森一样，西田明确地摒除从分割、分析流动瞬间都不会停止的"活物"出发的方法，亦即从分析前往直观的方法。与之相反，他主张真正的哲学方法就是"从内部直接经验到"变化、流动的东西这种方法，也就是从直观前往分析的方法。

## 四

如方才提及《思索与体验》"序文"的内容所示，西田赴任京大后，新康德学派的思想给予他很大的刺激。从这里西田又获得了什么样的"反省"、"助益"呢？西田在 1937 年改版的《善的研究》之序文"更新版本之际"中如此说道："从今日来看，此书立场是意识的立场，或许会被认为是心理主义。被如此批评也是没有办法的事。"这和方才说西田接触新康德学派① 思想因而被迫反省有很深的关联。

《善的研究》的"纯粹经验"论不就是立足在"意识的立场"、"心理主义"的立场吗？关于这个问题，西田在更早之前，也就是《善的研究》出版的时候就察觉到了。同样在 1911 年，西田于《艺文》发表一篇题为《关于认识

---

① 一般将 Neukantianismus 译为"新康德主义"。现为配合西田译语，使用"新康德学派"。以下皆同。——译者

论中纯逻辑派的主张》的文章。他在此文章里将新康德学派，特别是李凯尔特等属于西南学派的人和在1900年出版《逻辑研究》的胡塞尔全归类在"纯逻辑派"，并论及了这些人对"心理主义"的批判。在哲学里，关于真理有两种立场。其一，真理是彻底的普遍者，是和吾人具体经验并没有关系的东西。其二，与前者相反，真理亦是吾人的具体经验，是从在具体时间流当中被经验的心理事实找到的东西。"心理主义"指的是后者立场，也就是指试图以心理事实为基础，来阐明真理的性质和其基准的立场。西田所说的"纯逻辑派"的人，是从经验事实或意识现象——这些每个都不同，不具普遍性，亦即以"某个认识是否是真理无法判断"、"真理必须是超越个人意识内容和心理事实的普遍者"之想法来批判心理主义的立场。

这些"纯逻辑派"的人的批判，针对的是将认识问题消解在经验性、时间性东西中的立场。他们的批判对在《善的研究》中主张"意识现象是唯一实在"的西田来说，亦是非常深刻、重要的。从这里开始我们可以说西田在《善的研究》之后踏出了思索的新步伐，其具体的记录便是从1913年到1917之间，在杂志《艺文》及《哲学研究》发表的论文。这些论文被收录在西田的第三本著作《自觉中的直观与反省》（1917年10月由岩波书店出版）之中。

## 五

西田一方面对批判心理主义的新康德学派之主张表示同感。在《思索与体验》的"三校订版的序"里，他如此说道："我虽然一次也没有成为康德式的认识论者，但在当时[《自觉中的直观与反省》执笔时期]甚为新康德学派的人所牵动。"（NKZ：1·164）新康德学派的哲学明确区别事实的问题和真理（价值）的问题，无论在认识领域或道德、艺术领域，都揭示出普遍有效的判断根据，并展开细致的讨论。西田受此学派哲学的刺激甚大。然而，在另一方面,他又维持自己的主张,认为在逻辑判断以前的"直观的某种东西"(NKZ:1·185)才是最丰富的、应该成为所有认识基础的东西。西田从新康德学派的哲学受到很大刺激的同时,又对该哲学提出如下的问题:难道没有必要去问以逻辑范畴为基础的事实把握以及和在那以前的"根本直观"之关系吗?《自觉中的直观与反省》就是在这种问题意识下被撰写的。西田以"可以从深层的根柢结合现今的康德学派和柏格森"(NKZ:2·5)的表现,来说明自己的目标。

如何结合两者成为最重要的课题,在此,西田注意到的是"自觉"。在《自觉中的直观与反省》的"序文"中,西田如此说道:"我撰写这些文稿的目的,在于依据我所谓的自觉体系形式来思考所有实在,以此试图说明被认为是现今哲学的重要问题,即价值和存在、意义和事实之结合。"(NKZ:2·5)"自觉"是对自己的反省,同时其自体是一个直观,亦即无限的自我发展作用。西田认为通过将实在掌握为"自觉的体系",或许能够为哲学所直面的各种问题提供解决之道。他在此"序文"中提到自己会以那种方式来理解实在的契机,正是来自费希特的"本原行动"(Tathandlung)概念。

西田在《哲学研究》创刊号发表《现代的哲学》(撰写于1916年,和《自觉中的直观与反省》的第27—29章几乎是同时间发表)。在这篇文章中,他将费希特的"本原行动"视为其活动同时是让其存在成为可能的根源性活动,并如此说道:"在费希特看来,我是在其自身产生内容的创造性作用。"(NKZ:1·270)西田在"反省直接成为发展的过程,知道直接成为事实"(NKZ:2·53)这一点上,看到了"自觉"的特征。西田通过突显出该结构,来高度评价费希特。在《现代的哲学》这篇文章里,西田如此说道:"我想我通过费希特初次阐明了宇宙核心,亦即可称为阿基米德支撑点[ποῦ στῶ]的自觉真相。"(NKZ:1·271)在《自觉中的直观与反省》里,西田试图阐明所有实在具有这种结构,也就是"在其自身之中包含有发展动机,自我反省即是自我存在、发展的自觉体系"(NKZ:2·128)。

西田通过注意到"自觉"，试图统一直观和思维（反省），据此探索一条以批判方式来超越新康德学派立场的道路。他以李凯尔特、柯亨、胡塞尔，甚至是美学家康拉德·费德勒的思想等为线索，试图从各种观点打造讨论思维和直观的结合之基础。然而，这些尝试并没有获得成果。在《自觉中的直观与反省》的结论部分，西田的想法有很大的转变，开始在自觉体系背后思考"绝对自由的意志"。这个绝对意志的否定面是纯粹思维，认识的世界就是在这里成立。相对于此，其肯定面是"神秘的世界"，艺术和宗教就是在这里成立。（参见NKZ：2·244）西田依据伪狄奥尼修斯或爱留根纳，针对这个"绝对自由的意志"如此说明道："这种从无生有的创造性作用的点、绝对直接不添加任何思维的地方，在那里有绝对自由的意志存在。我们可以在这里接触到无限的实在，也就是能够接续到神的意志"（NKZ：2·217）；"意识的真正的背后，必须和每一个无限的神秘世界相连结"（NKZ：2·231）。

西田回顾自己在《自觉中的直观与反省》的思索轨迹，在该书"序文"如此记述："一开始我只是想简单地结论一下而已，然而当我彻底地思考下去，结果是在疑问之上产生疑问，在解决之上需要解决，在一味地撰写文稿的情况下，最终完成了一本书。"（NKZ：2·5）

在如此记述之后，西田在此书"改版序"中以更明确的方式承认自己的这本书是"艰苦奋斗的纪录"，并如此抒发自己的心情："在几经波折之后，我最终必须说我既没有提出任何新的思想，也没有解决什么东西，或许免不了别人'刀断矢尽向神秘军门请降'的讥讽。"（NKZ：2·11）"向神秘军门请降"指的是前面所提到的、吾人能在那里以中世神秘哲学家为依据，将"绝对自由的意志"接续到神的意志这一点。

在"改版序"里，西田如此说道：在"绝对意志"的立场里，"真正的最后立场尚未被掌握。因此被人指出问题在尚未解决的情况下遗留了下来，也是无可奈何的事"。（NKZ：2·3）西田真正将自己的"经验"概念之心理主义性格消除,对上述"未解决"的问题给予一个解答,是在《善的研究》出版16年后的《从动者到见者》中展开的"场所"思想。这在本文一开始引用《善的研究》"更新版本之际"的"通过费希特本原行动的立场发展至绝对意志的立场,在《从动者到见者》后半,通过希腊哲学而转向,到达了'场所'的想法"这句话中可以看到。场所的想法并不把意志视为最终的东西,而是在其根柢进一步思考"直观"而成立的,也就是通过"思考在所有东西根柢里的无见者的见者"、"将所有存在者、活动者视为自身是无、在自身之中映照自己的东西的影子"(NKZ:3·255)而成立的。关于这个转换或发展,西田如此说明:"是从费希特的唯意志论到一种直观论的转向。"(同上)

## 六

从另一个角度我们可以这样说:西田哲学就是在这个"艰苦奋斗"中被确立的。西田的一位得意门生下村寅太郎,针对西田赴任京大后的思想之新发展,用"我的感觉就是看到了鲤鱼从旧水池被放到洋洋江河后,极富生命跃动、银鳞闪闪发亮、回溯湍急河流的跃动光景"[1] 这个富诗意的文句来表现。事实上,我们可以说《自觉中的直观与反省》是西田哲学新开展的出发点。

此外,如何理解蕴含逻辑判断以前的吾人丰富内容的经验和以逻辑范畴为基础的事实掌握之间的关系,又如何连结两者的课题,亦可以说是现代吾人被赋予的课题。挑战这个困难的问题并"艰苦奋斗"的西田,给予现代的我们很多启发。衷心期望读者能在此书汲取到这些启发。

---

① 《下村寅太郎著作集》第12卷,东京:美篶(みすず)书房,1990年,第299页。

# 导论二
## "经验的一个场域"、
## "唯一实在的唯一活动"、自觉[*]

板桥勇仁

一

西田几多郎（1870—1945）可以说是自发端于古希腊的"哲学"真正开始传入 19 世纪日本后，到现代为止所出现的日本哲学家当中在世界上最著名的一位。西田在第一本著作《善的研究》（1911 年）出版以后，经 30 年以上的思索发展，确立了一个自身独创的哲学体系。自"西田哲学"诞生以来，日本不仅出现继承它的思想，亦出现批判它的思想，也有出现假装对它没有任何兴趣的思想。然而，不管出现什么思想，在谈论日本哲学史时，必不能绕过西田哲学及其影响。

西田几多郎出生于石川县古都金泽的近郊，和在国际上享有禅思想家之名的铃木大拙的居住地离的很近，两人在少年时期就一直有交往，直到辞世。西田于 1891 年进入东京帝国大学文科大学选科研究哲学，1894 年毕业后，回到故里金泽的第四高等学校教书，并继续他的哲学研究。《善的研究》

---

[*] 此导论专为此中译本所写。

正是西田执教于京都帝国大学后出版的。此书让无名的西田成为学界耳熟能详的哲学家,西田也自此开始受到众人的瞩目。

《善的研究》出版后不久,即成为当时高中生必读的书物,因而名声大噪。西田自述此书是以人生问题为中心来展开的。即使这本书的内容并不是那么平易近人,也不太具有启蒙性质,但依然获得了广大的读者群。

西田在进入京大后,得到了一个能真正开始他哲学研究的环境,以此为起点试图以批判的方式来超越《善的研究》的立场,并进一步确立自身立场。这些批判性的文章先后被刊载在京大主办的刊物《艺文》和《哲学研究》等。在这些文章当中,属于介绍或批评同时代西方哲学类的哲学短文被收录在《思索与体验》(1914年),而以《自觉中的直观与反省》为题发表的论文以及他在东京哲学会的演讲稿,则被收录在《自觉中的直观与反省》(1917年)中。

《自觉中的直观与反省》不仅针对康德、费希特、黑格尔、叔本华等近代德国哲学家,还针对其他西方同时代哲学思想家,比如柏格森、胡塞尔、李凯尔特、柯亨等人进行研究和解释,是一本极为难解的研究专书。此书结论部分,甚至还导入爱留根纳、波墨等基督教的神秘思想以及大乘佛教的空无思想。此书虽说是西田的初步尝试,却能看出其独创性的思考。事实上,此书内容的展开呈现出其暗中摸索的样貌。也因这些原因,此书在现今日本学界仍不为人所知,和西田其他著作相比,并没有受到很多研究者的关注。本书对现今日本学界的影响,相对来说也比较不明显。

然而,此书出版时的情况和现在有所不同。从难读的纯哲学内容来看,此书并没有像《善的研究》那样获得广泛的读者群。但此书却被认为是一本极为专门且具真正创造性的哲学研究专书,因而受到关注。它给那些对哲学有关心、有兴趣的人带来在思想史上不可忽视的巨大影响。之后成为著名哲学家、评论家的三木清,就是在高中时代听了西田在东京哲学会的演讲,才决心进入其门下。此外,高坂正显等形成之后所谓京都学派的著名哲学家,亦是受到《自觉中的直观与反省》中的思想之冲击,而决定受教于西田。代表日本的著名诗人中原中也倾倒于《自觉中的直观与反省》,亦是众所周知的事。在这个意义上,讨论西田哲学对日本思想界的影响,必不能缺少《自觉中的直观与反省》这本书。西田的研究活动在为学界所知之后,给予研究者强烈印象的便是《自觉中的直观与反省》的内容及其特有的魅力和价值。

二

如前所述,《自觉中的直观与反省》反映出西田试图以批判方式超越《善的研究》,进一步确立自身立场的轨迹。贯穿此书的核心是西田的这句话:"我撰写这些文稿的目的,在于依据我所谓的自觉体系形式来思考所有实在,以此试图说明被认为是现今哲学的重要问题,即价值和存在、意义和事实之结合。"(NKZ:2·3)① 而这个核心必须通过理解西田想要超越《善的研究》中的什么,才能被精确地捕捉到。

首先让我们来整理一下《善的研究》中的西田哲学特征。哲学的目标大抵是在逻辑思考中捕捉真理,而传统西方哲学大多是通过从日常现实中抽离出具本质性、普遍性的东西来捕捉真理。然而,这种做法是将真理设定为在日常之外的东西之立场,或者是对在某处让每个东西得以成立的原理进行区分的立场。相对于这种想法,西田哲学则主张让日常现实得以成立的原理和让真理得以成立的原理无法分开。其哲学以日常现实作为终极真理的场域。

对西田来说,吾人自身生活于日常,就是在和其他存在者之间的彼此交涉下生存的意思。捕捉日常的现实,事实上,就是不将吾人自身和其他存在者视为独立、个别的存在者,而是从彼此交涉活动的场域全体来掌握二者。用《善的研究》的话语来说,就是不将两者作为在哲学传统用语当中被区分

<hr>

① 关于西田著作,皆引用竹田笃司等编《西田几多郎全集》新版全 24 卷(东京:岩波书店,2002—2009 年),引文以(NKZ:卷数·页数)标记。

为意识的"主观"和被意识的"客观"、主动的"主体"和被动的"客体"时的那种"主"和"客"这种独立者，而是将两者作为一个"统一活动"的两个面向来掌握。比如，当我们一起听音乐时，就是原原本本地捕捉它，音乐、听音乐的我和其他人全都形成一个场域，并在这里一同活动。

西田哲学表明的是，在这种日常经验的直接态中，自我、物、他者皆不离一，而且这些又彼此相异分离，自我并非他者而是自我。换言之，西田哲学要说明的是，自我、物、他者（甚至是宗教的"神"）为一，而且这些又是异质、异他、彼此分离的存在，这两者同时是一个事态，又不将重心倾向任何一方。我们可以说西田摄取西方哲学和东亚传统思想，同时又指出两者尚未达到完美的思索过程，显示出其哲学在世界上的独特地位。

以下将对《善的研究》的内容进行一个简单的回顾。西田在《善的研究》第二编"实在"第一章"考究的出发点"中，阐明了自己的哲学思想基础。那便是"排除所有人工假定"，"将直接知识作为根本而出发"（NKZ：1·40）的立场。西田如此说道："在吾人常识里，通常都是认为物离开意识存在于外界，心存在于意识背后进行各种活动。然而所谓物心的独立存在，只是经由吾人思维的要求而被假定的东西，因此有要怎么怀疑就可以怎么怀疑的余地。"（NKZ：1·40）主观（意识）和客观（物），既不是首先和另一方彼此以独立形态存在之后又彼此相互交涉，也不是两者之间没有任何不同。无论是主客独立分离（不同）或者主客无差别（同一），此两者同样都是以独立自存的"主观和客观"这种对立图式为前提。事实上事情并非是如此，应该说主客两者彼此不同，相异又相互交涉的事实，亦即那种所谓"场域"全体作为其自身一开始就已经成立。西田在《善的研究》执笔后所写下的讲义笔记里，如此说道：原本主观和客观的区别并非是根本的，本来应该是"经验的一个场域"①。（NKZ：15·111）也就是说，"经验的一个场域"本

---

① 不仅在新版西田全集（岩波书店）的第15卷第111页，就连在旧版西田全集中，亦能确认西田使用 one field of experience 这个表述。

身就是直接经验。因此，在这个"一个场域"的背后或根柢里，已经没有任何东西是先行存在的。主观和客观一开始就是向他者敞开的、直接的一。原本主观（自己）和客观，就是以相互表现其他存在的方式，而且是以无法分割的方式而存在的。主观（自己）和客观各自有其固有方式反映、表现这个"一个场域"全体。

根据以上说明可知，在西田看来，这种实际上吾人总是已经在那里存在，现在在那里存在的"一个场域"的事实，正是真正意义上的"直接知识"。西田在《善的研究》里举了一个具体例子，亦即听众和音乐成为一体的例子。（参见NKZ：1·49）因此所谓"直接知识"，就是原本作为一个"场域"而成立的经验事实作为其自身而直接显露出来，也就是其原原本本的事态。换言之，就是在其背后或根柢中的、能成为根据的、没有任何东西存在的那种最具体的事实本身的经验。西田称这个"直接知识"为"纯粹经验"。此概念虽是借用詹姆斯"pure experience"这个概念而来的，但在西田哲学里，却以一种独特的意义被使用。

此外，西田又将这个"纯粹经验"作为"唯一实在的唯一活动"来加以重新掌握。在此"纯粹经验"事实背后或根柢里，既没有先于东西出现的任何实体（本体），亦没有基体。因此，作为"一个场域"的经验事实，指的不外乎是在其全体中让自己作为该物而成立的创造性活动本身。如上所述，在纯粹经验的事实里，主观和客观或自己和一切存在彼此相互敞开，直接形成"一个场域"。这在"不是主客分离（多）就是主客无差别（一）"这种排他的二分法里，是不会存在的。"纯粹经验"包含了主客的一（统一）和多（分化）这两个自身的面向，因此是将一切包含在自身之中的"唯一实在"。也就是说，"纯粹经验"是"唯一实在的唯一活动"（这又被称为"统一作用"或"统一力"，其自身是作为万物根本的"神"）。正确来说，它是自得这个活动，并以此来进行活动的经验。

在此须注意的是，无论是由吾人对象性的、概念性的思维或反省所构想出来的、独立自存的主客对立图式，或者是在实际生活中的自他对立、冲突的图式，这些都只是被定位为这个"唯一实在的唯一活动"的一个面向而已。这种主客对立的现象，或者用西田的语言来说的话，就是主客"不统一"的现象，是在唯一活动的多样（分化）面向中成立的。但这种现象会出现，也是在和此活动中的统一（一）不即不离的状态，亦即原本的经验被抽象化、扭曲化，多样（分化）面向似乎只要如此就能成立那样地存在的时候。因此，概念性的思维和实际生活中的自他冲突，并非无法被回避或消除。相反地，在唯一活动之中一同经验这些东西（多）和统一（一），才是所谓的不离原本经验。在这里，思维始终是概念性的思维，同时却已经不再是和统一分离的"不统一"，它在不构成主客对立图式的"一个场域"之中成为活动的思维。此外，自他冲突也已经不再是和统一分离的"不统一"，吾人生命并不构想独立自存的自他对立，而是变成在"一个场域"之中接受、肯定自他冲突，并据此而得以存续的东西。《善的研究》所追求的，便是在原本经验，亦即"纯粹经验"的"一个场域"之中，显示出吾人的思维和生存方式的一切。

## 三

对于《善的研究》的内容，高桥里美在 1912 年发表了题为《意识现象的事实及其意义：读西田氏著〈善的研究〉》（《哲学杂志》第 303、304 号）的文章。西田受到此批评文章的刺激后，撰写了一篇题为《对高桥（里美）文学士对拙著〈善的研究〉之批评的回答》的回应论文（载于《哲学杂志》第 307 号，之后收录于《思索与体验》）。西田并不满意这篇回应论文，甚至发现自身立场的局限，并开始撰写收录在《自觉中的直观与反省》中的系列论文。

高桥在其论文中，以五点来展开对西田的批判。高桥认为若西田所说的纯粹经验的"唯一活动"已经没有统一和不统一之区别的绝对基准的话，那么"一方面真正的纯粹经验不仅会消失，同时在另一方面也很难说明和它形成对立的意义之起源"。[①] 高桥提出"数学真理等的普遍性是以何种方式被奠基"的问题，同时又如此论述道："意识超越意识作为事实是不可能的，因此除了作为意义来超越它之外没有别的道路"，[②] 超越有限的一个事实并担负客观真理，不外乎是意识事实所持有的"意义"，因此事实和意义必须被明确地区分开来。[③] 然而，根据高桥的说法，由于西田试图从纯粹经验这个事实导出意义和思维，因此无法对将体系全体纳入视野那种具有客观性的意义内容和认识它的判断或思维这两者进行奠基的工作。

相对于高桥的批评，若从《善的研究》的立场来看，原原本本的经验事实本身就是"唯一实在的唯一活动"本身的经验。在这个意义上，每一个经验事实就是实在的客观乃至普遍真理的经验。因此，高桥认为担负客观真理的只能是"意义"的见解，无疑是一种错误。此外，高桥认为的、带有客观性的意义内容和认识该内容的思维，在西田看来，只是对应到在"唯一实在的唯一活动"的分化（多）面向中成立的概念性思维而已。西田针对这种思维的客观性，用一种和高桥不同的方式来进行保证。西田认为思维客观性的保证，必须通过思维活动在这个唯一活动中和统一（一）成为一个的方式被经验到的事实，才能成立。也就是说，思维的客观性必须通过无法被概念性思维规定的经验事实的直接性，方能受到保证。

那么，针对高桥挑起的问题，西田是否给予了充分的回答呢？如果答案是否定的话，那么我想应该是如此：西田或许没有针对"以概念方式思维、反省'唯一实在的唯一活动'，并将它建构成作为学问的哲学是如何可能的？为何又是必要的？"的问题提出他自己的答案。这同时也暴露出，主张

①　《高桥里美全集》第 4 卷，东京：福村出版，1973 年，第 166 页。
②　同上书，第 174 页。
③　参见上书，第 174—175 页。

必须在原原本本的经验当中阐明吾人思维和生命的一切的《善的研究》之不足（一种在原理上的不完备）。西田虽然试图在《对高桥（里美）文学士对拙著〈善的研究〉之批评的回答》中，从自己的立场来回应高桥的提问，但这显然已超出《善的研究》的立场，西田本人也只能承认这本书的局限和缺陷。

据上可知，西田在《自觉中的直观与反省》中主张"我撰写这些文稿的目的，在于依据我所谓的自觉体系形式来思考所有实在，以此试图说明被认为是现今哲学的重要问题，即价值和存在、意义和事实之结合"（NKZ：2·5）中的"意义和事实"，显然和上述脉络有关。西田以高桥提出关于"意义和事实"的问题为契机，开始摸索超越《善的研究》在原理上的难点，并试图在这条线上和新康德学派关于价值和意义的认识论进行对决。

## 四

在《自觉中的直观与反省》的一开始，西田提出以下问题："所谓直观，就是主客未分、能知与所知为一，现实本身的、不断发展的意识。所谓反省，就是在此发展之外反过来观看此发展的意识。……对只认为无论如何也无法离开直观的现实的我们来说，这种反省是如何可能的呢？反省如何与直观结合呢？后者对前者来说，有何种意义呢？"（NKZ：2·13）这个问题本身应该是从新康德学派的李凯尔特的立场被提出来的。也就是说，这是"只要从直观出发的话，反省就无法产生"这种否定式的回答被设定在里面的那种提问。

然而，《善的研究》明确表示直接的、原本的经验事实作为其自身，就已经是包含思维和反省的活动。在这个思维和反省中被认识的意义内容之客观性、普遍性，究竟是如何被保证的呢？这确实成为一个大问题。然而至少我们可以知道，后者并非是事后从外部和前者进行结合的东西。《善的研究》正是要表示这种问题设置方式本身是错误的，而西田在《自觉中的直观与反省》中便是将这个包含思维和反省的、经验事实的唯一活动本身作为"自觉的体系"来进行一种新的诠释。

那么，这个"自觉的"指的是什么呢？详细内容必须从此书内容来进行理解，但本人认为有必要稍微解释一下，因为这和读者所想象的意思有很大的不同。

此书所说的"自觉"活动，并不是以个人的自我意识样态为基准而被假设出来的东西。所谓"自觉"就是自己在自己之中映照、描摹自己。（参见 NKZ：2·14）依此，该活动本身才能维持自我同一性。反过来说，自我回归的自我表象（像化）之活动，亦即自我表现的活动本身维持其自身，这被西田称为广义上的"自觉"。西田在此书使用了一个比喻来说明"自觉"活动本身及其表象、表现："虽说离开物不会有影子，但离开影子亦不会有物。"（NKZ：2·233）这意味着并不是有先于自我表现活动的什么存在，并在表现它自己。自我表现的活动本身一开始就已经存在。

关于上述的表象（像化）或表现，西田经常将它们替换成"限定"来进行表现。西田认为最直接的经验事实，就是其自身作为这个自我限定的（自我表现的）活动而成立的。这和《善的研究》的立场，亦即在最直接经验的"唯一活动"里，主观（自己）和客观各自以其固有方式反映、表现那"一个场域"全体的立场有类似之处。然而，在《善的研究》里，"唯一活动"的统一或全体的一性虽成为焦点，但每个经验之场域或在其中的每个自我，以其固有方式表现全体的一性这种个别、分化的多样性面向，并没被充分地掌握到。对"自觉"的关注，便是以克服这一点为目标的。

那么，经验这种自我限定的（自我表现的）活动，为何不被称为其他概念而要被称为"自觉"呢？如果将此书最后的结论进行一个整理的话，我们就会知道那是因为这种活动是以在吾人自身的每个经验中被深化、彻底化的方式来实现的。我们可以说这就是吾人自我的经验在经验的一个场域,将自己的固有性在自己之中显示出来,也就是说,这就是在该意义下"自觉"到经验它自己。当然,此处所言吾人自身的经验自觉,唯有在直接经验的一个场域中作为该唯一活动,才能得以实现。也就是说,在《善的研究》里,吾人自身的经验自觉唯有作为唯一实在的唯一活动这种包含一切的实在全体之活动,才能得以实现。换言之,实在全体的唯一活动之自我限定、自我表现,便是以发挥每个自己的每个经验之固有性的方式被实现的。我们可以说这才是此唯一活动全体的自我限定、自我表现的彻底深化。如此一来,在这种自我限定、自我表现当中,吾人自我经验的"自觉"才能得以实现。

在处于直接经验的事实里的吾人自身经验之自觉里,实在全体的活动是作为自我限定、自我表现的活动而实现的。然而,此两者事实上是双重且不即不离的。此二重性本身是在实在的自我限定活动的自我回归、自我同一性中成立的。这一事实必须通过在吾人自身经验中被显现、被自觉的方式才能成立。据此,实在全体本身才能作为"自觉的体系"而成立。西田认为实在体系的自觉在吾人自身经验中产生的是吾人自身经验的自觉。

# 五

以上是先行讨论本书全体的部分。接着,我将从此书第一节开始,按照顺序进行简单的整理。以下依序表示的是,在各种领域、维度上乍看下是以对立形式出现的、个别的内容(换言之即经验的事实)和普遍的形式(换言之即客观的意义),事实上是在包含两者的体系之自我限定、自我表现中彼此以表现其他存在的方式一同存在的。如西田本人在"序"中所说的,此书考察的内容和形式的关系有四种:(一)如"甲是甲"这种形式判断下的内容和形式;(二)在更具有内容的逻辑思维中的内容和形式;(三)在知觉经验等中的、包含思维的内部意识作用和外部对象彼此交涉中的内容和形式;(四)在吾人行为活动中,物体、身体、精神彼此交涉中的内容和形式。西田认为在每个领域或维度中出现的内容和形式的对立,若能在包含此两者的更深、更大的体系之自我限定活动当中被定位的话,那么就可以理解到,此两者只不过是一个活动的两个面向而已。也就是说,作为对立的形式和内容,在不失其固有性的情况下,实际上是以"无法分离的一"这种方式存在的。

到了第三十九节,西田最终提出一个预想,即让所有维度上的内容和形式统一,并使之以"一"这种方式存在的自我限定活动,便是作为"意志"的自我限定活动。紧接着,西田在自第四十节以后的结论中,如此展开其论述:这个作为"意志"的自我限定的"自觉体系",便是创造性的"绝对自由意志"的活动。直接经验便是让思维中的客观、普遍的意义内容成立的东西。然而,在我看来,对于到第三十九节为止的、在吾人自身经验之中自觉到"自觉体系"之自我限定活动这个过程和第四十节以后的、从作为"绝对自由意志"的"自觉体系"的自我限定活动来说明吾人自身经验的自觉这个过程,西田并没有进行明确的说明。具体来说,西田并没有明确地说明这两个过程是如何结合又是如何联动的。西田虽然论及"自觉体系"是作为人格统一的自觉体系,亦即是"绝对自由意志"的活动,但关于这部分的讨论并不是很充分。我认为西田的"绝对自由意志"极有可能是受叔本华主张没有根据的"作为物自体的意志"之影响,这个影响可说是自《善的研究》以来的影响。

以上虽还有不明了的地方,但本人认为将直接经验本身作为自我限定、自我表现的"自觉体系"活动来加以阐明的思想富有很多启发。不仅如此,在西田的个别讨论当中,我们仍然能看到一些饶富兴趣的见解。这对熟读此书的人来说,或许会有推进自身哲学思索的效果。

# 六

以上我已经简单地说明此书的问题是什么,西田针对此问题是如何进行思考的。最后,我想谈谈此书对之后西田哲学发展具有何种意义。

西田被认为最具独创性的"场所"思想,是在《从动者到见者》(1927年)这本书中被确立的。此"场所"思想经过各式各样的修正,在西田最晚年的思想当中仍然能见其踪影。"场所"思想的确立,便是以西田注意到"自己在自己之中映照自己"这个"自觉"中的"映照的场所"为开端的。西田在《从动者到见者》中,将自我限定、自我表现的"自觉"活动视为"直观"而不是"意志"。从这里可以知道,考察此书的立场和"场所"思想之异同,是掌握西田哲学全体图像不可或缺的工作。

此书的思想不仅和《从动者到见者》有关,亦具有和《哲学论文集第三》(1939年)中的"绝对矛盾的自我同一"思想直接相关的内容。在此书的最后部分(跋),西田如此说道:"吾人最直接的绝对自由意志既是'创造与不被创造'(creans et non creata),同时又是'既不被创造也不创造'(nec creata nec creans),无处不包含吾人自身的否定。"(NKZ:2·271)当然,这并非只是在说神秘主义或否定神学的见解,相反,是在说作为"绝对自由意志"的自我限定活动,事实上不能和"创造与不被创造的东西"的自我回归、自我创造之活动等同视之。这种自我创造的活动,是以自我为原因、以自我为根据的活动,而其自我同一性是在其自身之中依据自己来保持自身存在这种自足的、自我完结的东西。即使是单纯的"既不被创造也不创造的东西"亦相同。然而,西田在上面的引文中主张,绝对自由意志说的是,此两者以"一"的方式成立。这意味着如同"无处不包含吾人自身的否定"那样,绝对自由意志是在自身之中包含否定以自我为原因、以自我为根据的自我完结而成立的。我认为这已经显露出后期西田哲学中的"绝对矛盾的自我同一"思想的雏形。因为"绝对矛盾的自我同一"思想主张存在者的自我同一性，就是在自身之中包含否定保持自身存在这个自我同一性，并以和此种自我同一性不同的方式成立的。我们可以从此书的西田论述当中看到理解日后发展出来的西田哲学之本质所不能或缺的论点。

在本书"改版序"（1941年）中，西田如此说道："作为最后的立场，我提出绝对意志的立场会让人想到今日我说的绝对矛盾的自我同一，但此立场要到达这个想法还非常遥远。"（NKZ∶2·3）"此立场要到达这个想法还非常遥远"这句话，并非在贬低此书的价值。这句话是西田在此书出版24年后所写的。应该说，西田论及自己经过24年所达到的哲学和此书的亲缘性，才是我们必须加以重视的。此书对于后期西田哲学来说具有无法忽视的价值。

# 序

　　此书是我从大正 2 年（1913 年）9 月到今年（1917 年）5 月为止，花了数年时间所撰写的论文集，前半部分曾刊载在《艺文》，后半部分曾刊载在《哲学研究》。一开始我只是想简单地结论一下而已，然而当我彻底地思考下去，结果是在疑问之上产生疑问，在解决之上需要解决，在一味地撰写文稿的情况下，最终完成了一本书。我撰写这些文稿的目的，在于依据我所谓的自觉体系形式来思考所有实在，以此试图说明被认为是现今哲学的重要问题，即价值和存在、意义和事实之结合。当然，我所谓的自觉并非心理学家所谓的自觉，而是先验自我的自觉、费希特所谓的本原行动（Tathandlung[①]；日语：事行）。[②] 我认为我会获得这种思想的启发是来自罗伊斯（Josiah Royce）《世界和个人》第一卷的附录。当我写下收录在《思索与体验》中的《逻辑的理解和数理的理解》这篇论文时，已经有了这个想法。之后，我想彻底地追寻、探究此想法的动机便是此书的起源。若能达到此目的的话，我认为通过给予费希特新的意义，应该能够从深层的根柢结合现今的新康德学派[③] 和柏格森。

---

[①]　本原行动（Tathandlung）是费希特哲学的核心概念，由"事态"（Tat-）和"行动"（Handlung）两个词组成，它指的是纯粹自我或绝对自我生成客体和对象的原初活动。本原行动不预设任何与之相对的客体，相反，它在行动中产生客体。本原行动是任何意识活动都必须预设的先验前提。

[②]　费希特：《全部知识学的基础》（*Grundlage der gesamten Wissenschaftslehre*），1794 / 1795 年，《费希特全集》（I. H. Fichte 编），1845—1846 年，第 1 卷，第 96 页。

[③]　本书译文配合西田译语，以下皆使用"新康德学派"，不使用"新康德主义"。

本书第一节到第六节论述的是我起草此论文时的大致构想。首先我阐明了我所谓自觉的意义，依据意义即实在、包含无限发展的自觉体系，论述了能够说明价值和存在的根本关系之预想。然而，这里越是思考就越产生各种问题，我亦诚挚地提出了对此所产生的疑问。当时，我单纯只是以实在世界是以应然的意识为基础而成立这个理由，大致将意义的世界和实在的世界之区分思考为相对性的。而在第六节，我试图说明普遍和特殊的区别。然而，现在回想起来，该思想和语言表现都极为不充分。此思考的充分理解必须在本书的最后寻求。

在第七节到第十节之间，我试图打造本书议论的基础，针对自同律的判断那种极为单纯的逻辑思维体验，阐明了其极为形式的一种自觉体系，论述了在最普遍的形式里应然和存在、对象和认识作用、形式和内容的对立及相互关系等已经被包含在其中，并试图以最根本的方式阐明这些在具体经验中的各种范畴的意义及关系。在第十一节，我反省了所谓经验界是否能和上述形式的思维体验作为同一体系来进行说明，并认为在此两者之间存在着众多难以超越的间隙。在第十二节，我为了阐明从"单纯被认为是形式的逻辑思维体验"到"具有内容的所谓内容的经验体系"的内面必然之推移，以过去在《逻辑的理解和数理的理解》[1]中的论述为基础，顺着从逻辑到数理的道路，以最根本的方式论述了形式获得内容、抽象物发展到具体物究竟意味着什么，亦即针对最抽象的思维体验阐明了经验的内面发展，也就是生命冲动（élan vital）[2]是什么。这也是本书的根本思想之一。我在此虽然找到了一些曙光，但从思维世界到所谓实在世界的转移并不是很容易。在第十三

---

[1] 此短篇发表于《艺文》第 3 年第 9 号（1912 年 9 月），之后被转载在《数学教育资料》第 1 辑（1924 年 10 月），收录于西田第二本著作《思索与体验》当中。见《西田几多郎全集》（新版）第 1 卷，第 202—213 页。

[2] 柏格森：《创造的进化》（L'Évolution créatrice），1907 年，《柏格森著作集》（Textes annotés par André Robinet），1984 年（初版 1959 年），第 710 页。L'Évolution créatrice 有《创造进化论》《创化论》《创造进化》几种翻译，在此译成《创造的进化》。此外，按照学界汉译习惯，将 élan vital 翻译为"生命冲动"。若按西田的文脉，亦可翻译为"生命飞跃"或"生命跳跃"。

节,我将和思维形成对峙的经验的非合理性或客观性归结于经验自身和思维一样都是独立的自觉体系,但它是何种体系,此外它和思维体系又是如何结合的问题尚未明确。总之,从第十一节到第十三节之间的内容,可视为从思维体系的研究到所谓经验体系的推移部分。

如前所述,若想将所谓经验的体系和思维的体系一样都视为自觉的体系,将所有体验作为同一体系试图结合意义和实在的内面连结的话,首先必须阐明知觉经验亦是在其自身发展的自觉体系。第十四节则是将议论转向了这个问题方向。从第十四节到第十六节之间的内容论述的是我对此问题的大致想法及其难点。我在思考上述问题时,从柯亨关于"知觉的预知"之创见找到了饶富兴趣的东西。然而,柯亨即使说明了意识状态,却依旧缺乏对意识作用的起源之深层思索。关于此点,我认为需要有对于意义的世界和实在的世界之分歧点的深入考察、探究。我无法只停留在认识论,我追求的是形而上学。

从意义的世界到实在的世界之转移的难点,显然就在于意识作用的起源。第十七节之后议论主要转向了意识问题的方向。针对此问题,如我在第十七节所言,在其自身是无限的理念,限定它自己的是意识作用,无意识和意识的关系具有柯亨所谓 $dx$ 和 $x$ 这种预想。他认为意识到某一条直线便是无限级数在限定它自己。然而,柏拉图的理念又是如何堕入到现实里的呢?要将上述想法彻底地贯彻下去,并非一件容易的事。我在此感觉到必须针对心理学家所谓的精神现象进行深入的思考。如第十八节所示,我思考了心理学家将意识现象作为特殊的实在来思考究竟是怎么回事的问题。为此,我亦对心理学分析的意义进行了思考。我对此的想法如后面详述的,不把精神现象和物体现象视为各自独立的实在,而是视为具体经验相关的两个面向。直接的具体经验并不是心理学家所说的意识那样的东西,它们分别是立足在先天( a priori )①之上的连续。其统一作用的方面是

---

① 小坂国继指出"先天的"( a priori )是"后天的"( a posteriori )的反义词。西田使用的含义包含有名词化的"先天的原理"或者"先天的立场"。

主观的,与之对峙的被统一对象的方面则是客观的。然而真正的客观实在是连续本身。第十九节和第二十节主要是依据费德勒(Conrad Fiedler)的想法,主张知觉经验在其纯粹状态下是形式作用,连续的东西是真实在。从第二十一节到第二十三节是依据连续直线的意识,试图论述在创造体系中的主客观对立及其相互关系。首先,我对心理学家的意识范围之想法进行了批评,认为吾人意识到有限的某一条直线便是意识到它是作为思维对象的无限连续直线的一个限定,因此吾人的直线意识便是普遍者限定它自身的自觉体系,并主张吾人能通过阐明此限定作用的根源来明确意识的性质。然而,对于普遍的思维对象,该特殊限定只被认为是从外部被给予的偶然事件,无论如何都无法作为思维对象在直线本身之中被找到限定的内面必然。相反地,我在此试图通过思考纯粹思维的对象意识包含作用的体验来避开这个难点。我认为真正的主观反而是客观的构成作用。如此,从大的统一立场来看,小的立场的统一作用则变成是所谓主观的。从一个立场被统一的东西是客观的对象,而从一个更大的统一立场来反省此立场的便是主观的作用。主客合一的动态统一如果能说是真正的主观的话,那么也能说是真正的客观。然而,在此成为问题的是,从大的立场被反省的小的立场不就已经是客观的对象吗?真正的动态主观是不能进行反省的,被反省的东西已经不是动态的主观。如第二十四节所示,我已经到达了更深层的问题。我当时还没有意识到本书结论处所阐明的绝对自由意志的立场,因此也无法求得任何东西,议论的混乱也就无法避免。我在第二十五节放弃反省可能的问题,转到有关作用性质的探讨上,最后试图依据极限概念解释这些想法。此极限概念的想法也因此成为本书的重要思想之一。

在第二十六节之后,我通过极限概念试图去思考各种经验的先天。极限指的是某一个立场所无法达到的高层次立场,而且是让此立场成立的基础,也就是抽象物的具体性根源。我在第二十六节依据现代数学中的极限意义,阐明了上述的想法,并试图将各种极限的意义思考为作用的性质。我在第二十七节针对思维的对象和直觉的对象的区分添加了一些考虑后,在第二十八节试图依据极限概念来思考思维和直觉的结合。如解析几何学所主张,我认为数会连结直觉,并非如数学家所想的那样是偶然的,而是根据知识客观性的内面要求。知识是无限的发展前进,知识客观性的要求是一开始被给予的具体的全体之要求。思维和直觉的结合亦是在这个具体者中原本就有的结合(在这个意义下,真正的具体者是后面所说的绝对自由意志的统一)。因此,思维通过和直觉的结合获得知识的客观性。我认为我在第二十九节才将此想法阐明清楚。

我在第三十节到第三十二节中,试图将上述想法放到纯粹数学对象的数和几何学空间之间的关系中进行论述。我想我已经阐明了在从前者到后者的转移之间,亦有和前面同样意义上的生命冲动。我认为作为上述两者的具体性根源,必须思考解析几何学的对象。在此,关于纯粹思维的讨论到了一个段落。接着,在思考思维体系和经验体系的接触点之前,我在第三十三节思考了作为自觉体系的几何学直线的意义,然后在第三十四节思考了直线性的心理性质,并试图通过直线的意识阐释了精神和物体的对立及关系。然而此想法仍然极为暧昧。

在第三十五节之后,我将所谓有内容的经验,亦即知觉经验全都视为和思维体系相同的自觉体系,通过同一原理将所有经验统一起来,并从根本上阐明精神现象和物体现象的意义及关系,试图建构本书的最初目的,亦即讨论价值和存在、意义和事实的结合之基础。然而,我们必须打破这种以身体作为意识基础的一般想法,而在这个根柢里潜藏着时间顺序和价值顺序的关系之问题。在第三十六节,我论述了思考感觉从物体产生之不可能。在第三十七节,我试图论述吾人的身体和吾人的意识究竟是怎么结合的问题,我认为两者是以目的论的(teleological)方式进行了结合。在第三十八节,我进一步将此想法进行了详述,并认为在其自身具有目的的东西是真正的具体实在,生物和物体比起来、精神和生物比起来是更具体的实在,物体现象是精神现象的射影,物体界是精神发展的手段。到了第三十九节,我终于清算了到此为止的讨论。在甄别了应该能知道的和应该无法知道的东西后,我认为唯有通过超认识论的意志之立场才能不断地重复经验。理想和现实的结合点,事实上就在这里。此节是我在本书所达到的最后立场。

在第四十节之后,我从达到第三十九节的立场,反过来思考了到此为止的问题。我在第四十节首先论述了意志的优先性(Primat),在第四十一节阐明了我所谓的绝对自由意志的立场并不是单纯的决断这种无内容的、形式的意志,而是具体人格的作用。在第四十二节,我从我最后达到的立场反过来看思维和经验的关系。在第四十三节,我从同一的立场论述了反省的可能,将所有经验统一在一个体系,并论述了精神、物体等各种实在界的性质及相互关系。如此一来,针对我一直以来所论述的问题确定了我的解决态度后,在第四十四节,我首先论述了时间的顺序,最后亦论及了本书的最终目的,亦即价值和存在、意义和事实的结合问题。同时我也思考了某个个人在某时某地要如何才能思考普遍有效的真理的问题。跋是我今年(1917年)4月在东京的哲学会以"种种的世界"为题的演讲内容,这部分已经简单地整理了我在本书结论处所达到的想法,因此我决定将它附在本书的最后。为了帮助读者理解,我在本书的一开始加了目录,但如前所述,本书原本就不是如目录那样奠定计划所撰写的东西,因此若拘泥在这个目录的话,反而会阻碍理解也说不定。

本书是我在思索当中艰苦奋斗的纪录。在几经波折之后,我最终必须说我既没有提出任何新的思想,也没有解决什么东西,或许免不了别人"刀断矢尽向神秘军门请降"(刀折れ矢竭きて降を神秘の軍門に請うた)的讥讽。然而,我还是很认真地一度清算了我的思想。本书或许不能算是供大多数人阅读的东西,但若有人具有跟我同样的问题、和我同样苦于解决此问题的话,那么本书即使无法扮演投石问路的角色,亦能获得一些同情吧!

大正 6 年(1917 年)6 月

于洛北田中村

西田几多郎

# 改 版 序[*]

　　本书是我在高等学校当语言教师开始一直到我在大学执教期间的著作。我的思想倾向自《善的研究》以来就已经确定。当我开始研究李凯尔特等人的新康德学派时，面对此学派始终坚持自己的立场。针对价值和存在、意义和事实的区别，我试图从作为直观和反省的内部结合的自觉立场来综合统一两者。当时我采取的立场接近费希特的本原行动，但又不全然是，毋宁说是具体经验的自我发展。那个时候我阅读了柏格森，对其思想深表同感并为之所动，虽说如此，我的想法当然也不会是柏格森的想法。作为最后的立场，我提出绝对意志的立场会让人想到今日我说的绝对矛盾的自我同一，但此立场要到达这个想法还非常遥远。我尽可能地通过马堡学派的极限概念来思考思维和经验、对象和作用的内部统一，但尚未掌握到真正的最后立场。因此，被人指出问题在尚未解决的情况下遗留了下来，也是无可奈何的事。我从各种角度暗示了最后的立场，但此立场并没有真正被掌握，并从该处积极地解决问题。这也是为什么我会在序文的最后吐露出"刀断矢尽向神秘军门请降"的心声的理由。从今日来看，这只是作为我思想发展的一个阶段的、具有意义的东西而已。现临改版，重读此书，对今日的我来说，此书已是无法添加任何内容的、离我很遥远的东

---

[*]　此序根据岩波书店 1941 年改版译出。

西。然而，若回顾过去的话，此书可说是 30 年前，我经数年艰苦奋斗的纪录。在此不由得有"为君几下苍龙窟"[①]之感。

昭和 16 年（1941 年）2 月

西田几多郎

---

[①]《碧岩录》第 3 则。

# 一、序论

## （一）

　　所谓直观，就是主客未分、能知（知るもの）与所知（知られるもの）为一，现实本身的、不断发展的意识。所谓反省，就是在此发展之外反过来观看此发展的意识。借柏格森的话来说，就是将内在绵延（durée intérieure；日语：純粋持続）变成同时存在的形态、将时间变成空间的形态来看的意思。[①] 对只认为无论如何也无法离开直观的现实的我们来说，这种反省是如何可能的呢？反省如何与直观结合呢？后者对前者来说，有何种意义呢？

　　我认为能阐明此两者内面关系的是我们的自觉。在自觉里，自己以自己的活动为对象来对它进行反省，同时，这种反省直接就是自我发展的活动，也因此能无限前进。反省在自觉的意识里，并非是从外部添加的偶然事件，事实上，是意识本身的必然性质。费希特说的"我"就是"我加诸自身的行动"之意（Also der Begriff oder das Denken des Ich besteht in dem auf sich Handeln des Ich selbst; und umgekehrt, ein solches Handeln auf sich ein Denken des Ich, und schlechthin kein anderes Denken. *Versuch einer neuen Darstellung*

---

① 柏格森：《论意识的直接材料》（*Essai sur les données immédiates de la conscience*），1889年，《柏格森著作集》，第53—54、80、148—150页。

*der Wissenschaftslehre.* )。[1] 而这种自己反省自己，即自己映照自己的活动，不单只是那样而已，它在其中包含着无限统一的发展意义。如罗伊斯所言，必须从在自己之中映照自己这种意图来发展无限的系列。比如，让我们来思考一下试图在英国绘一张英国地图是怎么回事。能画好一张地图意味着已经产生要画一张更完美的地图这种新的意图。如此，我们可以知道无限前进和物的影像在两面明镜之间无限地映照其影像是一样的( Royce, *The World and the Individual*. First Series. Supplementary Essay. )。[2] 自己反省自己就是映照自己，就如同将经验映照在概念的形态一样，就是在自己之中映照自己，而不是离开自己来映照自己。反省是自己之中的事实，自己也因此在自己身上施加了某物。这便是自己的知识，同时也是自我发展的作用。真正的自我同一是动态的发展，不是静态的同一。我认为吾人不可动摇的个人历史之想法，便是奠基在此。

若从心理学的立场来思考自己反省自己这件事，第一个自己和反省它的第二个自己，在时间上是不同的两个精神活动，或许我们可以找到在两者之间的类似点，但我们亦可以说两者无法同一。如詹姆斯( William James )所言，或许我们也可以认为自我同一的情感就如同属于同一拥有者的家畜之烙印。[3] 但我所说的自觉，是比起这种心理学想法还要更根本的意识之事实。我们能回想起我们的过去，并以一种历史的方式将它结合在一起思考，不就是因为通过超越时间的自觉之事实才可能的吗? 我认为每个意识的统一，都必须有超越单个意识的统一意识才可能。那么，比较两个精神活动、判定第一个自己与反省它的第二个自己不同的不是自己本身，那会是什么呢? 心理学的看法就是间接地观看吾人意识的第二层次看法。但我们

---

[1] "由此可见，关于自我的概念或思维在于自我本身加诸自身的行动；反过来，这类加诸自身的行动提供关于自我的思维，而绝对不提供任何别的思维。"费希特:《知识学新说》，1797年，《费希特全集》第 1 卷，第 522—523 页。

[2] 罗伊斯:《世界与个人》，1976 年( 初版 1899 年 )，第 505—506 页。

[3] 詹姆斯:《心理学原理》( *The Principles of Psychology* )，《詹姆斯著作集》( Frederick H. Burkhardt 编 )，1981 年( 初版 1890 年 )，第 319—320 页。

不能忘记在这种看法背后已经有一个超越个人自觉的事实。自然科学的看法必须有如康德所谓纯粹统觉的统一[①]才可能。在自觉里，第一个自己和反省它的第二个自己之所以是同一，并不是如心理学者所想的那样，将两者视为两个思维的对象后说这两者是同一，而是因为所思的自己和能思的自己本身直接就是同一。它[②]意识着自己的超越性同一，它是潜藏在两个意识根柢的统一意识之表现，也就是内面应然（Sollen；日语：当为）的意识。

　　我所谓的自觉，若如前所述，是成为所有的意识统一之根柢的统一活动之自觉的话，我们就必须说这种能动的自己不可能成为吾人意识的对象。吾人所反省的自己，已经不是能动的自己本身。自觉的事实，在自己反省自己这个意义上，是不可能的。然而，我们反省意识、知道意识究竟是怎么一回事呢？如果我们反省我们的意识、知道我们的意识就像一般所想的，如同将东西放在镜子前面映照它那样，将过去的意识唤到心前来看的话，我们是不可能能够反省自己、知道自己的。然而，在这种意义下，我们不仅无法反省我们自己，恐怕也无法反省任何一种过去的意识。因为当我们反省它时，它已经是过去的意识，不是现在的意识。在严格的描摹（日语：模写）意义下，我们连一瞬间的意识也无法重复。一般所思考的意义的反省，不就是描摹论（Abbildungstheorie）[③]的独断所带来的结果吗？然而，所谓知道（知る），如康德以来的学者，特别是目的论的批判哲学家们所说的那样，是依据先天形式来统一、组织吾人意识内容的意思，也就是说"知道就是活动"（知るということは働くということである）。我们回想或反省过去的意识，在某个意义上，已经是在建构或组织它了。因此，无论在任何一种情况下，所谓反省便是建构，也就是思维。因此，就如同目的论的批判哲学家们所说的那样，所谓知道就是思维。如此看来，我们反省或知道我们自己，便是思考

---

①　康德：《纯粹理性批判》（第 2 版），第 131—139 页。

②　自觉。

③　倪梁康在《胡塞尔现象学概念通释》中将它译成映像论。此处不采用现象学概念的翻译语。日语为"模写主义の認識論"。

我们自己。费希特亦宣称这就是自己对着自己活动。如费希特所言，我们自己不外乎是这个活动。[①] 那么自己对着自己活动，也就是思维在进行思维是如何可能的呢？

我们通常会认为知者与被知者首先分别存在，前者知道后者，就是前者对后者的活动，因此"思维在思维着思维"（思惟が思惟を思惟する）是不可能的。然而如费希特所说，并不是先有我的存在我在思维这件事才成立。[②] 相反地，前者因后者才能成立。主张我在思维之前我必须存在的是我自身，这种主张便是我的思维。借李凯尔特的话来说，"意义在存在之先"（Der Sinn liegt über oder vor allem Sein）[③]。根据李凯尔特，我们的认识对象并非是超越的存在，而是超越的应然（Sollen）或价值。我们在进行认识就是在承认此应然，也就是价值。这个超越的应然作为吾人意识内部的事实而出现的东西，便是我们的知识活动。因此，我们的知识活动不外乎是判断。认识的主观就是这种判断意识的最后主观。它不带有任何的实在性，只是一种将所有经验界视为意识内容的最后立足点的极限概念。若是如此，吾人认识的根据则存在于超越的应然当中，判断的必然性或逻辑清晰的情感则会作为内在标准，在心内的经验中来表现它。我们知道（我々が知る）这件事便是以这种应然的意识为基础，而不是一般所认为的那样，由来自知者和被知者、前者对着后者活动的立场。主客观的存在必须以此价值意识为基础才能得以被思考。然而若知道这件事要如上所说的那样才能实现的话，那么先前我们提出的问题，即思维在思维着思维这种自觉又是如何可能的呢？若按先前那样思考知道的话，那么自己知道自己、思维在思维着思维，便是价值意识在承认价值意识本身。那么价值意识承认价值意识本身，也就是应然承认应然自身，又是如何可能的呢？我认为价值意识承认价

---

① 费希特：《知识学新说》，《费希特全集》第 1 卷，第 524 页。
② 同上书，第 525 页。
③ 李凯尔特：《认识论的两种方式：先验心理学与先验逻辑》（Zwei Wege der Erkenntnistheorie. Transzendentalpsychologie und Transzendentallogik），《康德研究》第 14 卷，1909 年，第 203 页。

值意识本身是不说自明的。应然是依据应然本身产生的，不依靠其他东西。依靠其他东西的不能说是应然。应然和承认自己本身是同一的。文德尔班（Wilhelm Windelband）认为规范意识假定了其自身的存在，这种想法类似循环论证，如洛采（Rudolf Hermann Lotze）所言，无法避免的循环论证显然必须做到这点，[1] 李凯尔特认为怀疑已经假定了规范意识的存在，[2] 他的反对论者尼尔森（Leonard Nelson）认为知识的客观普遍性无法证明，这些都是基于同一的理由。

若是如此，自觉既不能以心理学的方式来解释，也不能用主观与客观对立、前者映照后者这种描摹论来思考，只能从批判哲学的立场主张应然承认应然自身，来阐明其意义和可能性。费希特认为此种自觉是无法对吾人直接说明的根本事实，并称之为理智直观（知的直観）。[3] 根据他的说法，我们意识我们自身，必须将思考的自己与被思考的自己区分来看，而要做到这点，那个思考的自己还必须是思考的自己的对象，如此无限地发展下去，最终无法说明自觉。然而自觉这一事实显然是存在的。因此主观与客观必须在自觉之中合一，这就是直观。在这种费希特意义下的自觉即直观若能成立的话，直观必意味着价值意识承认价值意识本身、应然承认应然本身。费希特的直观（直観するということ）就是活动（働くということ）。

## （二）

通过以上的说明，我想我已经阐明了我所谓自觉的意义及其可能的理由。费希特认为，自觉是无法说明的、直接意识的事实。他主张自己知道自己只能在思维之中，也就是只能在活动之中，直观自己就是实现那个活

---

① 文德尔班：《序论》（*Präludien*）（第 8 版），1921 年（初版 1884 年），第 2 卷，第 123 页。

② 李凯尔特：《认识的对象》（*Gegenstand der Erkenntnis*），1904 年（初版 1892 年），第 130—131 页。

③ 费希特：《知识学新说》，《费希特全集》第 1 卷，第 526 页。

动( *Zweite Einleitung in die Wissenschaftslehre.* 4. )。[①] 他在这里说的思维,是指无思维者的思维,这里说的活动是指无活动者的活动。用现代目的论批判哲学家的想法来说,就是价值意识承认价值意识本身,这不是很恰当吗? 若不是如此,他的讨论亦无法避免这种批判——这不就是混同了从事实来谈论价值的心理主义吗? 然而,若将自觉单纯地视为应然的意识的话,我们只能承认自己完全是非实在性的存在。这就和吾人在现实中的反省事实一点关系都没有了,在自己自身之中,就无法包含任何活动的意义了。文德尔班等人认为费希特如此解释自己是正确的( *Praludien.* 4te Auflage. II. Bd. S. 126. )。[②] 然而,我们一方面认为自己如康德的所谓纯粹统觉那样,是客观知识成立的根据,另一方面认为它是现实活动的根本。也就是说,自己在其自身之中对着现实活动。这种于现实的反省或思维,便是自己的活动。在这个活动之外不会有自己。当我们在思考自己以外的某物时,思考者与被思考者是分别的二物,也就是说,判断作用及其内容是不同的东西。我们必须如此思考:唯独在自觉之中此两者是一个,自己在思考自己。我认为唯有在这种意义下的自觉,方能探求本书目的,也就是直观与反省的深层内面关系。然而毋庸置疑,我的这种想法必会招来这种批评:那只是混同知识价值和知识活动所造成的错误想法。

真理不关乎我们是否在思考它,它就是真理,价值意识单纯只是普遍有效性( 日语:一般的妥当性 )的意识,它和吾人现实的知识活动没有任何交涉关系。若从此想法来看的话,价值意识承认自己本身这种自我意识以及在现实活动中的自我意识,并无法在两者之间找到任何结合的纽带。前者超越后者,和所有的其他现象一样,只能以静态方式将它视为知识的对象。我在这里要回溯到李凯尔特等人所说的那种区分知识价值与知识活动的想法,并针对此想法来进行一些思考。李凯尔特在题为《判断和判断作

---

① 　费希特:《知识学第二导论》,1797 年,《费希特全集》第 1 卷,第 458—463 页。
② 　文德尔班:《序论》( 第 4 版 )第 2 卷,第 126 页

用》(Urteil und Urteilen, *Logos* III. 2.)的一篇文章中针对判断区分出三种看法。首先他认为可以将判断视为一种心理活动，如此一来，它（判断）和其他心理现象一样，只是在个人意识中产生时间经过的一个事件而已。但从逻辑层面来说，判断是带有某种意义的东西。判断这种心理活动是表现某种意义的东西。这个意义可分成两种，也就是客观的与主观的、超越的与内在的。他（李凯尔特）将前者区别于后者，把它命名为判断的内容（Urteilsgehalt）。超越的意义就是和其超越伦理学的所谓价值同一的东西。这和心理的判断作用没有任何交涉关系。例如"2×2=4"和谁在何时进行思考这种判断作用一点关系也没有。此种超越的意义即是判断作用的意义，作为目的变成内在性存在的是内在的意义，也就是吾人逻辑应然的意识。他认为可以将判断从其存在、目的、内容这三个方面来看，这三种看法必须被严格区分不可混同。

当然，李凯尔特这种看法的区分，在学问考究上是十分令人敬佩的。但吾人应然的意识与现实的意识活动，是否就因此没有任何关系呢？应然的意识不就是具有支配吾人现实意识活动之力量的东西吗？难道它不就是从内部驱动吾人的活动力吗？如果不是如此，应然对我们而言，就会变成没有意义的东西了。例如，当我们在思考某个数学问题时，数学的必然性便是具有驱动吾人观念综合之力量的东西，亦即事实上的力量。当在吾人直接经验之上必须如此思考时，如此思考才得以发生。不能推动现实的理想，并非真正的理想。当然，我这么一说，必会有批评我的各种声音出现。首先，我们可以这样说：这种想法便是混同原因和理由的大谬误。而在这种谬误会产生的根源里，不就存在着我们必须再加以思考的独断吗？很多人都认为真理并非是在其自身具有现实力量的东西，是通过某人思考它才能变成现实的活动，也就是说，大多数的人都认为理想并非是倚靠其自身才能成为现实，而是依据事实的原因才变成现实的。然而主张此种想法的人所说的个人究竟是什么？事实的原因又是指什么呢？所谓个人或事实的原因，不就是得在时间、空间这种形式下统一吾人经验界后才能被思考的吗？若是如此，在我们思考这些问题之前，早已假定了应然的意识。我们必须通过后者才得以思考前者。所有真理都是具有在其自身推动吾人意识之力量的存在。它不依靠他者来进行活动。比如当我们在思考"2×2=4"时，它是不可动摇的现实要求之事实。而此要求的力量并非倚靠他者而产生。某人在某时、某地思考此事，都只是外部附加上去的思想而已。我们不要忘了在这种思维的根柢里，必有应然的意识在活动。当所有的某种意识体系在其自身中从内部发展的时候，应然即是现实的事实。若非如此的话，就有必要倚靠空间、时间、因果的外部形式，从外部来进行统一。通常由空间、时间、因果的形式所统一的东西是实在的，所谓真理的体系则是理想的。然而，我们必须说，如果后者不是实在的话，以它为基础的前者，就更不可能是实在的。

　　将吾人经验置入在空间、时间、因果的形式中来思考，也就是置入在存在的范畴中来思考，便是以一种应然亦即价值为基础的东西。自然科学的真理只不过是吾人思维的活动。此说法是所有的康德认识论继承者都会承认的。然而这种理想的真理和思考此真理之间必须彻底做出区分，也就是说，真理对着现实进行活动，尚需很多讨论。例如从"2×2=4"这种数学的必然性，必无法导出某人在某时、某地思考它。即使物理知识达到完美阶段，拉普拉斯（Pierre-Simon Laplace）之神智慧（intelligence）[1]能预言出所有事件，这种物理的真理与物理的事实毕竟是不同的二物。逻辑的应然与事实必不可混同。即使时间、空间、因果的想法来自应然，我们仍旧不能认为应然会创造出事实。若要阐明这些难点，我认为有必要深入到这些思想的根柢来进行思考。

---

① 参见杜布瓦-雷蒙：《论自然认识的极限》（*Über die Grenzen des Naturerkennens*），1872 年；《哲学与社会演讲集》（*Vorträge über Philosophie und Gesellschaft*）（S. Wollgast 编），1974 年，第 59 页。

## （三）

　　为了阐明上述难点，首先我想检讨一下真理与其认识活动之间的关系。若针对逻辑的知识来思考，李凯尔特等人试图严格区分逻辑意义或价值与心理的判断作用。然而从意义严格被区分，单纯只是时间事件的判断作用，究竟是如何思考意义的呢？如他所言，超越的意义作为判断作用的意义而内在化，是如何可能的呢？他所谓应然的意识又是如何成立的呢？例如，当我们思考"甲是甲"这种同一律真理时，即使它是同一性质的存在，只要两个不同的独立心理形象是连续不断的话，这种判断又是如何成立的呢？如冯特所言，重新认识并不是单纯的同一意识之重复，[①] 那是一种带有新意义的意识。他认为心理的因果关系是创造性的综合，便是由来于此。吾人的直接意识带有意义，以它作为意识的事实来说，意义带有实在性。当然，我们也可以将此意义的意识作为单一感觉或情感来分析并进行思考，但如此分析无异于将意义抹除。举个例子来说，这就像分析一件艺术作品的材料一样。依时间、空间、因果被严格限定的意识现象具有普遍意义的意识，是绝对不可能的。某个艺术作品具有意义，并不是因为该作品具有它（意义），而是因为吾人的应然意识对它创造了意义。因此，我们暂且不论意义的意识只是幻象的说法，至少就意义的意识作为直接意识的事实具有实在性的说法来看，该起源就不能用因果律来加以说明。任何人都不会否定意义的意识具有实在性，否定它就代表已经承认了意义的意识。这种应然的意识，在李凯尔特所说的意义上，不能说具有实在性。然而，这显然不是他所说的超越的意义即价值本身，价值显现在存在的形态中。就自然现象来说，其目的或许是外部来的添加物，但是就意识现象来说，目的直接就是能动性的活

────────────

① 　冯特：《心理学纲要》（ *Grundriss der Psychologie* ）（第 15 版），1922 年，第 399 页。

动，也就是说，它具有实在性。

如上所述，意义的意识之起源无法用意识成立的因果律来说明。如果说这两者之间有无法逾越的间隙的话，如我们一般所想的，某人在某时、某地的意识具有某种意义，也就是吾人在思考某种意义，究竟是如何可能的呢？我们不得不说在思考意义的意识具有实在性的背后，必蕴含着可以将它放入存在的范畴来思考的想法。意义与存在的事实要如何结合起来呢？如果按照我方才所说的那样来思考时间、场所、个人、思考等便是已依据一种应然统一吾人经验的东西的话，那么吾人在思考某种意义，也就是意义与存在的结合，便意味着可以在诸方面的关系里来看一个意识。对吾人来说最直接的具体意识，便是在某种意义下、在和他者之间的关系之中产生的，也就是说，它具有各种意义，在种种意义当中能和他者保有联系，并且能从各种方面来进行统一。比如我一方面可以将现在的意识视为具有真、善、美之意义的东西，并从这些应然的关系来看它；另一方面可以将它视为具有时间、个人意义的东西，并从这方面将它们统一起来看。然而，意义与存在的结合，若按上述方式来思考的话，这些意义不同的各种看法是如何在一个意识中进行结合的呢？这些看法不也是彼此无关、各自独立的意识吗？如"我在思考"那样，某种存在与某种意义的结合是如何可能的呢？我在这里随意说明了从各种方面来看一个意识，而一个意识的说法究竟又是依据什么而来的呢？思考存在的无疑是意义的意识，若认为连存在都只是意识所拥有的意义的话，那么所有东西都会变成意义，存在或实在则会消失不见。我们究竟是在针对某物思考意义？还是某物在思考意义？又或者是意义针对意义在思考意义呢？即使意义作为直接意识的事实具有实在性，它能否只依据意义具有实在性呢？意义能否通过其自身的力量出现在个人的意识呢？如意义的意识从存在是无法说明的那样，存在亦不能只从意义来加以说明，还是说存在这个意义能让其他意义得以存在呢？那么，究竟是什么让我们去思考存在是什么呢？是存在的意义让它自己存在的吗？若是针对其他意义的话，或许我们只要思考意义和该意义的意识就足够了。若是针对存在这个意义的话，我们就必须思考存在的物、物的存在之意义以及此种意义的意识。只要"某物存在"作为意义的意识是一种真理的话，某物就必须存在。然而这个某物并无法从意义导出来。若没有阐明以上的诸多疑问的话，我们是无法结合意义与存在的。

## （四）

在思考意义与存在的关系之前，让我们先来思考一下一般所认为的结合两者的符号及象征。在我们的语言里，它所指示的意义和被指示物的性质之间，并没有任何内面性关系，语言只是意义的符号而已。十字架表示基督教，亦是同样的意思。在这种符号关系里，结合两者的东西存在于外部。与之相反，在百合花是清净无垢的象征这种情况下，其所指的意义和花本身的性质之间有某种内部关系，也就是说，在这种情况下百合花的姿态和清净无垢的情感之间，存在着吾人直接经验上的某些必然性关系。此两者在吾人的直接经验之上形成浑然一体的存在。艺术作品中的意义和作品本身的关系全都属于这一类。在这种象征性关系的情况下，我们通常会说百合花引起或带有清净无垢的情感，但若进一步分析思考的话，在一种颜色或香味和情感之间，不必然有不可分离的关系，也就是说，在对象本身之间不必然要有关系。和颜色结合的情感，亦可以和声音结合。这种情感单单只是伴随在吾人主观活动的情感，可以把它视为从外部的被结合物。吾人的心理判断作用表示出逻辑的意义或真理的情况，亦可说属于这一类。当我们在思考某种真理时，若只将它视为心理作用的话，它只能是若干观念在时间上的连续，其所表示的意义只是依靠这些观念和意识中心的关系，亦即统觉作用从外部被附加的东西。若是如此，结合存在和意义的东西，则必须依据吾人的主观活动，亦即我的活动。一开始，存在和意义之间的结合是偶然的，依据的是吾人随意性的结合。但在那之后，该结合则是必然的，而之所以是必然的，是因为我是具有必然性质的存在,物的必然性和我的必然性之间有必然关系的缘故。然而在此情况下,所谓必然关系究竟意味着什么?一般来说,必然关系有两种。一种是意义上的必然关系,比如逻辑的必然。另一种是因果律的必然,比如某种原因必伴随某种结果。上述的物的必然性与我的必然性之间的必然性结合,或许如一般的心理学家等所想的那样,将表示意义的我视为一种存在,并在它和其他存在之间承认因果的必然。在这种想法里,将这种意义修正为心理自我的活动后进行思考,事实上已经假定了意义与存在的结合。此外,结合这两种存在的究竟是什么呢?在物与物之间的因果必然关系是从哪里获得其必然性的呢?我们会说物与物之间有因果必然的关系,是因为在现在的经验中此二物是无法分离、结合在一起的。在经反复多次此结合都没变的情况下,我们大概就会相信在此二者之间有因果必然的关系。如此看来,我们可以说结合意义与存在的是同时存在这种时间的形式,也就是说,判断作用和意义的结合,意味着代表意义的意识同时伴随在一些观念联合当中。"我在思考"便是像詹姆斯所谓烙印伴随在其中的意思。如果说这种意义与存在的结合,是通过时间形式才成立的话,那么"时间"究竟是什么呢?毋庸赘言,"时间"是统一吾人经验的形式。之所以能通过此形式来统一经验,是因为吾人的超越性统觉的统一作用,也就是如我在上面所说的那样,"时间"是以吾人的应然意识为基础而成立的。如此看来,结合被视为存在的意义和存在的,亦是意义的意识。总之,一般所认为的意义和存在的结合只是将意义变为存在的形式,并以此来思考存在与存在的时间性结合。这种思考方式到底还是无法阐明意义与存在之结合的真正意义。

## （五）

我在此必须先思考一下一般所谓存在的意义。说某物存在,这意味着什么呢?所谓某物存在,只不过是在说在作为严格的经验事实,有同一经验不断被反复。用更严格的方式来思考的话,在时间上被反复的经验是否能说是同一经验,这也是一个问题,因为单单只是相类似的经验被反复而已。意识以外的物的存在,是依据吾人的思维被构建的存在,如唯心论者所主张的那样,在吾人的主观自我之外并没有不可怀疑的直接存在。然而,若反过来思考的话,自我的存在亦是同一的经验,严格来说,只是类似经验的反复而已。我们无法对吾人的心理自我的存在赋予物的存在以上的理由。如果我们认为存在就是严格的自我同一,在其自身意味着不变的事,并在吾人直接经验之中寻求符合该性质的东西的话,那么它(存在)就不会是吾人一般所认为的物或我,而是逻辑应然的意识。逻辑应然的意识在其自身之中,必是同一不变的存在。如果在时间上不同的意识不是同一的意识的话,我们可以说这种思考已经依据同一不变的逻辑应然的意识来进行了。然而李凯尔特等人尚还反对这种说法,他们会说在其自身是同一不变的存在并非应然的意识,而是应然本身,也就是价值本身。已经作为心理现象在时间上出现的应然意识,严格来说,不能算是同一不变。若要严格说在其自身是同一不变的东西是存在的话,那么最不可被怀疑的存在就是纯粹的价值,也就是理本身,它是从前柏拉图所思考的彼理想界(观念、理念界),而不是此现象界。然而,我们一般并不认为价值或应然是存在,李凯尔特将它作为认识对象的世界,并从存在的世界严格地区分出来。[①]物存在必须有单纯的同一不变以上的意义。

若仔细来想,从能不断反复同一经验,即反复具同一性质的经验,严格来说,即反复一种具有类似性质的经验,并无法直接引出对存在的思考,我们最多只能单纯地将它视为同种类的经验,并通过一个普通名词将它统一起来而已。文德尔班区别了"同一"和"同等",主张此两者在根柢上是不同的概念,后者是反省的范畴,前者是实在的范畴( Windelband, *Über*

---

① 李凯尔特:《认识的对象》,第122—125页。

*Gleichheit und Identität.*）。① 那么，经验的性质的同一或同等和物的同一的
区别是从哪里产生的呢？同等的范畴和同一的范畴是如何不同的呢？根据
文德尔班在一篇题为《论范畴的体系》（Vom System der Kategorien）的小
论文中的论述，在意识的现象里，能够区分出其意识内容和综合统一它的作
用，同一内容能出现在不同关系里，此外，同一关系能在不同内容当中成立。
也就是说，我们能够自由地结合被给予的意识内容，在那里，通过统合作用
能够区分出吾人能自由地结合的意识内容关系和无法如此的意识内容关系，
这里存在着主观意识和客观存在的对立，存在指的就是这种意识内容的独
立。他认为当意识内容的结合已被包含在独立意识内容之中，意识的综合
作用只是在反复它时，该关系是客观的；与之相反，综合作用能够自由地结
合的意识内容之关系则是主观的。因此，若按照文德尔班的想法，当吾人意
识的根本性质，也就是综合作用的范畴作为从综合作用统一独立的意识内
容之范畴而出现时，它就变成了实在的范畴，当它作为统一意识的综合作
用能自由地结合的意识内容之范畴而出现时，它就变成了反省思维的范畴。
如此看来，所谓物的存在，不就得归于独立意识内容本身的统一吗？而独立
的意识内容和能自由地结合的意识内容之区别，不就只是在说明被给予的
直觉经验的内容和能随意地进行反省的意识内容之区别吗？

　　若要如上区分性质的同一和物的同一的话，文德尔班所说的独立的意
识内容和能自由地结合的意识内容之间，是否真的能画出一条明确的界线
呢？在直觉的统一和思维的统一之间，是否真的能建立起绝对的区分呢？
做出这种区分的人或许思考的是主观自我的自由综合作用，但吾人的意识
内容并无法通过此种外部作用被统一，而必须完全通过自身内容被统一。
比如当我们比较物的性质并判断它为同一时，此判断并非依据其他的力量，
而是依据意识内容本身的性质而成立的。在比较两个性质并判断其异同之

---

① 文德尔班：《论同等性和同一性》，1910 年。

前,必须要有性质同一的直观,(因为)它自身具有同一的意识,判断的综合
才能成立。在这一点上和"作为独立意识内容的结合来思考物的同一"没有
任何差别,只是因为我们认为能够自由地分析被给予的经验,因而忘了内容
本身的独立综合作用。若真的要追求吾人无法自由地活动的意识内容的连
结,那么具有如数理那样的内面性必然关系反而最能具备此性质。然而,为
何我们不将存在的范畴适用在数理,而只将它适用于时间、空间上的意识内
容之结合中呢? 即使意识内容的结合因吾人主观选择而无法自由地活动,
若此结合是意识内容本身的内面性必然之结合,亦即意义的结合的话,那么
我们就不会认为它是以物为基础的客观性结合,因此也不会把存在的范畴
适用于它身上。与之相反,若该结合是无法在内容本身当中求得的外部结
合的话,那么我们便会认为它是以独立于自我主观的物为基础的结合。时
间和空间便是这种外部结合的形式。若是如此,文德尔班的区分不也就是
意识内容的内部结合和外部结合吗?

# （六）

如上所述,若物的存在是相对于意识内容的内面结合之外部结合,亦
即依据时空间的形式之结合的话,那么,这种意识内容的外部结合究竟是
什么? 它和内部结合必须得进行彻底的区分吗? 此两者的关系是什么? 也
就是说,时间和空间的结合是什么呢? 它和应然的意识处于何种关系之中
呢? 通过阐明这些问题,不就能找到意义与存在的关系吗?

这里假设我们花费数日解决某个数学问题或完成一张画。从内部来看,
这是一个依据一个意义而被结合的意识发展;从外部来看,也就是离开意
义,单单只将它(做数学或作画)作为所谓心理活动来看的话,这只不过是
零碎意识在时间上的结合而已。然而如上所述,这种外部结合的东西作为
一种意义统一,仍是依据一种内部意义而成立的东西而已。时间、空间的长

短、大小亦因不同看法而可以具有性质,时间上的先后,空间上的上下、左右等,就像一幅画中的景色排列那样,亦可以是一种以内部意义为基础的排列。如果内部结合是依据某个意义统一其他意识内容的话,空间、时间的结合亦和此结合没有不同,唯一不同的是意义本身的不同,也就是说,空间、时间的结合是从最普遍的性质来看意识内容的意识内容之统一。此结合是尽可能地以同质的方式来看吾人具连续性且每个均异质的经验之结合。我们是否也可以这样想:内部结合与外部结合的区分,毕竟只是异质、同质、特殊、普遍等程度上的差异而已。当然以同质的方式来看吾人的经验和以时间、空间来结合这些经验,是不能直接视为等同的。在我们依据普遍性质,以一种主观的方式来统一经验,并提出普遍性的概念和与经验本身的关系有关的时空的关系之间,我想很难找到某种内部性关系。若无法以普遍方式来看经验的话,即使无法依据时间、空间来进行结合,为了要以后者的方式来看,还必须在前者的方式里加入某种东西。普遍与同质显然无法直接被等同视之。

　　然而,从另一方面来思考,在普遍的看法和同质的看法之间,也就是在将经验普遍化后提出普遍概念的想法和借由时空的关系来结合经验的想法之间,存在着必然的内部关系。吾人的直接经验,就如柏格森的内在绵延所示,是每个部分具有特殊位置和意义在内部结合的一种经验。对于这种经验的连结,根本无法在其间容纳普遍概念的结合。这和在艺术品的各部分之间尝试普遍概念的结合一样,没有任何意义。唯有通过将如上所示的具连续性且每个都是异质的经验映照到同质媒介者上,并在将每个部分分割后视这些部分为独立存在,依据其类似性来概括这些部分的普遍概念才能得以成立。然而,若单单只是如此的话,即使在普遍的看法和以同质媒介者为基础的经验统一之间能找到必然关系,还是无法阐明两者之间的内部关系。在此,我必须思考一下以同质媒介者为基础的经验统一究竟是什么,以及如何可能的问题。自康德以来,一般都认为空间、时间作为直观的形式具有和思维完全不同的根源。当然,康德将纯粹统觉的统一视为所有统一作用的根本,但他彻底区分思维与直观,认为直观的形式具有别的根据。李凯尔特亦在一篇题为《一者、统一及一》(Das Eine, die Einheit und die Eins. *Logos* II. 1.)的论文中提到,若要获得数的概念,就必须在纯逻辑的概念里加入非逻辑的要求,并主张纯逻辑对象的一者和数的一是完全不同的概念,替代以性质方式来区分一者和他者的异质媒介者的是同质媒介者,如此一来才能获得数的概念。① 然而我曾在《逻辑的理解与数理的理解》这篇文章中论述过,同质性的统一是数的概念以及时空间的基础,此统一是否真的是康德学徒所想的那样,完全没有被包含在思维之中呢? 所谓吾人的判断作用,如黑格尔所说的,是普遍者(日语:一般者)发展自身的作用。② 就连"甲是甲"都不是单纯的同义反复,这是在表示将特殊者包摄在普遍者当中,也就是普遍者发展自身内部必然的作用。将甲从乙区分出来的背后包含着将乙从甲区分出来。要区分两者,必须要有将此两者统一起来的普遍者。我们便是通过这个普遍者,从甲区分出乙,从乙区分出甲。在思维的根柢里必须要有统一的直观。同质媒介者的想法,亦必须以此为基础才能成立。

虽然我在上文如是说,但若要以普遍与特殊的关系为基础来思考线的连续或数的系列,或许会有很多异论出现。康德为了论证空间是直观不是概念,主张在空间上一个空间和整体空间的关系是部分与全体的关系,不是普遍与特殊的关系,前者受后者的限定,几何学的原理不能从普遍(日语:一般)概念导出,空间虽被认为无限大,但不能认为概念在其自身当中包含无限的概念。③ 然而严格来说,想要理解一个几何学的直线,绝不可

---

① 李凯尔特:《一者、统一及一》,1924 年,第 60—62 页。
② 黑格尔:《哲学科学百科全书》,第 166 节,1830 年,《黑格尔全集》第 8 卷,第 316 页。以下简称《哲学全书》。
③ 康德:《纯粹理性批判》(第 1 版),第 24—25 页;第 2 版,第 39—40 页。

能通过一般认为的那种单纯直觉。吾人以直觉看到的直线只是其象征而已。彭加勒（Jules-Henri Poincaré）区分所谓直觉空间和几何学空间，主张后者是同质的（homogène et isotrope），并将它理解为空间的同质性。他认为通过外界变化（α）从感觉（A）移动到感觉（B），之后此变化（α）借由有意运动（β）从（B）回归到（A），接着他想象透过其他外界变化（α′）同样地从（A）移动到（B），之后此变化（α′）又借由有意运动（β′）从（B）回归到（A），最后主张这个运动（β′）和前面的运动（β）若相应的话，所谓空间的同质性就会成立（*La Science et l'Hypothèse*. p. 82.）。[1] 若能更深一层地思考彭加勒的主张——作为几何学空间之基础的同质性是根据将某种外界变化复原到原本位置的有意运动之相应，那么我们不也能够说吾人自身反过来是以承认自我的自觉作用为基础的吗？在严格的意义上，不会有同一的运动，能通过同一运动回归到原本位置是奠基在自我同一的要求之上的。作为几何学空间之基础的同质性，若如彭加勒所说的那样，那么我们必须说在其根柢有吾人的自觉作用。就如以前我在《逻辑的理解与数理的理解》所说的，若数的秩序或无限是通过在体系之中映照体系，也就是自己映照自己，才能得以成立的话，几何学直线的秩序或无限，就必须以此为基础。若是如此，将一个思维对象从一个思维对象区分出来的异质媒介者的背后，必须有同质媒介者，数量的关系便是以此基础产生的。如马堡学派所主张的，种别与量别是作为杂多的统一之思维，也就是判断所不能分离的两面，或许此两面能以抽象的方式被区分开来思考，但在具体思维里，此两面是无法分离的。纳托普亦主张此两面的关系就如同内面的方向和外面的方向。[2] 康德将广延量（extensive Grösse）与内含量（intensive Grösse）[3] 进行

---

① 彭加勒：《科学与假设》，1907 年（初版 1902 年），第 82 页。
② 纳托普：《精确科学的逻辑基础》（*Die logischen Grundlagen der exakten Wissenschaften*），1910 年，第 52—54 页。
③ 李秋零将 intensive Grösse 翻译成"强度量"，在此采西田译语"内包量"的意思，翻译为"内含量"。

区分,并认为在前者部分先于全体,在后者全体先于部分,也就是说在前者首先分离部分与全体,之后再以内面方式统一两者。在后者首先有内面性统一,之后再分离两者。① 然而这种区分只是将重心放在其中一边的差异,无论有多大的意义,都必须具有这两者( Natorp, *Die logischen Grundlagen der exakten Wissenschaften. S. 52.* )。② 所有数量关系的根柢都包含着性质关系,也就是包含普遍与特殊的关系,但只有在此性质关系是所谓的无内容之时,亦即在普通的意义上极为一般的情况,正确来说,只具有思维对象的性质的情况,从此关系的具体统一立场来进行反省后,纯粹数量关系才会出现。所谓作为数量基础的同质性,便是指这种性质。如上所述,康德在《纯粹理性批判》的一开始,谈论了空间与时间的非概念性。若通过知觉空间的性质,亦即广延的感觉来思考空间的普遍概念的话,并无法从这种普遍概念导出任何几何学原理。然而,显然直觉空间与几何学空间必须做出明确的区分。若几何学空间的普遍性只是上述的纯粹逻辑的存在的话,通过这种普遍性质,各种几何学原理不就能得以成立吗? 普遍与特殊的关系,一般都会认为是纯性质的东西。所谓特殊就是在普遍中加入某种性质,比如某个特殊的颜色,是在普遍的颜色中加入某种特殊的性质。亚里士多德以来的传统推理,便是以此为基础而成立的。然而,如洛采等人所说,在所有的推理基础里,都必须有体系( 鲍桑葵[ Bernard Bosanquet ]等人继承此想法,主张推理的根本条件在于体系 )。③ 也就是说,成为推理基础的普遍是体系,普遍与特殊的真正关系,必须在体系的内部发展中寻求,真正的特殊是普遍的内面性发展。从纯性质的看法来思考的普遍与特殊的关系,亦不出此定义之外。比如将某种特殊的颜色包含在普遍颜色中来进行思考,这不就是普遍颜色( 日语: 色一般 )的经验内容吗? 也就是说,这不就是胡塞

---

① 　参见康德:《纯粹理性批判》( 第 1 版 ),第 162—176 页;第 2 版,第 202—218 页。
② 　纳托普:《精确科学的逻辑基础》,第 52 页。
③ 　鲍桑葵:《逻辑学要义》( *The Essentials of Logic* ),1895 年,第 140 页。

尔所谓在直观当中被给予的本质(Wesen)[①]之内面发展吗? 我认为种种颜色自身的体系是依此而成立的。或许这种想法已将概念给实体化,然而只要我们在直观上能够将普遍颜色从其他区分出来的话,我们就必须承认这种独立的经验内容。若说普遍颜色是抽象概念的话,蓝色或红色亦会因同样的理由,非得是抽象概念不可。若如此说下去,最终就没有边际了。所有的物的性质便是以静止方式来思考经验的一个体系。从性质来统一经验,就是将经验结合在一个中心,也就是连结到纳托普所谓的内面方向。从性质来思考任何一种经验体系,都必须通过此种思考。我认为数的体系亦可以从这个方向来思考。一般所谓意义中的普遍化,指的是将各自独立、静止的经验结合在一起,这就是以数量的方式将原本无法以数量来分割的经验体系进行数量上的分割后,再将这些统一在一起的想法。此种想法不就是作为分别去观看思维两面的抽象看法的结果所带来的中间产物吗? 关于真正的经验体系,在从无内容的思维对象体系,即数的体系以及以此为基础的时空间体系,逐渐随着内容的丰富性到达直接从内容本身而来的纯粹内面统一的经验之过程中,我们难道不能思考为同一形式的体系的程度性差异吗?

---

[①] 参见胡塞尔:《纯粹现象学与现象学哲学的观念》,1913 年,第 1 卷,第 1 编,第 1 章,特别是第 2—5 节,《胡塞尔全集》(Walter Biemel 编),1950 年,第 3 卷,第 8—15 页。

# 二、经验体系的性质

## （七）

如前节所述，所谓物的存在，是以时空的形式、从外部结合吾人直接经验的看法。这种看法和直接从内部结合吾人直接经验的内部统一的看法之不同，毋宁说只是程度上的差别，并没有一般所认为的那种绝对的区分。为了从根本上阐明存在与应然是无法分离的经验之两面这种想法，我认为必须先思考什么是纯粹的判断作用。

"甲是甲"这一自同律（同一律）的判断意味着什么？它或许意味着吾人决定某个思维对象，此思维对象和它自身是同一，也就是在表示思维对象的不变性。但如此判断既不是脑中浮现出"甲"，也不是阐明"甲"这个意识内容，更不是"有甲、也就是甲存在"的意思。它表示的是作为吾人判断作用根柢的一种逻辑应然。那么这种逻辑的应然究竟是什么呢？"甲是甲"并不是单纯在时间上相同意识的反复，如冯特（Wilhelm Maximilian Wundt）所说的创造性综合，[①] 是一种新的意识被创造的意思。这是无法用单纯的时间连续来表现的高层次意识的发现，也就是说，这里出现的是无法在时间上往来的意识中出现的更加深层的意识。然而这种应然的意识即使无法表现

---

① 冯特：《心理学纲要》，第399页。

在时间的意识上,若出现在意识之中的话,则会以时间连续的形式出现。一个意识无法表示判断的意思,因为判断成立在两个意识的关系上。那么,原本无法以时间方式表现的意识,如何在时间的过程中出现呢? 如狄尔泰所说,吾人的心像并非固定的事实,是一种在其自身具有冲动力的事件,[①] 它是成立、发展、消灭的存在。判断即是在这种意识流上被经验的一种体验( Erlebnis )。我们只能在意识的内部必然之发展作用中从内部直接经验它。如果说这种意识的内部发展,亦即意识的意义、目的被实现就是所谓"活动"的真正意义的话,那么判断便是通过活动被意识到的。

若是如此,当吾人意识到"甲是甲"这一判断时,首先浮现出来的"甲"并非单纯的"甲",而是接着出现的"是甲"( 甲である )所伴随的"甲",换言之,不是单纯的"甲",而是"甲是"( 甲は )。在判断中应被表现的同一者( das Identische ),既不是主语的"甲",也不是客语的"甲",这些都只是同一者表现自己的手段。不,应该说是构成同一者自身的要素。所谓判断,如黑格尔所言,就是普遍者( das Allgemeine : 共相 )分化、发展自身。黑格尔定义判断将它称为特殊相里的概念,并说明系词就是在表示它。( Das Urteil ist der Begriff in seiner Besonderheit, als unterscheidende Beziehung seiner Momente. Die Kopula: ist, kommt von der Natur des Begriffs, in seiner Entäusserung identisch mit sich zu sein. )[②] 若说到相互关系,我们亦可以认为让关系产生者存在于外部,但在判断里,让关系成立者则存在于内部,那是一种内部必然的关系,是一种生存者的自我发展。当我们意识到逻辑的应然时,也就是思考关于判断意义时,就必须那样说。但若从另一方面来思考

① 狄尔泰:《描写与分析心理学的观念》( Ideen über eine beschreibende und zergliedernde Psychologie ),《狄尔泰全集》( B. G. Teubner 编 ),第 5 卷( 第 3 版 ),1961 年,第 200 页。
② "判断是处于自己的特殊性中的概念,作为各个概念环节的作出区别的联系。""系词'是'来源于概念在其外化中自相同一的性质。"( 参见黑格尔:《逻辑学》,梁志学译,北京:人民出版社,2017 年,第 292、293 页。)小坂提供出处为黑格尔:《哲学全书》,第 166 节,《黑格尔全集》第 8 卷,第 316—317 页。

的话,如李凯尔特所言,"纯逻辑价值即超越意义"和意识内部发展这种意识活动并没有任何关系。因为当这种意义被意识到时,要采取何种形式和意义本身并没有任何关系。李凯尔特为了要阐明这些区分,主张在"认识论的两条道路"上不应该使用应然,而应该使用价值这个语言。①

　　此处的问题是李凯尔特所说的"纯逻辑价值即超越意义"和"意识本身的内部发展即判断作用"之间的关系。所谓纯逻辑价值是否完全超越判断作用呢? 显然,李凯尔特的先有前者才有后者的应然这种说法只是部分真理,从另一方面来看,离开后者,前者是否能够成立呢? 毋庸置疑,某人在某时、某地思考某个意义这种所谓心理活动和意义本身并没有任何关系。然而我们不能说这是真正的判断意识,真正的判断意识即是吾人直接从内部来体验的意识本身的内部发展经验。我们不也必须承认这种判断的现象学(Phänomenologie)和意义本身之间有着不可分离的关系吗? 判断的意识与其说是意义的表现,毋宁说是其活动,它并非将意义特殊化的某物,而是意义本身必然的特殊化作用。对于意义的思考无法离开这个活动或作用。我们通常会认为判断的意义是作为时间上的事件之心理活动,因此意义本身超越了它。然而,两个思维对象的统一,正确地来说,应该被视为一个东西的分化、发展。判断的体验不应该属于时间的范畴,而是比之更根本的意识之事实。李凯尔特认为可以通过超越的意义成为时间上的事件,亦即心理活动的意义和目的,来思考合目的性的内部发展作用。然而,意识的内部发展,并非此二者的混合形态,必须是比时间关系更直接、根本的东西。时间性的关系反而必须依此才能成立。意识的内部发展经验,也就是逻辑的判断作用之意识,是超越时间的体验。判断的意识不应该属于所谓心理活动,毋宁说它直接具有和意义本身不可分离的关系,并以此关系构成一个具体的逻辑意识。黑格尔认为判断是处于自己的特殊性中的概念(der Begriff in

---

① 李凯尔特:《认识论的两种方式》,《康德研究》第14卷,第210页。

seiner Besonderheit），亦是这个意思。

　　"甲是甲"，如上所述不是要阐明"甲"的意识内容。不提"甲是甲"而提"乙是乙"亦能表示同样的意思。"甲是甲"虽然可以说明"物和其本身是同一"这种物的实在性同一，然而它必须被理解为以纯逻辑方式单纯地指示、固定吾人意识内容的意思。固定意识内容指的是什么呢？比如抽象化"黑"这个意识内容并固定它，便是将它普遍化（一般化する）之意。普遍化指的是可以将种种特殊的"黑"视为"普遍的黑"（日语：一般的黑）之分化。姑且不论是否有意识到，若没有包摄作用或分化作用的体验，是无法固定"黑"这个意识内容的。其次是固定某个唯一的意识内容的情况，比如"是就是是"（是は是である）的情况，"是就是是"指的是我们几度思考过后的"是就是是"。由"是"这个字所指示的东西，即对象本身或许被认为是在客观上的唯一不变。然而，"是就是是"是对吾人思维的要求，也就是应然。即使指示的"是"是唯一的、不能重复的事实，但只要它作为吾人意识内容成为思维对象，就会和上述所说的"普遍的黑"一样，作为能不断地反复吾人思维经验的内部应然，具有普遍的意义。在作为意识内容上，或许我们必须在两者之间承认区别，但在作为判断作用的内部应然成为普遍有效性（日语：一般的妥当性）的根据这点上则是相同的。

　　如上所述，"甲是甲"这一自同律（同一律）的意思无法和意识的内部发展，亦即思维体验（Denkerlebnis）切割开来思考。若缺乏康德所谓"统觉的综合统一"（synthetische Einheit der Apperception）[1]或马堡学派的"杂多的统一"（Einheit des Mannigfaltigen）[2]这种体验的话，我们根本无法理解逻辑的意义。意义和这个体验是同一个，只不过将思维体验置入时间范畴来思考，因此意义被认为完全超越了心理活动，因而思维体验如李凯尔特所言，成为次要的东西。当我们在思考某个意义时，只要不对它进行反省，我们当然不

---

① 康德：《纯粹理性批判》（第 2 版），第 140—146 页。
② 纳托普：《精确科学的逻辑基础》，第 47 页。

会自觉到超越的综合这种思维体验。思考数理的数学家不必然会自觉到使数理成立的认识之性质。数学和物理学不消等康德的认识论便得发达，也是因为如此。然而，不能因为是如此，就认为此两面的意识在本质上是独立的。那是一个体验的不可分离的两面。李凯尔特认为"白"这个知觉和知觉"白"的作用是不同的。[①] 然而"白"这个知觉是成立在吾人知觉体验之上的，若离开这个体验，"白"这个感觉便无法成立。所谓纯逻辑学派的人会说真理是不变的，无论人们是否在思考它，真理在其自身是真理。当然，真理和作为在时间上的事件之思维作用没有任何关系。然而，我认为若脱离康德所谓纯粹统觉的综合这种直接的思维体验，是无法进行思考的。真理对吾人而言要有意义，必须是被思考的东西，真正超越思维的真理和我们不会有任何交涉。

## （八）

思维体验和逻辑意义或价值的关系，若如上面所说的那样，那么客观思维对象或存在和思维体验的关系又是什么呢？我认为在"甲是甲"这一极为单纯的思维体验当中，能找到这些概念的根本关系。

一般认为所谓思维对象超越于吾人主观思维作用之外，它自身是同一不变的存在，知识的客观性，亦即真理需符合此条件才能得以成立。然而，在这种想法的背后难道没有主客观的分离、独立的独断吗？我们若要思考从自己的主观独立出来的所谓客观对象的话，首先主观必须超越个人的主观。康德会在纯粹统觉的综合中寻找知识的客观性，也是因为如此。康德在《纯粹理性批判》第一版中说明对象所要求的统一，便是统一杂多表象的意识之形式统一，当我们统一直觉的杂多事物时，才能认识对象。（Wir

---

① 李凯尔特：《认识论的两种方式》，《康德研究》第 14 卷，第 194 页。

erkennen den Gegenstand, wenn wir in dem Mannigfaltigen der Anschauung synthetische Einheit bewirkt haben. )① 如李凯尔特等人所说的，真正的思维对象是超越的应然。②

　　主客观的分离、独立是深植在吾人脑袋中的独断。但我始终赞同纳托普等主张主客观的对立是像积极与消极或左与右的那种对立，那只是一个经验的看法之不同的立场。③ 对象通过将经验对象化而产生，对象化即客观化（Objektivierung）就是经验的统一（Vereinheitlichung 或 Identification）。比如我们在看某个颜色如红或蓝时，一般都会认为红或蓝是和自身同一的客观存在。然而若从更高的统一见地，亦即客观知识的立场来看的话，这些都还只是属于主观的。也就是说，这些都还没达到严格的统一，在今日因出现以太（aether）的震动这种想法才达到最高的统一。然而，这种想法绝不是最后的统一。也因如此，客观化才能得以无限地前进。若如上述般思考客观的话，主观则是表示与其相反的方向（"亦即要被统一在中心的东西，即自身相对而言处于边缘的杂多，是未被规定的但是要被规定的东西"［das zentral zu vereinigende, selbst also vergleichungsweise peripherische Mannigfaltige, Unbestimmte, aber zu Bestimmende］④ 便是主观的）。换言之，相对于被客观化的事物，应被客观化的事物，亦即表示具体原初经验之面向的事物是主观的。既没有绝对的客观，亦没有绝对的主观，客观化程度低的事物和高的进行比较，始终是主观的。主观和客观的对立，总而言之是相对的，因一个经验的看法之不同，可以是主观的，也可以是客观的。⑤

---

① "当我们在直观的杂多中造成了综合的统一时，我们就说我们认识这个对象。"（李秋零主编：《康德著作全集》第 4 卷，第 74 页。）小坂提供出处为康德：《纯粹理性批判》（第 1 版），第 105 页。
② 李凯尔特：《认识的对象》，第 127 页。
③ 纳托普：《精确科学的逻辑基础》，第 67—68 页。
④ 纳托普：《基于批判性方法的一般心理学》（Allgemeine Psychologie nach kritischer Methode），1912 年，第 68 页。
⑤ 英译版把"比如我们在看某个颜色如红或蓝时，……可以是主观的，也可以是客观的"这段西田归纳纳托普的话全部整理成引文似乎欠妥。

若如上看待思维对象、如上思考主客观的对立的话，"有物"（物がある）、"物存在"（物が存在する）等说法，就不是一般所想的那样，脱离吾人直接经验以超越的方式存在。存在界是思维对象界的一部分。所谓存在界就是以时空间的形式被统一的、必须永久如此思考的世界。如以前我所说的，虽然不能将数理这种单纯的思维对象和自然科学存在直接等同视之，但后者的客观性是以前者的客观性为基础的，存在的客观性是以应然的客观性为基础的。当我们必须将某个数理真理始终视为相同的时候，我们就能够说有这种真理。"有"（ある）在这种意义下，不能直接和自然科学立场下的"物存在"（物が存在する）具有相同意义，这是毋庸置疑的。如果将在其自身是独立不变的东西视为"有"这一根本意义的话，我们就能说像数理的真理这种东西，亦"有"这样的东西。李凯尔特主张应然在存在之前，而在这个意义上我们可以说有应然。当应然也被反省时，它便会进入广义的存在之中，而自然科学的存在之独立不变性便是以此为基础。

关于客观对象或存在姑且就思考到这里，接下来我想思考的是，各种根本概念是如何被包含在"甲是甲"这个极为单纯的判断体验中以及如何才能阐明这些东西的必然关系。"甲是甲"这个思维体验，如前节所述，就是直接经验的内容，亦即所谓意识内容在发展自己本身。若离开此思维体验是无法理解逻辑的意义或价值的，而会说这些东西超越吾人经验，恰恰是因为将思维经验置放在时间的形式来思考的缘故。我认为"甲是甲"这种所谓应然的意识，便是吾人最直接的具体体验。之所以说是直接的，是因为在此没有思考的人，也没有被思考的东西，此两者却因此而得以被思考的缘故。之所以说是具体的，是因为种种的根本概念之关系被包含在这当中的缘故。费希特在《全部知识学的基础》的一开始，将所有意识的基础视为本原行动，亦是因为如此。

若从"甲是甲"这个具体经验抽离"甲"这个意识内容来进行思考的话，"甲"这个意识自身是独立的，似乎和"甲是甲"这个应然的意识没有任何关系。也就是说，"甲"被认为是独立的。关于此，若在甲加入一些内容来思考就会变得更清楚。比如若加入红或蓝的内容来进行思考的话，显然和这些内容与这些东西其自身是同一的意识有所区分，红或蓝是和此思维体验无关的独立思维对象或存在。然而，将某个意识内容视为独立不变的东西，从一方面来看的话，便是直接将它作为吾人的客观应然之根柢来思考。所谓红或蓝其本身是独立不变的，在某一方面包含了这些意识内容和其自身是同一的应然意识。意义或对象和思维体验无法切割开来。比如，"红是红"的判断之所以会成立，并非是从外部添加"物和其自身必须同一"的应然意识到"红"这个意识内容当中，而是依据"红"这一意识内容本身的力量。只是吾人一般都认为相对于普遍关系的是特殊内容，后者依据前者被结合，因此特殊内容在其自身则成为无法令任何关系成立的孤立断片。所谓知识的质料与形式的区别，便是以此为基础产生的。在直接的具体经验里，与之相反，意识和意识的关系是依靠意识内容本身成立的。纳托普将性质定义为根本性的统一，也是因为如此。( Sie vertritt die synthetische Einheit als Einheit nicht im Sinne peripherischer Umfassung, sondern zentraler Vereinigung, vielmehr ursprünglichen Einsseins. )[1] 所有同一性判断( Identitätsurteil )的根柢是质性的( das Qualitative )，即使它被认为是关系，但当我们将它思考为是一个的时候，则能得出它是质性的。关系与质性的区别亦只是意识内容的看法之不同而已。

如此看来，将某个意识内容视为独立不变的东西和应然的意识原本只是同一经验的两面，亦即一个东西的不同面向而已。作为吾人直接的具体经验来说的话，那只是某个意识内容的自然发展而已。当此意识发展的根柢在静止面被意识到的时候，它即是超越的存在，与之相反，在发展面被意识到的时候，它就是应然的意识。比如"甲是甲"的情况，"甲"的意义或对象在静

---

[1]　"它代表了综合的统一，但不是在涵盖边缘的意义上、而是在中心之合一的意义上的统一，或者说是源始的一体存在。"纳托普：《精确科学的逻辑基础》，第59页。

止面被看到的时候，它就是客观的存在，在发展面被看到的时候，它就是主观的思维体验，也就是心理活动。然而，就如同脱离主观的统一作用不会有客观对象，对象的客观不变性会直接成为超越统觉的作用。而作为具体的全部经验亦即真正的实在的话，就只有"甲是甲"这个自然的本原行动而已。

一般都会将主观意识和客观对象或存在进行严格区分，知识的成立是透过后者出现在前者。然而如前所述，这些区分都只是被包含在本原行动这个体验中的各种面向而已。吾人的思维体验的成立，并非是建立在主观与客观的相互对立或两者的相互作用。这些区分或相互关系等，反而是以被包含在一个体验之中的种种面向为基础而产生的。物心的区别及关系等亦是这种想法的发展而已。我认为这些根本概念归于唯一活动面向，在"甲是甲"这种所谓无内容的思维体验中最能够阐明它。在这种体验里，思维对象与思维体验是同一，同时全体直接就是费希特所说的本原行动。虽然李凯尔特认为与其说是"有"倒不如说是"应然"或"意义"在前，如果我们不单单只是将"有"解释为时空存在的意义，而是解释成和物自身同一这种极为根本的意义的话，那么我们就能说有"应然"或"意义"。"有"与"应然"只是一个经验的两面。如此说明"有"与"应然"是一个的正是费希特所谓的本原行动，也就是吾人在最深层意义上的自觉。费希特在《全部知识学的基础》的一开始提到"如果有 A 的话，那么 A 就是有"（Wenn A sey, so sey A），[①] 并认为"如果"（Wenn）和"那么"（so）的必然关系之基础要在自觉的事实中寻求，但若更深入思考的话，会发现自觉的事实反而以"甲是甲"这种逻辑应然的意识为基础。如他所说的，"我是我"便是"有我"的事实。"我是我"这个判断，也就是应然的意识产生了"有我"这个事实，因此活动和结果是一个，这便是本原行动。"甲是甲"这个应然一方面包含"有甲"，"有甲"一方面包含"甲是甲"这个应然，因此此具体的全体可以说是本原行动。一般都

①　费希特:《全部知识学的基础》第 1 卷，第 93 页。

会将形式和内容严格区分开，"甲是甲"这个形式产生"甲"这个内容，"甲"这个内容产生"甲是甲"这个形式，本原行动的根本性质就是在这里。而如纳托普所言，此本原行动是吾人最直接的具体经验，[①]此经验统一的方面变成对象，甚至是存在，与之相反的方面，亦即此原本体验的方面则是心理活动。这两方面真正的关系，就如上所说的，只能在本原行动当中以直觉的方式来进行理解。若会有人怀疑这一点的话，早就因此产生怀疑了。

# （九）

如上节所述，吾人最直接、具体的真正实在是"甲是甲"这种意识内容本身的内部发展，它包含着各种范畴及其相互的关系。单纯地将它视为离开存在的应然或离开内容的形式，显然是只看实在的某一面而没有看其他面的抽象看法所带来的结果。

当我们用一般的语言说某个意识内容是"浮现"（思い浮べる）时，也就是意识内容处在无反省或孤独的状态时，用柏格森的话来说，内在绵延通过同质的媒介者被切割为每个独立的形态时，我们可以客观地将它思考为存在。[②]所谓自然科学的世界正是通过时空间的形式结合这种存在的。而在主观上，我们可以说这是表现意识（präsentatives Bewusstsein；日语：现識）。然而作为存在的意识内容和作为表现意识的意识内容并非分别的二物，而是同一意识一度在其个别独立相中被看到，一度在其内部发展相中被看到而已。主客观的区分，亦只是意识必然的两个面向。

某个意识内容若要作为意识内容具有其自身的性质，该意识内容就必须和自己是同一，也就是说，甲必须是甲。虽然有人将意识内容和思维对象

---

① 纳托普：《基于批判性方法的一般心理学》，第 208—209 页。
② 柏格森：《物质与记忆》（*Matière et mémoire*），1896 年，《柏格森著作集》，第 223—224、281 页。

完全区分开来，然而这只是观看同一物之立场的不同而已。我认为，思考无论在任何意义上都无法完全成为思维对象的意识内容，是没有任何意义的。而会意识到这种意识内容在其自身是同一，并不是倚靠其他力量，也就是说，不是某物从外部加入的意思，它是倚靠意识本身的力量、是意识自然的发展。所谓同一性（Identiät），如黑格尔所言，是自内映现（Reflexion "in" sich）①。吾人会认为某个意识内容和其自身是同一，是因为该意识回到其自身当中的缘故。借用柏格森的话来说，就是从同时存在的形态转移到内在绵延的形态②、从抽象存在转移到具体存在。也就是说，单纯的存在通过应然的伴随回归到它自身，如方才所言，吾人会以主观立场将意识内容思考为表现意识（präsentatives Bewusstsein），是因为从这种具体方向来看的缘故。所谓主观的是指在此意义下意识回归到它自身。

关于"甲是甲"，吾人以主观立场来说它是判断的意识，若从客观立场来看，它意味着超越对象的独立自存。若从此立场来看，方才说的表现意识对象、单纯地被想起的意识内容反而才是主观的。"甲"这个意识内容可以视为"甲"这个本体现象或"甲"这个意义的象征。为何方才说被视为客观的东西从新的立场来看必须被视为主观的，那是因为先前被认为每个都是独立的东西从后面的立场来看已经不是真正独立，只能在某个关系中保持其客观性的缘故。而真正客观的东西则是作为关系统一者的超越性实在或意义。如此一来，"甲是甲"虽然可以从主观或客观立场来看，但作为其具体经验来看，就只有"甲是甲"这个意识内容本身的发展，亦即一个行动（Handlung）③。主观与客观的区分，只是该看法的不同而已，成为其统一的基础面被认为是客观的，统一的活动面则被认为是主观的。如此，以抽象方式来思考成为判断意识基础的客观世界的成为自然科学世界，而以抽象方式

---

① 黑格尔：《逻辑学》，《黑格尔全集》第6卷，第40页。
② 柏格森：《论意识的直接材料》，《柏格森著作集》，第149—151页。
③ 西田这里用"働き"（活动、作用）来表示Handlung。

来思考其主观作用面的则成为心理现象界。如纳托普所言,所谓心理活动恰好是将经验统一在一个中心的客观面反过来思考的东西。① 如康德所言,如果说自然科学世界的成立是通过超越统觉的综合的话,② 那么相反地,超越统觉的综合则是结合自然科学世界和原初经验的东西。所谓主观的精神活动,我们可以视为是超越者脱离实现自身过程而思考的东西。

所谓"甲是甲"就是吾人在反省"甲",然而从"甲"自身来看的话,就是"甲"这个意识回归到自身的根柢。换言之,这就是作为更深层的实在之统一的"甲"在显现自身。因此,反省"甲"便是直观作为其根柢的统一的"甲"。对孤立者的反省即是对统一者的直观,此时吾人的活动意味着更大的统一活动。反省意味着更大的统一之直观、更大的生命之发展。在客观上大的实在之发展便是在主观上对反省的深化,反省是实在发展的过程。当我们反省"甲"这个意识内容时,我们一般会说"意识到它"(之を意識する),此时所说的"意识到"(意識する),便是从更大的统一立场来看的,也就是说大的统一在活动着。当然,若从更大的统一立场来看现在在活动的统一的话,此统一本身则又是被反省、被意识到的存在。在这个意义上,所谓意识,如柏格森所说的,或许作为纵线的内在绵延会出现在触碰到并立横断面的地方,③ 然而在这种反省的背后有更深层的意识在内在绵延的形态中进行活动,也就是说,更深层的意识正在创造自己。

反省"甲"这个意识内容,如上所述,就是"甲"回归到自身的根柢,而这种"甲"回归到自身的根柢,从一方面来看,就是"甲"在实现自身,而"甲"在实现自身并非倚靠其他力量,而是"甲"本身在发展自己,真正的"甲"毋宁说是其发展本身。静态的自我同一的"甲"和动态的"甲是甲"这个应然的意识,是如何在一个思维体验当中结合的呢? 主观上"甲是甲"直

① 纳托普:《基于批判性方法的一般心理学》,第 53—58 页。
② 康德:《纯粹理性批判》(第 2 版),第 129—136 页。
③ 柏格森:《物质与记忆》,《柏格森著作集》,第 281、284—285 页。

接意味着客观上"甲"的自我同一,在客观上"甲"的自我同一直接在主观上是"甲是甲",这些是如何可能的呢? 此两面的统一不单是一物的不同之两面的关系,它是具有更深层意义的统一,也就是活在其自身的统一。主观上"甲是甲"直接就是在客观上甲的自我同一,也就是说"有甲"(甲があ る)这个事实可以在吾人意识的事实中证明它,在意识中知道便是其存在,活动便是其事实。而这种意识活动本身就是事实,存在必须通过自觉才能成立,不被自觉的活动无法成为意识的事实,因此,应然和事实的真正内部统一,只能在吾人最直接的直觉事实之中求得。在自觉之中说"我知道我"(我が我を知る)就是"有我"(我がある),"有我"就是"我知道我","我知道我"就是"我在维持我",也就是"我存在"(我が存在する)。因为我不知道我的我不能说是我,和此相同,反省"甲是甲"便是"甲在维持甲","甲在维持甲"就是"有甲",只不过我们被另外有特殊的我在思考"甲是甲"这种传统思维牵绊,以至于无法在所有意识成立的根柢中承认此自觉的形态。当然,在和所谓自觉的情形不同的一般意识里,重新认识在其成立上是没有必要的。在心理学家所谓重新认识的意义上有所谓没有重新认识的意识,而且在这种意义下,重新认识在意识的成立上没有任何关系,这是毋庸赘言的。然而,心理学家所谓重新认识的意识是重新认识作用的结果,而不是重新认识作用本身。真正的重新认识作用就是意识自身的维持、发展的活动。这种重新认识作用,亦即真正的自觉是所有意识的根本形式。比如当吾人在思考数学问题时,是数理本身在自觉,吾人事后想起它,就是在想起此活动。而想起此活动就是此活动再次开始活动。真正的自觉并不是像被动感觉或情感那种意识,它是意识本身的活动之体验。在自觉里,反省是它自己本身的同时并非单纯地还原这种自我同一的活动。已反省过这一事实直接地意味着在某一方面的自我发展。反省这个活动在自觉当中,一方面是自觉上的事实,一方面是其创造发展的活动。事实产生发展,发展成为事实,存在成为应然,应然成为存在,自我通过反省、发展自我,得以维持自己。如柏格森主张"实际上过去自动地保存自身"（En réalité le passé se conserve de lui-même, automatiquement）[1]那样，自觉的统一、自觉的存在便存于活动保存活动进而有发展之处、应然维持应然进而有发展之处。自觉就是依靠其自身的无限的内部发展、真正的创造进化。吾人的人格历史亦是依据它而成立的。我认为上述的自觉之统一发展并非只限于所谓自觉这一特别的意识，它是依据其自身而立、依据其自身而发展的所有具体意识的真相。只不过这个形式必须是在所谓自觉这种没有内容的意识当中以最清楚的方式被意识到而已。比如，艺术家的直观就不会是无反省的单纯直观，那是作为苦心惨淡的反省结果所发展出来的直观。吾人越是深层地反省，就越能够前进、发展。在严格的意义上，没有单纯的重复，意识的动态统一就是统一本身意味着发展的活动。

# （十）

如前所述，所有的具体意识因看法的不同，被视为客观存在或主观应然的发展作用，因此，这些区分只是一个实在的不同面向而已，而具体意识中这两个面向的统一是在主观直接是客观、存在直接是应然、事实直接是活动这种自觉的形态中被给予的。自觉是具体意识的真相。

所有实在通过认识自己本身得以成为独立的真实在，真正的自因（causa sui）必须是认识我自身。如黑格尔所主张，"知道你自己"不单是在实践上具有意义，亦在哲学上具有意义（*Die Philosophie des Geistes*. § 377.）。[2]在自然界里，知者和被知者是不同的实在，借黑格尔的话来说，理念（Idee）在我自身之外，[3]这种主客的分离就是知者和被知者一同被对象化的情况，也

---

① 柏格森：《创造的进化》，《柏格森著作集》，第498页。
② 黑格尔：《哲学全书》，第377节，《黑格尔全集》第10卷，第9页。
③ 黑格尔：《哲学全书》，第247节，《黑格尔全集》第9卷，第24页。

就是说,此情况下的主观是心理的主观,而不是真正的主观。真正的主观必须是康德所谓普遍意识那种超越性的主观。这种被分离的主客都不是独立的实在,即使是心理学家所认为的无反省意识的感觉或知觉,当它们作为独立意识而存在时,必须是认识其自身的东西不可。将这些视为没有伴随自觉的意识,是因为它们被对象化的缘故。所谓自觉并不是一般所认为的那样——后来的意识直接映照前面的意识,它指的是意识内容的内部发展。所谓自觉就是反省直接成为发展的过程、知道(知ること)直接成为事实。即使是先前所说的表现意识的情况,它(自觉)作为具体的意识,必须在其中包含认识者自身。所有意识内容通过将认识者包含在其中,才会变成具体的。而将认识者包含在其中,就是意识内容在其自身中发展的意思。虽说表现意识通过被更深一层地深化而成为应然的意识,应然的意识通过更深一层地被深化而成为自觉的意识,然而具体的意识原本就具有自觉的形态,前两者只不过是它的不完全形态而已。

因此,独立自存的具体意识,亦即直接经验始终在如前所述的自觉形态中成立、发展。从所谓知觉世界到科学世界,在具体的状态下,一切都在此形态中成立,不会有脱离主观的客观界,也不会有脱离精神界的物体界。吾人的世界始终是以自觉为中心而成立,并在自觉的形态中发展的。比如"甲是甲"这个应然的意识,便是"甲"这个无反省的意识回归到自己的根柢,换言之,即是"甲"发展自身的形态,也就是"甲"这个意识的具体状态。或者,也可以说"甲"这个意识和"甲是甲"这个应然的意识是分别的二物,"甲"这个意识若没加入某物,就无法成为"甲是甲"这个应然的意识。当然,以抽象立场来思考的单纯"甲"的意识和应然的意识是分别的二物,后者无法直接从前者出来是毋庸赘言的。然而,这种想法只是抽象看法的结果,所谓直觉意识的内容和被思维的内容直接具有内面关系,后者无法像描摹论所说的那样映照出前者,但即使是如此,这两个意识必须保持一个统一。具体来说,就是一个实在的不同面向。一个意识在静止面中被看到时是客观的,在其发展面中被看到时是主观的,而真实在就是统一这两面的自觉发展。

　　比如,我们就逻辑意识的发展来进行思考的话,"甲"的自我同一从一方面来看就是"甲是甲","甲是甲"是从"非甲"区分出"甲",其背后含有将"非甲"从"甲"区分出来的作用,也可以视为"非甲"的假设。如此观看(斯く见る)意味着在此两者的根柢中有更高位的统一的同一者,此两者可视为是它的分化,而这种分化、发展并非得自外部来的力量,是同一者在自身之中映照自己的意思。如黑格尔所言,同一一方面含有区分,[1]而同一直接就是区分这种说法也只是在被反省的自己和反省的自己是同一这种自觉的形态下才能够成立,逻辑性的自我同一之真相就在于自觉的意识里。若是如此,"甲"这个意识内容以孤立的方式处于静止状态时便是客观的,与之相反,当"甲"和"非甲"对立时,亦即处在和他者之间关系时,正确来说,就是"甲"在具包容性的"甲"中被看到的时候,即处在发展、流动状态的时候,它便是主观的。若从相反方向来思考的话,意识的流动始终在追求统一,我们可以视该流动为追求统一的过程。如此一来,前面说的客观就变成了主观。在一切吾人意识的本然状态里,全体首先会以一种含蓄的方式发生,并发展、完成自己,也就是说,意识是潜在的全体发展自身的过程。或许有人会说,潜在的一者和显现的一者不能直接是同一,但吾人的直接经验是这种意识流动的不断行进,其统一状态始终被视为是客观的。如纳托普所言,统一的方向是客观的,与其相反的方向则是主观的,[2]潜在的一者和统一的一者之间的关系在所谓推理当中最能够明显地被看到的。所谓推理,即是普遍者分解自身同时又回归其统一的形式,亦即黑格尔所谓判断中的概念之反复(Wiederherstellung des Begriffs im Urteile, Einheit des Begriffs und des Urteils)[3]。而且如他(黑格尔)所说的,推理不单是吾人主观思维

---

① 黑格尔:《逻辑学》,《黑格尔全集》第 6 卷,第 46 页。
② 纳托普:《基于批判性方法的一般心理学》,第 67—68 页。
③ "在判断中重建概念"、"概念与判断的统一",黑格尔:《哲学全书》,第 181 节,《黑格尔全集》第 8 卷,第 331 页。

的形式,而是所有实在的形式。( Der Schluss ist das Vernünftige und Alles Vernünftige. )[1] 在这种推理里,作为其根柢的普遍者被认为是客观的,其发展过程,即所谓推理则被认为是主观的。唯有这两面被认为是独立的时候,客观对象和主观作用才会相互对立,主观作用则进一步被客观化,此时心理的主观才会出现。知识、情感或意志等心理学的所谓精神作用,指的是脱离客观内容思考如此发展的面向。与之相反,体验( Erlebnis )是全体发展自己的经验,亦即主客合一的经验。

因此,吾人的直接经验是无限全体的自然发展,然而当其中某个中心被固定,经验依此被统一时,所谓的客观界便会成立。而主观作用是从全体来分立一个体系的活动,同时从相反方向来看,也是结合分立的体系和全体的活动。比如线就是在自身包含有分离与连结的无限发展。我认为吾人的自觉面向被包含在线之中,线是依据吾人的自觉体系而成立的。在无限的线中如此思考有限的线,就是在无限的发展之中固定一个体系,也就是经验的客观化。而在这种无限之中限定有限的是主观作用,所谓主观作用就是普遍者限定其自身的过程。虽说在无限之中限定有限,其活动并非是从外部来的,是经验在限定它自己。而被限定者是客观的,限定自身的活动亦即分离作用则是主观的。如戴德金( Julius Wilhelm Richard Dedekind )等人所说的,无限就是在体系之中映照体系,[2] 数如果是这种无限系列的话,那么我们可以说有限数就是客观对象,在体系之中映照体系的活动是主观作用,在有限之中观看无限这种现实的无限( das aktuelle Unendliche )之理解即是体验。

以上的论述虽然极为粗糙,总之我想要主张的是,在单纯的逻辑同一律意识中包含主观和客观的对立、存在和应然的对立以及其相互关系,这

---

[1]　"推理是合乎理性的,而且一切事物都是合乎理性的。"( 参见梁志学译本,第 308 页。)黑格尔:《哲学全书》,第 181 节,《黑格尔全集》第 8 卷,第 331 页。

[2]　戴德金:《数是什么? 数应当是什么? 》( Was sind und was sollen die Zahlen? )( 第 3 版 ),1911 年。

些对立及其相互关系都存于经验的体系中。"甲是甲"这个同一律虽然只是形式性的东西，但形式和内容不就是同一经验的看法之不同所带来的结果吗？一般所谓"甲是甲"虽然只被认为是一种逻辑的形式，但这种形式的意义亦无法脱离吾人直接意识发展的体验来进行理解。之前所说的在自觉体验中的被限定者，亦即思维对象被认为是内容、质料，因此与之相反的东西，即在其发展面中的被观见者，被认为是形式、关系的意识。意识的形式和内容或质料并非是因意识本身的性质而被区分开来的，无论任何一种意识，若在形式上能被看到的话，那么它亦能作为内容或质料被看到。一般所认为的单纯的感觉内容，如红或蓝亦可以作为"这是红的"（これは赤である）这种判断的根据被理解为关系的意识。当然，这种意识体系和逻辑的意识体系相比较的话，只是特殊性的东西，但红的感觉进一步和特殊者相比较的话，则是普遍的东西，普遍或特殊只是相对性的区分而已。针对这种讨论，或许有人会认为感觉的红和概念的红是分别的二物，但我们必须认为红的概念在具体的红的体验中活动，"这是红的"的判断，便是依据这种立场成立的。当"红"的体验限定自身时则变成特殊的红。

# （十一）

接着我将以此书第七节到第十节的论述为基础，来思考此书第五节到第六节的论述。第五节和第六节说的是，所谓存在说的是依据时空间的形式，从外部来结合直接经验的情形，因此，这种外部结合和依据意义本身而结合的内部结合是绝对无法区分的，从纯逻辑意识的统一到时空间的统一或艺术意识的统一，这些都只是统一内容的普遍或特殊这种程度上的差异而已。在第七节到第十节中，为了从根本上阐明此想法，我论述了在逻辑同一律的意识中亦具体包含了存在与应然的对立以及其相互关系，逻辑的同一律亦无法脱离体验被思考,在同一律体验中,意义在其他方面已经包含了存在的意义。接下来,我若依据第七节到第十节的内容来思考第五节到第六节的内容的话,论述又会呈现出什么光景呢?

如第六节所述,吾人经验的统一能作出如下的区分。我们若将它作为纯粹的内部意义的统一来思考艺术直观的话,那么与此相对,也可以将它作为经验的外部统一来思考单纯的时空间的统一和自然科学法则的统一。时空间的统一便是所谓事实的知识,这是自然科学的知识统一它后产生的。此外,我们还可以将它(经验的统一)作为一种内部意义的统一来思考逻辑意识的体系,比如像数学知识那样的东西。当然,这种知识一般被称为先天知识或形式知识,但这绝不能是统一经验的东西,在这一点上它和前两种的统一是异质的东西。若用系统方式将这些统一区分来看的话,如一般所想的那样,首先就可以将以先验应然为基础的东西和通过某种先验形式统一经验内容的东西区分开来,另一方面,若将先验应然区分成逻辑、伦理、美的话,在通过这些形式而被统一的经验体系上,亦可以进行这三种区分。像数学知识这样的东西,是以逻辑应然为基础的东西,时空间的统一以及自然科学法则的统一,是依据它统一经验材料的东西,艺术的统一则是以美的应然为基础统一经验的东西。而艺术直观的统一和自然科学法则的统一在通过先验的应然来统一经验这一点上,是属于同类性质的。然而如果从艺术直观的统一只奠基在主观意义,自然科学法则的统一奠基在客观事实这一点来思考的话,艺术直观的统一反而和数学知识的统一等都是内部的统一。数并非以客观形式存在,而是吾人思维的创造。虽说艺术直观的统一是通过美的应然来统一经验,但那也只是从经验来获得其材料,并不是跟从客观经验本身。因此,若要阐明这些种种统一的性质及关系的话,首先必须先阐明与应然对立的东西究竟是什么。作为与应然对立的东西,我们可以思考的是所谓直接经验或纯粹经验和由时间构成的事实世界。一般大多思考的是后者,后者就如先前所说的,是通过时空形式来构成经验的东西，而时空间的形式如马堡学派所说的，是由逻辑的方式导出来的。若是如此，作为构成原理的时空间就不应该是与应然对立的东西。如果在后者意义上的经验当中有和应然对立的东西，那么它就必须在由时空间形式所构成的内容本身当中去寻求。那么，经验内容和应然对立是所谓非合理性的（irrational），这究竟意味着什么？首先，若针对经验内容的变化来思考的话，那么我们就能说三角形可以分为等边三角形、等腰三角形、不等边三角形，但却不能以先验的方式来定义颜色能分成几种。也就是说，相对于前者是必然的，后者则是偶然的。接着，若思考内容和内容的结合的话，在以应然为基础的东西里，内容和内容之间会有必然的关系，但在以经验为基础的东西里，一个内容和另一个内容的结合是偶然的。比如，某个物的某个颜色、某个形状、某个香气等为何会结合成一个是无法解释的。经验的知识是通过以应然为基础的形式被构成的，即使如此，它并不能从形式来创造内容。何种意识内容会和何种意识内容结合，必须依据彭加勒所谓我的感官证明（témoignage de mes sens）[1]的东西。在这一点上，我们必须承认与应然对立的经验内容之非合理性。若按上面来进行思考的话，从内部统一到外部统一的等级可以分成三种。第一种是像数学知识那样，完全以应然为基础，其内容亦依据它而被创造出来；第二种是如艺术直观那样，该结合虽依据应然的自由，但其内容却仰赖于经验；第三种是如自然科学的知识那样，其结合和内容都是以经验为基础。

如上所述，我们会感受到以应然为基础的东西和以所谓经验内容为基础的东西之间存在着无法跨越的间隙，因而有必要思考意识统一的种种区分。然而，从第七节到第十节之间针对最单纯的逻辑意识所讨论的应然与存在、形式与内容的根本关系来看，这些区分应该如何被思考呢？

---

[1]　彭加勒：《科学的价值》（*La valeur de la science*），1920 年（初版 1905 年），第 226 页。

# （十二）

在第七节到第十节之间，我论述了存在与应然、对象与认识作用、形式与内容的对立及相互关系是如何被包含在逻辑同一律这种纯粹应然的意识当中，并据此致力于从根本上阐明这些对立及关系。关于这些讨论，我自认为还非常地不充分，因此，下面我将以此为基础继续自己的讨论。

首先要思考的是形式与内容的关系，也就是统一者和被统一者之间的关系。某个材料相应到形式构成知识，或借由某个应然来统一经验内容，这究竟意味着什么？吾人认为最形式的东西，亦即作为纯粹应然任何人都不会有异议的东西是逻辑的应然。像数学知识这种东西当然被认为是形式的东西，但若将它和逻辑知识相比的话，只能说是站在材料或内容的位置而已。逻辑不直接等同于数理，数理的建构必须在逻辑里加入某物。逻辑比数理更普遍、更形式。数理的法则是通过对应逻辑法则而成立的。如此一来，我们首先可以在逻辑与数理之间找出形式和内容的第一个对立。那么，数理若要成立，必须加入到逻辑里的东西是什么呢？康德在和理解力完全不同的纯粹直觉形式中寻求它，彭加勒则将它归结在吾人无限地反复同一活动的精神创造力。[1] 近来，李凯尔特在《一者、统一及一》这篇文章中深入地探讨康德的想法，针对作为逻辑基础的异质媒介者提出作为数理基础的同质媒介者。我对这些人的论述具有充分的理由表示认同，但这种从逻辑来区分数理的某物是否是完全从外部被给予逻辑的东西呢？还是说，对于逻辑，它是具有必然关系的东西呢？李凯尔特所谓异质媒介者和同质媒介者彼此又处于何种关系呢？我虽然没有完全同意纳托普的说法，但我极想赞同纳托普等人关于"质与量是有相关性的、是一个思维作用的两

---

[1]　彭加勒：《科学与假设》，第23—24页。

面"的讨论。[①] 如我在《逻辑的理解与数理的理解》所述,"甲是甲"这个性质的自我同一在背面包含着将"甲"从"非甲"区分开来的想法,当"甲"不具内容时,将"甲"从"非甲"区分开来直接等同于将"非甲"从"甲"区分开来。在这里,$1=1$ 这种数学的一的想法才会成立,通过这种命题与反命题的交换所产生的逻辑对象之交互对立的统一,便是李凯尔特的所谓同质性[②],$1+1=2$ 的关系依此而得以成立。而如此统一这个交互对立的活动若从一方面来看的话,其自身就是数学的一,因此,同时具有区分和统一的活动才能得以被视为在自身之中映照自己的自觉作用,数的无限系列也由此能得以被建构。如果能如上述般思考数理与逻辑的关系的话,我们又能如何思考首先遭遇到的形式与内容的关系呢?并不是说为了建构数理,针对逻辑所被思考的某物就是针对逻辑从外部被给予的。当我们认为判断内容是无并能将它翻转时,李凯尔特的所谓同质媒介者才能成立,因此,我们可以将数视为不具内容的思维对象之体系。吾人的直接经验是意识内容自身的发展,能以与内容无关的、纯形式的方式思考此发展的便是逻辑、数理的体系。"甲是甲",也就是某个意识内容在其自身是同一的,当它被这样看的时候,它就是逻辑的。然而,这个自我同一的"甲"能够在更大的统一上进行反省,这种超越"甲"的立场并从更大的统一立场将"甲"作为对象来观看,这就是让"甲"和"非甲"形成对立并在翻转它之后来观看的意思。李凯尔特的同质媒介者这种数学立场便是在这里产生的。我们可以说数理的立场比逻辑的立场更加具体。为了建构数理,逻辑被给予的某物,亦即康德所谓纯粹直观或李凯尔特的同质媒介者,正是逻辑意识发展其自身的创造性活动。我曾说过,具体事物是抽象事物的根本,抽象事物会发展到具体事物是因为回归其根本,若从此种想法来看的话,我们可以说逻辑是数理的一面,逻辑的背后有数理。吾人认为相对于数理逻辑是主观形式,李凯尔特在

①　纳托普:《精确科学的逻辑基础》,第 52—53 页。
②　李凯尔特:《一者、统一及一》,第 62—65 页。

上揭论文(《一者、统一及一》)的结论处亦主张逻辑事物是单纯的有效性事物,数理性的事物是存在的事物(Das Logische ist, was wegen seines formalen Charakters nur gilt und nicht existiert. Das Mathematische, besonders die Zahl, und vielleicht noch einiges andere, ist das was existiert... )[1]。如前所述,若从更大的统一来看,其统一过程亦可被视为主观的形式。在此情况下,主观的形式获得内容意味着发展它自身,内容并非从外部被给予,而是通过在其自身背后的创造性统一被给予的。如第十节的最后所述,在逻辑的意识里它是逻辑的意识,在数理的意识里它是数理的意识,无论哪一个都会随着静止相与发展相而产生形式和内容这两个看法。这只是相对于波尔查诺(Bernhard Placidus Johann Nepomuk Bolzano)将知识分为形式和材料,主张所谓形式的就是在其自身被理解而已。(Dürfte ich mir eine etwas gewagte Vermuthung erlauben, so würde ich sagen, man habe Arten von Sätzen und Vorstellungen formal genannt, wenn man zu ihrer Bestimmung nichts anderes, als der Angabe gewisser in diesen Sätzen oder Vorstellungen vorkommender Bestandteile bedürfte, während die übrigen Teile, die man sodann den Stoff oder die Materie nannte, willkürlich bleiben sollten. )[2]若反过来思考构成数理与逻辑的成分(Bestandteile)的话,两者并非彼此没有任何交涉,在一个体系中从大的统一来看,可以将小的统一视为主观的形式。

　　如果说为了构成数理,被添加到逻辑里的某物和逻辑之间的关系是如上述所说的那样的话,逻辑与时空间的关系又是什么呢?时空间并非是通过知觉被给予的,那只是吾人统一经验材料的思维形式而已。而如康德所说的,数理并非是通过时空间的形式而成立的,相反,时空间的形式是通过作为数

---

① "逻辑事物由于其形式性特征只起作用而不存在。数理性的事物,特别是数字,也许还有其他一些东西,才是存在着的东西。"李凯尔特:《一者、统一及一》,第81页。

② "如果我允许自己做一个有点大胆的猜想,我会说,如果人们为了规定这些命题或观念只需要给出出现在其中的某些成分,而人们称之为材料或物质的其余部分将保持任意,那么这些命题和观念的类型就是在形式上被称呼。"波尔查诺:《知识学》(Wissenschaftslehre)第1卷,第12节,1929年(初版1914年),第51页。

理基础的、李凯尔特所谓的同质媒介者而成立的。如数学家所认为的那种在各方向全部同等的空间、时间，实际上并不存在。空间的同质性，总而言之是奠基在和同质媒介者——翻转将"甲"从"非甲"区分出来肯定它的命题并统一两者——的同质性上的东西。然而，物理学家的所谓空间、时间并不是单纯的思维产物，我认为时空间会带有一种实在性，是因为和所谓经验内容相结合，并和它构成一个体系的缘故。纳托普亦主张数单纯属于思维的产物，但时空间完全不是思维的产物，其包含了非思维的要素，亦即康德所谓的直觉（Natorp, *Die logischen Grundlagen der exakten Wissenschaften.* S. 266. S. 326.）。此外，他还主张时空间的秩序一方面和数的秩序合一，另一方面和存在具有关系这一点上和数的秩序有所区别，数学的判断（das mathematische Urteil）并非直接就是实存的判断（Existenzurteil）。[①]

　　和数的体系完全是思维的产物相反，时空间的形式通过和经验内容的结合会获得一种实在性，也就是说通过数的体系被经验，换言之，就是通过经验的限定会获得一种实在性。此想法的背面包含着经验对思维的客观独立性之意涵，时空间被给予的一种实在性就是以此为基础的。在此必须思考的问题是，所谓经验在何种意义上对于思维具有客观独立性？经验的客观性究竟意味着什么？思维相当于经验，或者思维被经验限定究竟意味着什么？纳托普认为存在是纯粹的思维概念，它来自不断要求被限定的思维对象之性质。[②]当然，被时空间限定的存在这个形式，是来自思维的要求，但这个被限定的内容并非出自于内部，而是来自于外部。接下来，我们必须去究明这个由外部而来的东西。

# （十三）

　　我将在下面开始思考经验对思维的非合理性或客观性。如前所述，

---

① 纳托普：《精确科学的逻辑基础》，第 266、326 页。
② 同上书，第 75 页。

经验可以分为两种，一种是不加任何思维活动的直接经验，另一种是通过思维的范畴来构成经验内容的，也就是新康德学派所谓的经验。根据康德的想法，吾人的经验知识由两个要素构成，也就是由"对象依它而被思维的概念"（der Begriff, dadurch überhaupt ein Gegenstand gedacht wird [die Kategorie]）① 以及"对象依它而被给予的直觉"（die Anschauung, dadurch er gegeben wird）② 构成。③ 没有相应直觉的概念，不能说是知识，也就是说，客观的知识必须通过直觉的拘束才能成立。那么，这种拘束概念的直觉之拘束力究竟从何而来？又具有何种性质呢？从严格的批判哲学之立脚点来说，客观的实在性之基础必须向超越统觉的综合寻求。康德在《纯粹理性批判》第一版中主张吾人知识的客观性以先验的法则为基础。（So wird die Beziehung auf einen transcendentalen Gegenstand, d.i. die objektive Realität unserer empirischen Erkenntnis auf dem transcendentalen Gesetze beruhen, dass alle Erscheinungen...unter Regeln a priori der synthetischen Einheit derselben stehen müssen.Von der Synthesis der Recognition im Begriffe.）④ 如前面引用纳托普的话所示，在马堡学派等人当中，存在完全是以思维的要求为基础的。然而，在此必须思考的是，即使经验的知识是依据思维的构成作用而成立，但只要其内容不是从此作用产生的话，就无法忽视内容的拘束条件。即使思考知识的内容便是以思维的要求为基础，但内容本身不能说是出自它。经验的知识作为通过思维的构成作用而成立的东西不承认内容有任何权利，是因为内容本身是没有任何统一的、单纯的杂多（Mannigfaltiges），思维就像能自由使用的建筑材料一样的缘故。然而，即使成为知识材料的内容是

---

① "对象由之而被思维的概念［范畴］。"
② "对象由之而被给予的直观。"
③ 康德：《纯粹理性批判》（第 1 版），第 92 页；第 2 版，第 125 页。
④ 在《论认识在概念中的综合》中的这段话翻译为："所以与一个先验对象的关系，亦即我们经验知识的客观实在性，就是以下面这条先验规律为依据的，即一切显象……都必须服从它们的综合统一性的先天规则。"（李秋零主编：《康德著作全集》第 4 卷，第 77 页。）小坂提供出处为康德：《纯粹理性批判》（第 1 版），第 109、103 页。

完全无秩序的东西，但它作为构成知识的一个要素，无法忽视材料本身的性质。纵使其材料以符合形式的方式被创造出来，只要内容的基础是从形式独立出来的话，对于这种被创造就必须具有某种拘束。要从哪个方向来看、要以何种方式来获取虽然是自由的，但从某某方向来看便会如此这般地显现，用某某方式来获取就会如此这般地呈现出形状，这些都必须根据内容本身的性质，康德会设定直觉的拘束条件也是如此。

那么，这种拘束力的性质又是什么呢？比如，我们来思考看看"此物是黑的"（此物は黒い）这一所谓事实的判断。"此物"这个主语是依据时空间的形式限定而成立的，"此物是黑的"这个判断则是符合了解的范畴而成立的。唯独"黑的"这个意识内容以及"此物"这个内容和"黑的"这个内容的结合，必须等待彭加勒所谓感官的证明。然而，若反过来想的话，"黑的"这个内容是什么呢？"此物是黑的"这个判断是如何成立的呢？判断并不是像形式逻辑所主张的那样，通过两个表象的结合而成立的，在判断的根柢里，始终有综合存在，判断是通过分析此综合而产生的。"此物是黑的"这一判断会产生，亦是通过分析被给予的综合全体。作为其客语的"黑的"这个内容，并不是处在主语之外的固定概念，而是直接经验的构成力。如黑格尔所言，它必须是像单纯的动态生命之脉动点（Punctum saliens aller Lebendigkeit）①那样的东西。判断并不是像康德学徒所想的那样，形式和内容是完全不同的分别物，内容必须通过符合形式才能成立。"此物是黑的"这个判断，是通过"黑的"这个内容本身的力量，也就是胡塞尔所谓本质的力量而成立的。在此，有事实判断的客观性根据，事实判断能向自身要求客观性，是因为以吾人最直接的本原行动为基础，亦即如同逻辑形式的知识以本原行动为基础那样，它亦是以同样的本原行动为基础的缘故。知识的内容能对形式要求自身的权利，亦是因为这个原因。吾人被给予的、真正的

---

① "一切生命活动的悸动点。"黑格尔：《哲学全书》，第166节，《黑格尔全集》第8卷，第318页。

直接经验是意识内容本身的发展，也就是本原行动。如果说这种内部发展是判断的真相的话，那么就如黑格尔所言，所有的物都是判断，所谓逻辑的形式不单是主观理解力的形式，而是具体经验本身的形式。<sup>①</sup>将吾人具体经验的内容视为零的是逻辑的意识，其发展的体系变成了逻辑及数理的体系。如逻辑、数理的体系是以逻辑意识的体验为基础而成立的那样，颜色或声音的体系难道不能以颜色或声音的体验为基础而成立吗？如物理学家将世界看成力学的体系那样，画家或音乐家难道不能将世界视为颜色或声音的体系吗？所谓感官一般都被认为是完全被动的，感官感受到物不就像思维那样是自发性的吗？在抽象概念的形态上被思考的感官性质，虽然不具任何活力，但在直接经验上的感官性质，却是活生生的力量，那是一种先天的（a priori）内部发展。吾人所说的感觉发展就属于此类。认为感觉是从外部被给予的或通过肉体感官的发达而产生的想法，只不过是依据外物在感官上活动，感觉因此而产生的传统前提下间接产生的。我们必须将感觉视为在直接经验上具体普遍者的自然发展。这种作为感觉知识之根柢的先天，相当于作为逻辑知识之根基的先天。就像从所谓和内容没有交涉的、最普遍的纯粹思维之先天来建构逻辑数理体系那样，我们可以从某种感觉性质的先天来建构感觉知识的体系。我们之所以能通过感官来定义物的性质，是因为背后有如此的体系成为基础的缘故。心理学家所谓通过内省而被组织的感觉体系，便可以说是如此。脱离意识内容本身的发展来思考意识活动，是因为受到能力心理学想法的束缚之缘故。如我说过的，所有主观活动都是普遍者限定自身的过程，所谓思维活动就是逻辑的先天限定自身的过程，因此所谓感觉活动可以说是感觉的先天在限定自身的过程。吾人所谓的感觉只是以物质的方式将它表现出来的表征而已。所有意识现象虽如感觉的东西，却不单单是要素的数量总和，每一个都是冯特所说的创造性综合。康德会认

---

① 黑格尔：《哲学全书》，第167节，《黑格尔全集》第8卷，第318页。

为感觉是杂多的要素，是因为思维活动的缘故，不能算是感觉本身的真相。

康德学派的哲学家认为吾人经验知识的成立，是通过先天形式构成内容的结果。会有如此想法是因为所谓形式的知识依据其自身而成立的关系，然而，应该说经验的知识必须符合形式的知识方能成立的想法是其基础才是。比如逻辑或数学是依据其自身成立的，自然科学的知识则是通过这些法则成立的。毋庸赘言，这必须符合经验知识的逻辑形式，因为如此，形式和内容是独立的，不能完全说经验的知识是通过形式的统一才成立的。相反地，形式只是具体经验的一个抽象面而已。正确来说，所谓形式判断绝不是没有内容，逻辑的知识是通过思维对象性这个性质，数理的知识是通过数理对象的性质而成立的。我们将判断通过形式而成立的想法倒转过来，也可以认为判断是经验内容的发展，判断依据内容才能成立。我们一般会认为形式加入在某个内容判断才会成立，三角形是四角形这个说法在形式上虽然是正确的、"甲是甲"这个逻辑判断虽然是正确的，但"三角形具有四个直角"这个判断，不会有人说是正确的。如波尔查诺所言，单纯的形式真理等不具任何意义，[①]判断是依据内容而成立的，内容是其基础，单单只是在孤立的意义上来思考主语或客语的意义并非判断的内容，判断的真正内容结合此两者，不，应该说必须是两者分立之前的统一，判断通过此内容才能成立。形式和内容并不是分别的二物。如黑格尔所言，原本只有形式和内容的绝对关系，也就是相互的转化（das Umschlagen derselben in einander）[②] 而已。当我们理解了某个意识内容时，它就已经不是一个单纯的内容，而是一种应然，也就是已经具有构成判断之力量的东西。所谓理解并不是从外部加入的活动，而是内容自身的发展。

若从以上论述的立场来思考的话，对于所谓思维统一的直觉约束力，亦

---

① 波尔查诺：《知识学》第 1 卷，第 29 节，第 141—142 页。
② "内容与形式的相互转化。"黑格尔：《哲学全书》，第 133 节，《黑格尔全集》第 8 卷，第 265 页。

即对于思维合理性的经验内容之非合理性的根据，并不存在于无形式的经验内容当中。形式和内容的对立处于构成知识的先天和先天之间的对峙里，它是以经验的体系和体系之间的对峙为基础的。会产生以经验内容为基础的事实判断，对于以形式为基础的所谓先天知识具有独立根据的想法，是因为所谓经验内容在其自身形成体系的缘故，正因为在其自身形成体系且和所谓形式知识的体系处在一个体系之中的缘故，对后者才会具有约束力。如此看来，若要阐明经验对思维的非合理性，就必须思考思维对象的体系和经验内容的体系之间的异同及关系。

## （十四）

如上所述，若要讨论经验对思维的非合理性问题，必须思考思维体系和经验体系的异同及其关系。我认为首先有必要阐明种种经验体系的性质及其相互关系。

首先让我们来思考一下某个颜色或某个声音的感觉经验。或许我们可以说没有感觉经验这种独立的东西，但首先我想假设有这种独立的经验。吾人感觉到某种感觉，就是在识别它，识别虽有质的和量的两种，感觉的量的区别是一种受到外部刺激而得到的想法，直接来说，只有质的区别而已。所谓量的区别，事实上只是质的区别的一种，也就是说感觉或识别感觉就是一种质的区别。接着最重要的问题是，感觉与以感觉为基础的判断之区别。某一个感觉和比较这个感觉与那个感觉并判断异同的意识并非同一，纯粹感觉必须是判断以前的东西（冯特以韦伯的法则作为统觉比较的法则亦是以它为根据）。[①] 那么，是否存在这种判断以前的纯粹感觉呢？若有的话，它又是什么呢？根据斯图姆夫（Carl Stumpf）的说法，我们可以在某个

---

① 冯特：《心理学纲要》，第 314 页。

范围内丝毫没有识别感觉差异的情况下变化刺激,比如通过变化空气的震动将音的高度逐渐地变化成$P_1$、$P_2$、$P_3$、$P_4$,当此变化极为渐次的时候,从$P_1$到$P_4$丝毫无法察觉其区别。然而$P_1$和$P_4$当然是被区分的感觉,若不是如此的话,我们就必须如此认为:显然是可以区分的,因此才会有不被识别的感觉存在。[1] 斯托特( George Frederick Stout )附加说明这种情况是吾人通常都能经验到的,例如现在自己正在思考心理问题时,并不会注意到光线的明暗,但光线的明暗必定会影响到自己的意识。斯托特又谈论到作为认识状态的感觉( sensation as cognitive state )和作为被认识对象的感觉( sensation as cognized object )的区分,主张映照在吾人视网膜里的肖像因物的远近而变化其大小,因此视觉亦随之而产生变化,只是吾人通常没有感觉到这些变化。而注意到这些细微的变化并表现它的是艺术家的工作。吾人在日常生活里,只会注意到感觉在实际生活上的意义,艺术家则注意到此内部的性质( Stout, *Manual of Psychology*. pp. 130-133. )。[2] 心理学家是如此思考的:有完全没有加入任何认识活动的感觉经验,在认识这个感觉经验后,以一种概念的方式将该性质表述出来的是红或蓝这种感觉认识。前面说的是无认识对于认识的纯粹感觉经验,然而,还有一种不同的无认识的意识状态。例如詹姆斯的“意识的边缘”( psychic fringe )[3] 就属于这种。任由谁都会承认有这种无意识的状态在影响着吾人的意识,但我们终究无法将它带到清楚的意识状态来。当然,心理学家亦可以将它视为微细感觉的结合,然而意识的边缘如果是詹姆斯所说的那样的话,就不能单纯只将它视为感觉的结合。这些感觉必须包含关系的意义,若不是如此,单纯只将它视为感觉的话,边缘的意义就会消失。

那么,如上所说,无认识的意识状态究竟是什么呢? 这些意识状态和对

---

① 斯图姆夫:《声音心理学》( *Tonpsychologie* )第 1 卷,1883 年。小坂指出,西田并非引用原典,而是引自斯托特:《心理学手册》( *A Manual of Psychology* ),1899 年,第 120 页以下。
② 斯托特:《心理学手册》,第 130—133 页。
③ 詹姆斯:《心理学原理》,《詹姆斯著作集》,第 249—250 页。

它的认识又处在什么关系呢？斯图姆夫所说的纯粹感觉[1]及其认识的关系又是什么呢？当我们要识别他所说的纯粹感觉的性质时，能够想到的是直接地认识它和通过某些方法间接地判断它这两种情况。首先让我们先来思考看看自己直接地认识自我意识的情况。去认识无认识的纯粹感觉之性质究竟意味着什么？这又是如何可能的呢？比如，当我们认识感觉的"红"，并说出"红"的时候，一般都会认为是将感觉的"红"映照到表象的"红"的形态上，也就是会认为后者是前者微小的心像。然而吾人通过后面的意识来映照前面的意识又是如何可能的呢？此外，认识是否如一般认为的那样，就是映照事物的意思？如柏格森所言，如果吾人的意识在流转，无法回到一瞬间消逝的过去的话，[2]在严格的意义上，后者意识是无法映照前者意识的。此外，若如李凯尔特所言，认识是构成作用的话，我们就不能说吾人在认识自身意识的时候，认识就是描摹。根据继承布伦塔诺（Franz Clemens Honoratus Hermann Brentano）系统的胡塞尔等人之想法，无论是判断、表象、感觉，所有的意识活动所指示的对象，并不存在于意识活动自身之中。意识的对象对意识活动来说是超越的，对象不属于体验，"白"的知觉并不白。直线是两个点之间的最短距离，然而，没有比直线的表象是两点之间的最短距离这种说法更无意义的。从上述的想法来看，吾人承认感觉的性质后所下的性质判断究竟是如何可能的呢？这种判断在何种意义上是真理呢？概念的知识，即使如柏格森所说的，不是实在的真正知识[3]，但我们必须承认在两者之间存在着某种交涉。此外，若从李凯尔特等人的立场来看，即使认识和实在并非一致，[4]但若要说性质的判断作为认识感觉性质的东西是真理的话，就必须承认在其间存在着某种关系。感觉和其认识之间的真正关系究

---

① 斯图姆夫：《声音心理学》第 1 卷，第 1—22 页。
② 柏格森：《物质与记忆》，《柏格森著作集》，第 290—293 页；《创造的进化》，《柏格森著作集》，第 499 页。
③ 柏格森：《思想与运动》（La pensée et le mouvant），绪论（第 2 部），1934 年，《柏格森著作集》，第 1287—1288 页。
④ 李凯尔特：《认识的对象》，第 205—228 页。

竟是什么呢？

以下将对"以时间就是不断的推移，吾人无法回到一瞬间消逝的过去为理由来说明感觉认识的困难"这种立场来进行思考。首先，若能单纯地将"时间"视为形式的东西，并严格区分内容和形式的话，那么，即使某个意识内容与某个意识内容于时间中的位置变化在形式上有所不同，但就内容上来看还是可以说是同一，也就是说反复同一内容也不是不可能。认为时间、内容都无法重复的想法，可说是来自这种想法：前面的意识内容对后面的意识内容带来某些影响，在概念上虽是相同，但严格来说却不是同一。然而，即使说前面的意识影响后面的意识，但这如果是按照物理学家的想法以机械因果论为依据的话，那么就不能断言同一的要素不会再出现。如很多心理学家所说的，意识不能重复是因为意识现象是事件，一度已经消逝的东西不会再出现。此外，如柏格森所说的，吾人的意识在内容上是一步一步的创造性进化，因此同一内容的意识不能再重复。[①] 然而，若要以上述理由反对感觉的认识，就必须思考成为其讨论根据的时间推移或意识内容变化。若要理解时间推移、意识内容变化，背后必须要有超越时间、超越变化的意识，要先有这种意识才能理解这些东西。从康德的想法来看也可以知道，如时间、空间这种直觉的形式亦是依据超越统觉的统一而成立的。仅仅将吾人的意识现象视为时间上发生的事件，通过时间的形式来排列意识内容并观察它时，被某个瞬间限定的感觉无法重复是随着该瞬间在时间序列上已经无法反复而来的。也就是说，这个无法反复已经是被反省的感觉，但并不是具体的感觉本身。在主张意识无法重复的议论根据里，事实上已经包含了超越时间意识的可能。或许有人会说时间的意识亦被限定在时间之中，但不包含时间的超越性的"时间"意识显然是矛盾的。

---

① 柏格森：《创造的进化》，《柏格森著作集》，第 499 页。

接着，让我们来思考看看李凯尔特等人主张认识就是承认应然并据此区分感觉和其认识的说法。他在《认识的对象》一文中讨论表象作用和判断作用的不同，他如此说道：当吾人在白天被问"太阳很耀眼吗？"（太陽が輝くか）并回答"是"（然り）的时候，这个"是"并不是承认了"太阳"、"很耀眼"以及两者关系等的其中一个表象，而是承认了已在其中被包含的第四个要素，亦即判断的意识，意识内容的表象和其判断是不能混同的。[①]当然，从这种严格区分看法的立场进行这些论述是非常恰当的，然而，难道没有作为具体实在的意识，亦即完全不包含他所谓第四个要素的意识吗？他显然不这样认为。完全没有包含应然要素的意识内容这种想法，原本是作为应然的对立而产生的。从严格的意义上来看，在一方设立应然的话，就必须在另一方思考这种对立。如马堡学派所说的，思维的被给予物并非是从外部被给予的，而是从内部被要求的，是被思维自身要求的。被给予物是应被限定的物，如同数学的 $x$ 一样，这是为了构成某一问题的条件，被给予物是应被找出来的物。（柯亨主张对于思维而言，只有那些思维本身能够发现的东西才能被视作被给予的［Dem Denken darf nur dasjenige als gegeben gelten, was es selbst aufzufinden vermag.］）[②] 从纯逻辑派的立场来看，严格区分意识和思维的人认为意识是在时空间上被限定的东西，然而，在时空间上被限定的东西不是真正的意识。心理学家所谓的意识和物体现象一样，是意识的对象，不是意识本身。严格来说，不会有所谓个人的意识，这种东西和桌子、木头一样，都只是意识的对象而已。即使就逻辑派承认应然的认识作用来进行思考，这种意识的成立事实上亦证明了意识不应该是被限定在时空间上的东西，若没有承认认识对象的内在的话，纯逻辑派的讨论亦不会成立。

---

① 李凯尔特：《认识的对象》，第98—99页。
② 柯亨：《纯粹认识的逻辑学》（*Logik der reinen Erkenntnis*），1922 年（初版 1902 年），第82页。

# （十五）

如上所述，单纯只用时间的推移或认识的构成为理由，并无法反对意识本身的认识，若是如此，感觉和其认识的真正关系又是什么呢？

我认为在所有意识里其对象是内在的，只要感觉是意识的话，它和时间的意识判断的意识一样，亦会将对象包含在它之中。一般说到感觉，都会认为它是被限定在时空间及性质上的一种唯一的特殊意识。然而，这种感觉是被思考的感觉，是被思维要求的感觉而不是被感觉到的感觉，亦即不能说是具体的意识。作为具体意识的感觉，也就是作为经验的感觉是某个具体普遍者限定其自身的过程（Prozess）、是一种生成（Fieri）。被给予的感觉，如马堡学派所言，是应被限定的东西，被限定的感觉说的只不过是这种限定的极限。比如，某人在某时某地感受到一个感觉的性质，虽然是针对无法再被限定的东西之被限定物，但却又是针对已被更深一层限定的东西之应被限定物。被限定的感觉，如罗伊斯所说的，是数学的极限，[①] 1+1/2+1/4……的序列（series）虽然能够随意地接近2，但2终究是无法达到的极限。吾人一般所说的感觉只不过像是达到某一项的算术总和而已。

从上述想法来思考方才提到的斯图姆夫或斯托特所说的纯粹感觉的认识的话，又会如何呢？假设如马堡学派所说，吾人认识某个感觉就是在限定它。如前所述，被给予物并不是非思维的（denkfremd）[②] 物，而是通过思维应该被解决的 $x$。欧几里得在几何学所用的 Data（Δεδομένα）的意义就是"被给予"的真正意义。思维的被给予物和通过思维找到的东西是同一。总而言之，被给予与限定只不过是正方向和反方向这种相关意识的两面而已，不会有绝对的被限定物，也不会有绝对的被规定物。所谓无法被

---

① 　罗伊斯：《世界与个人》，第297—299页。
② 　"非思维的"是西田的翻译。一般翻译为"与思维陌生的、与思维相异的"。

思维限定的感觉,只要它是意识,就不能视为已被限定在某个意义的东西。所有知识都是站在某种假设上的,然而这个假设并非站在空虚之上,在假设之前的无不是虚无(oὐχ ὄν)而是非存在(μὴ ὄν)[①],这是最坚持要求证明的东西(die schwerstwiegende Mahnung zur Rechtfertigung)[②],思维始终要求的是以连续的方式来为它建基,此要求便是马堡学派所谓的"根源的法则"(das Denkgesetz des Ursprungs)[③]。若按照上面的看法,在认识一个感觉的性质时,必须要有成为其认识基础的普遍者,而且它不是李凯尔特或胡塞尔所说的那种超越者,而是内在于经验的东西,若是数学的话,就是相对于 $x$ 的 $dx$ 那样的东西。马堡学派将极微(das Infinitesimale:无穷小)视为实在(Realität)的基础[④],亦是依此而来。如同在解析上将 $dx$ 视为有限 $x$ 的基础那样,吾人便是将某个感觉的性质作为连续性全体的限定来进行认识的。康德在"知觉的预知"(Anticipationen der Wahrnehmung)[⑤]中会主张在所有现象里实在性东西具有内含量(In allen Erscheinungen hat das Reale, was ein Gegenstand der Empfindung ist, intensive Größe, d. i. einen Grad.)[⑥],亦是依此而来。

现在,假设我在认识眼前的感觉性质,我认识到前一瞬间的意识,如一般所认为的,是前面的意识和后面的意识单纯地在时间上连续的彼此独立作用,而不是后者映照前者。如果是后者映照前者的话,认识可以说是完全

---

① 虚无(oὐχ ὄν)意味"绝对地不存在"。非存在(μὴ ὄν)意味"不是严格意义上的存在",英译版译为"相对意义上的无"。西田在本书中经常使用有 + 非有、存在 + 非存在(ὄν+μὴ ὄν)这个整体来说明他的立场。这个概念的立场,即是他所谓的自觉立场,亦可说是作为"纯粹经验"的绝对自由意志的立场。这个说法被西田发展到场所论时,变成"绝对的无包越相对的有和无"。

② 此句话或可译为:"这是最执着地要求证明的东西。"

③ "起源的思维法则。"柯亨:《纯粹认识的逻辑学》,第 35—38 页。

④ 同上书,第 126—127 页。

⑤ 韩林合翻译为"知觉的预知",和西田的翻译"知觉的预料"相近,和李秋零的翻译"知觉的预先推定"不同。今采韩林合的新译(参见韩林合译版《纯粹理性批判》,北京:商务印书馆,2022 年)。

⑥ "在一切现象中,感觉对象所是的实在东西具有内含的量,即具有一种度。"康德:《纯粹理性批判》(第 1 版),第 166 页;第 2 版,第 207 页。

的不可能。然而，我们若以上述的方式来思考这个被给予的感觉的话，让后面的认识成立的东西便是让前面的感觉成立的东西。思维的被给予物和思维并没有不同，思维认识的是通过自身所构成的东西，如此一来就不会有无法被思维限定的具体意识。若这样说或许听起来像悖论——前面的意识是通过后面的意识才成立的，所谓认识就是超越时间前往意识的根柢。并非"甲是甲"中的后面这个"甲"知道前面这个"甲"，而是意识到其根柢的应然。同样地，认识某一个感觉的性质就是从更深一层的立场来统一它，也就是某个具体普遍者作为限定自身者来观见的意思。认识的意识和感觉的意识并非不同的二物，后者是前者的特殊者，在时间上被认为是后面的认识意识在价值上反而是更高层次的意识。吾人一般都会将时间的顺序视为实在的唯一形式，因此上述的内容才会被视为悖论。然而，即使在时间关系成立的根柢里，亦必须有性质的统一，所谓时空的统一亦和感觉性质的秩序一样，需通过内部性质的统一才能成立（莱布尼茨亦主张在物体性的事物里存在着广延以外的什么，不，应该说存在着先于广延的什么 [ In rebus corporeis esse aliquid praeter extensionem immo extensione prius. ] ）[1]。吾人的经验是符合时间形式而发展的说法只是次要的看法，最根本的经验发展形式必须是内部意义的发展。吾人的种种经验以其各自的中心来发展，这些中心又是进一步依据根本的中心来发展。当我们站在这个根本统一之上才能超越时间，也就是说如此才能站在"永恒的现在"（永久の今）的立场。若从此立场来看，无论是感觉还是认识都是站在同一根据之上的东西，我们可以说在感觉的根柢里反而有认识存在，吾人能够追溯记忆并比较现在的感觉和过去的感觉，亦是依此而来。

　　为了究明上述的思考，接下来我想先进一步阐明论述关于康德的"知

---

[1]　"在物体性事物中存在着某种广延之外甚至先于广延的东西。"莱布尼茨：《力学纲要》（*Specimen dynamicum*），1695 年，第 1 部，《数学著作集》（C. I. Gerhardt 编），1860 年（再版 1971 年），第 6 卷，第 235 页。

觉的预知原理"之感觉的深入考察。根据柯亨的主张,思维的"被给予"
并非是来自外部的被给予,而是思维的要求。所谓感觉还不是"实在的东
西"(das Reale),感觉本身不能直接说是对象,感觉单纯只是"实在的东
西"的指引(Index)、被要求的指引(der zum Anspruch berufene Inde,详
细地来说只是"一种将意识与其内容联系起来的方式,以便将这一内容
规定为对象"[eine Art der Beziehung des Bewusstseins auf seinen Inhalt,
zum Behufe der Bestimmung dieses Inhalts als Gegenstand])[①]。实在的东西
是感觉的对象,在康德所谓"杂多物的统一"的意识里,若要将感觉客观化
并视为其对象的实在性东西,则必须依据"内含量的原理"(Grundsatz der
intensive Grösse),也就是说能够通过将感觉视为内含量转移到作为物理学
对象的实在性东西。在康德那里,内含量的想法尚未被阐释清楚,而将它和
广延量进行区分并阐明其意义、承认它(内含量)在认识论上重大价值的是
柯亨,这可说是他的卓见。在广延方面,从部分到全体、从一(Einheit)到
多(Vielheit)将它统一而成为整体(Allheit)。然而在内含量方面,相反地,
从全体到部分,那个一(Einheit)不是杂多的统一(Einheit der Vielheit),而
是限定统一的全体(das Ganze)的东西,亦即通过限定(Limitation)被思考
的东西。内含量指的是连续生产(continuierliche gleichförmige Erzeugung)[②]
的量,亦即微分量(Differentialgrösse)。如上所述,感觉的被给予作为问
题而被给予,它作为应该被思维找出来的东西而被给予。当思维将感觉客
观化时,一方面,感觉虽然可以通过"直观的公理之原理"(Grundsatz der
Axiome der Anschauung)作为广延量被客观化,但广延量则是和同样的东
西比较后而成立的比较量(Vergleichungsgrösse)。在其基础里,必须要有
应该被比较的东西,比如"红"这个知觉对象在具有广延的同时,亦必须有

① 柯亨:《康德的经验理论》(*Kants Theorie der Erfahrung*),1918 年(初版 1871 年),第 553 页。
② "连续的、千篇一律的生产。"

具广延的"红"这个性质存在。这种成为知觉基础的东西是实在的东西，吾人的知识亦因它而成为实在的知识。如康德所言，只有了解的形式和直觉的形式尚无法给予经验的知识，只能表示其可能而已。甚至空间倘若不被视为现象的限制，也只是空想而已。经验的知识通过和经验内容的结合才能得以成立。那么，这个东西究竟是什么呢？认为它是从外界的物自体而来的想法，恰好破坏了先验的方法（transcendentale Methode）。这个东西作为被思维要求的东西进入经验知识的体系，必须是作为质的统一性（qualitative Einheit），也就是说必须被视为内含量才能得以被思维、必须作为经验的根据才能要求实在性（Realität）。我认为，如果感觉是每个不同性质的东西，这些性质之间没有任何连续性统一的话，那么，它们不仅无法作为实在性的东西在经验体系中要求其权利，恐怕也无法被视为心理的性质。"红"这个感觉可以视为是"红"这个性质的统一之限定，如此才能具有独立性、才能要求客观性。例如，"重"的感觉可以视为重力这个生产量（Erzeugungs-Grösse）的限定，如此才能作为实在性东西成为物理学的对象。而这种性质的统一必须是内含量。内含量如前所述，就是从全体到部分，它是作为全体的限定而成立的，也就是说它不是集合（aggregatum），而是连续（continuum）。康德认为无论哪个部分都不能说是最小的东西就是连续，在这种意义上，连续的东西必须是性质的东西。康德主张"实在性的东西是有程度的"。此处的程度指的必须是内含量，因为将性质的东西思考为不连续是因为混同了广延量的想法。若是如此，在康德所说的"杂多物的统一"之意义上，感觉若想作为认识的对象、作为实在性的东西在经验体系之中要求其权利的话，就必须是作为性质的统一，亦即必须是作为内含量。性质的统一、内含量、连续，此三者都是一个。而这种统一就是实在性，据此，吾人的经验知识才能获得其客观的基础，没有此基础、仅有广延量的空间，只不过是前面所说的空想。吾人的经验知识必须依据超越主观的统一，但此统一既不是单纯的了解的统一，也不是直觉的统一，而是结合形式和内容的统一，亦即"综合原理的统一"（Einheit der synthetischen Grungsätze）①。

（十六）

根据柯亨的主张，如前所述，感觉并非"实在的东西"，只不过是"意识和其内容的关系的一种"（eine Art der Beziehung des Bewusstseins auf seinen Inhalt）②，在这一点上，直观（Anschauung）或思维（Denken）是一样的（*Kants Theorie der Erfahrung*. zweite Aufl. S. 433.）。③在《纯粹知识的逻辑》里，他将它视为意识状态（Bewusstheit），并将它和意识（Bewusstsein）进行区分。而限定或客观化这种意识内容，并在经验体系中承认其权利，如上所述，就是根据内含量（intensive Grösse）的原理，亦即能够通过将感觉内容视为连续统一的限定，将它作为知识的要素并在经验体系中承认其权利。

若根据上述柯亨的想法，感觉的状态和其被客观化的实在之知识，亦即意识状态（Bewusstheit）和意识（Bewusstsein）的区分只是经验发展上的程度性差别，在经验内容本身之上的话，则没有所谓纯主观的东西或纯客观的东西。正确来说，作为指引（Index）的意识和作为实在者（das Reale）的意识，应该被视为一个具体意识的两面，而不是说有两个不同的意识。意识的发展是无限的，因此针对某个问题的答案虽是对该问题的答案，但这个答案却成了问题。柯亨以连续（Continuität）作为思维寻找其根源的指南针，主张"思维的所有要素通过连续从根本上产生"（Kraft der Continuität werden alle Elemente des Denkens, insofern sie als Elemente der Erkenntnis gelten dürfen, aus dem Ursprung erzeugt.）④，亦是依此而来。比如，如果某个问题

---

① 柯亨：《康德的经验理论》，第538—562页。
② "一种将意识与其内容联系起来的方式。"
③ 柯亨：《康德的经验理论》（第2版），第433页；第3版，第553页。
④ "根据连续性，所有思维的要素，只要它们可以被视作认知的要素，都是从起源处产生的。"
　柯亨：《纯粹认识的逻辑学》，第92页。

在某个假设上被说明的话，那么这个假设是立足在什么东西之上的呢？此假设并非立足在虚无之上，此假设之前不是虚无（οὐχ ὄν）而是非存在（μὴ ὄν），接着，我们必须进入更进一步的假设，由此来证实（rechtfertigen）这个假设。这种思维无限地前往自身根基，是柯亨所谓连续的原理，也就是说连续的原理是思维从其自身活动的法则（Gesetz der Operationen）。莱布尼茨主张"每个本体包含自己在其性质之中活动的连续法则"（Chacune de ces substances contient dans sa nature legem continuationis seriei suarum operationum）①，其中早已包含这个意义。在纯逻辑上的连续，便是从某个见地（Gesichtspunkt）来统一各种概念，比如椭圆和抛物线首先是完全不同的概念，然而通过无限地疏远椭圆的一个焦点，椭圆就能接近抛物线，也就是说，若去除焦点的距离这一见地，两个曲线的性质就会完全地一致。圆、椭圆、双曲线、抛物线、直线、点等都可以作为圆锥曲线从同一的根本原理以无限大或无限小来进行统一。根据柯亨的想法，思维虽是"多的统一"（Einheit der Mehrheit）②，但此统一并非排斥多的统一，而是产生多的统一。这两面的统一就是判断的统一，亦可说是知识、对象的统一。然而这种统一是决定了一个立场的结果，此统一可以通过前述的连续法则无限地前进。

　　上述柯亨从康德批判哲学的立场解释感觉的想法虽然具有深度，但我认为，作为其根本思想的能生即所生（Die Erzeugung selbst ist das Erzeugnis）③的创造性思维的想法④，尚有未能彻底的地方。因此，主客对立以及关系的真意尚不明确，关于感觉和其对象之间关系的想法尚有不完全的地方。柯亨主张思维就是创造，其能生就是所生，其一就是多，⑤但一

---

① "这些实体中的每一个都在其本性中包含了其自身系列活动的连续律。"莱布尼茨：《给阿尔诺的书信》，1690 年 3 月 23 日，《哲学著作集》（C. I. Gerhardt 编），1875—1890 年（再版 1978 年），第 2 卷，第 136 页。

② 柯亨：《纯粹认识的逻辑学》，第 62 页。

③ "生产活动本身即是产物。"

④ 柯亨：《纯粹认识的逻辑学》，第 29 页。

⑤ 同上书，第 28—29 页。

要如何才能生出多,能生要如何才能直接地变成所生呢?如果不能认为其
自身的创造性思维是由外部推动的话,那么思维要如何在其自身之中具有
创造力呢?如我在第九节和第十节所述,思维的创造作用在自觉的形态中
最能充分理解其真相。在自觉当中反省是事实,同时也是创造性发展的作
用。事实产生发展,发展成为事实,自己通过自我反省及发展得以维持自
己,亦即能生直接就是所生,所生直接就是能生。作为一的我就是在反省中
分裂的我,在反省中分裂的我就是作为一的我。始终停留在康德立场的柯
亨认为费希特的自觉是形而上学的,是从康德返回到笛卡尔的立场(*Kants
Theorie der Erfahrung*. zweite Aufl. S. 581. 590.)。① 如过去笛卡尔曾说过
"我思故我在"(cogito ergo sum)② 那样,若从自觉的必然性主张自我的超
越性存在的话,费希特的自觉会被认为是从康德批判哲学立场返回到独断
论立场的东西也不是没有道理。然而如前所述,存在与应然只是一个本原
行动的两面,自觉便是在表现其具体的真相。李凯尔特等人严格区分存在
和意义并主张意义存于存在之前,这作为对独断的实在论之批评固然有吾
人必须同意的地方,然而"有"不应该只在独断论的意义上被思考。若能从
更深一层的意义来思考"有",如纯逻辑派所主张,意义维持意义自身,这
不就是"有"的根本意义吗?所谓"有"在这种意义上,可以视为"有"的
特殊情况。并不是意义的背后有维持者来维持它,而是意义在维持意义自
身。吾人最直接的意识现象,便是在这种意义底下成立的。所谓自然科学
的存在只不过是次要的存在。某物存在就是某物以不变的方式出现的意
思。存在的不变性是通过意义的不变性才成立的。我并没有想要强行拥
护费希特的自觉,他认为自我存在不外乎是"你自己依据你自身而存立"
(Gesetztseyn deiner selbst durch dich selbst)③,自己和"返回自己的活动"(in

---

① 柯亨:《康德的经验理论》(第2版),第581、590页;第3版,第738、748页。
② 笛卡尔:《哲学原理》(*Principia philosophiae*),1644年,第1部,第7、10节,《笛卡尔著作集》(Publiées par Ch. Adam et P. Tannery),1996年新版,第8卷,第7、8页。
③ "通过你自身而设定你自身的存在。"费希特:《知识学新说》,《费希特全集》第1卷,第525页。

sich zurückkehrendes Handeln）是同一，① 此处不就是在表示前面所说的意义吗？如果像新康德学派的哲学家那样，严格遵守批判哲学的立场，只停留在价值世界的话，现实的认识活动又该如何才会产生呢？柏拉图的理念又该如何才会在现实中出现呢？

　　我知道我自己的同一，知道的我和被知道的我是同一，如此自觉是我的本质、我的存在理由，这种诸自觉活动在我之中是事实、是我的历史，我通过反省自我才能发展。从纯逻辑派的立场来说，认识的对象和作用一点关系都没有，也就是说，我的超时间同一性和意识此情况的自觉活动一点关系也没有。此外，相较于在存在之前有意义、不变自我的存在，意义的同一更加根本。然而，在意识现象里，意义的内在便是其本质，在某个意义上不会有不具有意义的意识，意义的统一或同一是意识成立的重要条件。从一方面来看，如我以前所说的，意义的超越同一性反而无法离开意识内容本身的发展。当然，即使如此思考，就如纯逻辑派的讨论所示，意义的同一性和在时空间上出现的、心理的意识活动亦一点关系都没有，即使多次意识到同一的意义，意义本身也不会有任何变化。在此，我们必须思考的是某个意识内容和该被意识到的内容之间的关系。关于一般的意识内容，如三角形的表象不是三角所示，内容本身和意识到它之间没有任何关系。然而，在关于"时间的意识"上，如弗里塞森·科勒（Max Frischeisen-Köhler）所言，时间的意识必须在时间当中产生。（他在《哲学年报》第 1 卷的"时间的问题"中如此说道："现在——意识在其中把一个内容体验为当下的——必须同时属于现象的和客观的时间性……时间是意识的一种形式，因为它是意识内容的一种形式，反之亦然，它是直截了当被给定的存在的形式。"［Der Jetztpunkt, in welchem das Bewusstsein einen Inhalt als gegenwärtig erlebt, muss zugleich der phänomenalen und der objektiven Zeitlichkeit zugehören ... Die Zeit ist eine

----

① 　费希特：《知识学第二导论》，《费希特全集》第 1 卷，第 462 页。

Form des Bewusstseins, weil sie eine Form seines Inhalts ist und umgekehrt, sie ist die Form des Gegebenseins schlechthin. ] )① 即使在 "时间的意识" 里，我亦认为可以看到和 "在自觉当中我在我自身之中意识到我" 同样的关系。关于这种时间的意识，在自觉中的意义、活动、存在之合一难道只是单纯不同立场的混合吗？ 还是说在那里有某种深层的意义呢？ 为了阐明此问题，首先我必须思考一下意识究竟是什么以及意识与无意识的区别与关系。

## （十七）

若从意识现象只是伴随大脑皮质的生理刺激所产生的附属物之想法来看，吾人的意识单纯只是作为脑细胞的物质痕迹被保存下来而已。无意识与意识的关系只是唯物论者所说的物体及其现象的关系。然而，这种想法在认识论上是不被允许的。此外，若区分意识现象和物体现象并认为前者是从后者产生的话，那么就得针对以下两种主张的其中一种进行思考，如莫佩尔蒂（Pierre-Louis Moreau de Maupertuis）② 和狄德罗（Denis Diderot）等人所认为的，在原子的背后亦有意识，吾人的意识是从这种意识产生的，或者如莱布尼茨等人所说的，吾人的意识是从 "极微知觉"（petites perceptions）这种低度的单子意识发展出来的。③ 也就是说，意识和无意识的关系只是发展中的程度差异而已。然而，针对这种想法亦可提出以下批判：无意识的存在只是一种假设或无意识的意识是自相矛盾。

那么，如果我们仔细考虑上述的认识论立场，并思考意识和无意识的关系的话，会得出什么结果呢？ 如我在第十节的最后部分所说的，以下我想从有限和无限的关系来思考此关系。根据柯亨所言，在古代的定义里，点是线

---

① 科勒：《时间问题》，《哲学年报》第 1 卷，1913 年，第 142 页。
② 莫佩尔蒂：《天体形状论》（*Discours sur les différentes figures des astres*, avec une exposition des systèmes de MM. Descartes et Newton）（第 2 版），1742 年。
③ 莱布尼茨：《单子论》，1714 年，第 21 节，《哲学著作集》第 6 卷，第 610 页。

的终点,然而开普勒(Johannes Kepler)以来思考的是在切线中的点之性质,自此,人们开始认为点是曲线的创生点(der erzeugende Punkt；日语: 能生点)[1]。点不是单纯的点,是依据其位置包含方向的点,曲线便是从这种点产生的,也就是切线点(Tangenten-Punkte)的全体。有限的曲线是从无限小的点产生的,我们可以将 $dx$ 作为 $x$ 的根源来进行思考。这种有限和无限的思考方式或许不能说是完全正确的,但我们可以先以上述的方式来思考有限和无限的关系。吾人有限的意识和作为其根柢的无意识之间的关系,是否也可以从上述意义中的有限和无限的关系来进行思考呢? 难道我们无法将存在于吾人有限意识背后的无意识视为对于 $x$ 的 $dx$ 吗? 我认为经由康德提炼出来的、莱布尼茨单子发展上的意识和无意识之间的关系,亦必须如此思考不可。

　　假设我现在是为了要思考几何学的某个问题而画了一条线。此直线的意识在心理学上可以被理解为眼外肌运动的知觉。然而,如果在此情况下的意识单纯只是心理学家所说的眼外肌运动的意识的话,我们就无法通过它来思考几何学的问题。几何学直线的意识必须被包含在此意识当中不可。我们一般会说几何学直线被知觉的运动代表。运动的意识要如何才能代表几何学直线呢? 所谓代表指的是什么呢? 暂且不论这些,只要我们能意识到几何学直线并且能讨论它,就不得不说在此存在着和此运动知觉不同的几何学直线的意识。此意识究竟是什么呢? 我认为此处所说的几何学直线的意识,不就是对于 $dx$ 的 $x$ 吗? 进一步来说, $x$ 虽然是从 $dx$ 产生的,但也不会有离开 $x$ 的 $dx$,此两者便是无限级数的全体之两面。吾人意识到某个几何学曲线,在这种意义下就是以无限级数为基础来意识它。被意识到的曲线,在这种意义下是被限定的曲线。反过来说,吾人意识到某个曲线,在这种意义下就是限定无限全体。所谓意识到就是指无限全体在限定自己。当然,若如此主张的话,或许会被心理学家认为是哲学家的思辨空论,并一笑置之。

---

[1]　柯亨:《纯粹认识的逻辑学》,第 129 页。

这是因为在心理学家的感觉分类表里没有这种意识的要素。除了主张思想-要素（thought-element）一派之外，应该不会有人承认从所谓感觉独立出来的几何学直线的意识。或许有人会认为几何学直线的意识必须由运动的知觉来代表，而此运动的知觉能分解在如压迫感觉、筋肉感觉、关节感觉等所谓感觉的分类表中被找到的要素，也就是会认为具体的意识必定会从所谓感觉这个要素成立。然而心理学家究竟是以何种根据来主张这种想法的呢？心理学家所谓的感觉，不也是在性质统一之上限定某个颜色或声音的吗？意识到某个感觉，不就是某个全体限定其自身的意思吗？从这点来看，所谓感觉的意识和几何学直线的差异究竟在哪里呢？

一般的心理学家认为吾人的意识是由纯粹感觉或单一感情等所谓精神要素的结合而成立的。这当然不是说在这些人的想法里所谓精神要素就直接是具体的意识。精神要素是科学分析的结果，而不是具体意识。具体意识是这些要素结合的东西，也就是说，冯特所谓精神的化合物（psychisches Gebilde）①作为具体意识是最简单的东西。从这种想法来看，意识究竟是什么？如果吾人的意识能够完全分解在所谓精神要素，吾人的意识是这些结合的话，那么是否应该认为结合是意识成立的要件，意识是通过结合而成立的呢？究竟要如何从作为具体意识无法成立的精神要素之结合，来思考具体意识的成立呢？心理学家将意识分析在其要素究竟是什么意思呢？是单纯意味着概念的分析，还是意味着实质的分析呢？如果说意识现象就是一个事件，心理分析只是概念分析的话，在心理学上意识通过要素的结合而成立和在自然科学中物从其要素而成立的意思是完全不同的。从这种思考方式来看的话，所谓意识的成立究竟是什么呢？意识与无意识的关系又该如何思考呢？若以严格的方式贯彻这种思考方式的话，心理学家及其所标榜的科学思维方式反而是不兼容的。如果心理学家所谓分析是实质

①　小坂认为这是一个"心的形象"。冯特：《心理学纲要》，第107—110页。

分析的意涵的话,那么在这种意义里,意识是如何从意识要素的结合产生的呢? 当然,即使在自然科学界的现象里,亦有人认为从物与物的结合能够产生出新的现象,比如氧气和氢的结合会产生水之类。然而,从氧气和氢化合而产生与此两者不同的水这个现象,是从吾人的感官性质来看的结果。从严格的自然科学立场来说(即使在现代也不是很明朗),被还原到如电子的数或位置那种量的关系是其理想。如普朗克(Max Karl Ernst Ludwig Planck)主张物理学的目的就是"从拟人论中解放"(Emancipation von Anthropomorphismus)[①]那样,所有自然科学的目的就是将异质性东西还原到同质性东西的量的关系里。自然科学以同质性东西为基础就是除去质。所谓经验法则绝不是事实本身,它是以一种假设为基础构成的东西,也就是以和数学的物理学法则同种的假设为基础所构成的同一意义的知识。若是如此,从物的结合产生新的性质,并不是吾人意识内的事。自然科学知识的倾向反而是朝向相反方向前进的。

当然,现今的心理学家并没有将感觉思考为无论在任何意义上都是实在性的东西,他们会说这只不过是学问分析和抽象的产物而已。从这种想法来看,意识究竟是什么? 意识的成立或意识与无意识的关系等究竟该如何思考? 我将针对这些问题进行详细的思考,并试图阐述如何才能结合刚才所说的意识的想法。

## (十八)

心理学家所说的精神要素究竟是什么? 若根据冯特的说法,吾人直接经验到的意识现象全部都是复杂的、被建构起来的东西,单纯的精神要素只

---

① 普朗克:《物理世界图景的统一性》(Die Einheit des Physikalischen Weltbildes),1909 年。后收录在《物理学的认识之道》(Wege zur physikalischen Erkenntnis),1934 年(初版 1933 年),第 5 页。

不过是分析和抽象的结合而已。若a这个要素在第一种情况和b、c、d结合，在第二种情况和b′、c′、d′结合的话，那就能将a抽象化并视为一种要素。[1] 针对这种要素的属性，冯特只思考性质和强度，而铁钦纳（Edward Bradford Titchener）等人亦将广延、绵延视为其属性。[2] 这种要素究竟是何种性质的东西呢？若在某种意义上具有实在性的话，那又是在何种意义上具有它？若此要素完全不具有实在性的话，那么意识的实在要在哪里寻求它呢？

　　意识和其要素的关系，亦即意识分析的意义可以有很多种。例如，先仿效自然科学家的思考方式，在要素中置放实在性，即使吾人在内省中无法直接地经验到所谓精神要素的独立状态，但作为在时间上发生的具体经验的一部分，吾人的意识是依据这种要素的同时性或连续性结合而成立的。比如，即使红或蓝的纯粹感觉无法单独地意识到该东西，我们仍然可以认为它作为具体意识，是具有物质现象中原子或分子这种意义的实在性的东西。接着，如今日很多心理学家所说的，若将意识现象视为每个事件、将每个意识现象视为在其自身具有个性的东西，并在全体之上放入实在性来进行思考的话，我们就必须这样想：所谓精神要素只不过是单纯透过思维分析所产生的抽象概念吗？如果不是如此，那么它就必须是在和上面不同的某种意义上具有实在性的东西。冯特将精神要素分为纯粹感觉和单一感情这两种，认为这两种都具备性质和强度这两种属性。[3] 然而，这两种要素当然不是各自独立的东西，如他所言，是构成一个经验的两个因子。极为单一的精神现象亦是由感觉和情感这两个因子所构成，此两者亦具有两个属性。如心理学家自身亦承认的那样，此强度并非物理学家所说的那种数量的差异，而是一种性质的差异。铁钦纳认为作为要素性质的广延或绵延，并非物理学家所谓和时空间同一的东西。比如意识现象在时间上具有某种连续和意识

---

[1]　冯特：《心理学纲要》，第34页。
[2]　铁钦纳：《心理学教科书》（*A Text-Book of Psychology*），1926年（初版1896年），第53—54页。
[3]　冯特：《心理学纲要》，第34—37页。

到某个时间并非是同一的。严格来说,意识现象可以说全都是具有性质的。这种要素究竟在何种意义上具有实在性呢?如果这些要素不是实在性的东西,那么意识的实在性究竟意味着什么呢?

如前所述,以自然科学方式来分析物,就是将物视为独立的若干要素之结合,并在其要素中分析它。比如化学的分析便是其中一个例子。当然,今日的某些科学家不一定会将这种要素视为独立的物体,他们或许会认为它只是为了说明而被设定的假设而已。无论如何,总之,将现象还原到更加单纯的要素现象的量关系,是自然科学式的分析。若无法进行这种意义的分析的话,那么科学式的分析就不可能。接着,以概念的方式来分析物究竟意味着什么呢?若将此方式和实质式的分析相比较的话,该分析的立足点,亦即着眼点的采取方式是自由的,因此,被分析的东西亦即要素就不见得有必要存在,换言之,无论物是否有实在性,都可以将它视为一种意义并分析为意义的要素。例如,吾人为了分类物将它以概念的方式来进行分析时,不管采取何种立场都是自由的,而且也不会管被分析的该东西是否具有实在性。比如,现在我以概念的方式来分析桌上的书籍,也就是用颜色、形状、大小等来对书籍进行区分。然而,毋庸置疑,这种区分的要素既不需要物理性的实在,也不需要心理性的实在,只要被视为一个概念来思考就足够了。若从这点来看的话,无论是分析实物或者是进一步将三角形这个概念分析为其概念的要素都是一样的。因为即使是实物,通过将它视为复杂的概念,就可以用概念的方式来分析它。

心理学家所谓的分析究竟是何种意义的分析呢?其所谓精神要素究竟指的是什么呢?如果心理学家的分析不是物理分析的意义的话,它就意味着将三角形分到其概念要素这种概念式的分析吗?心理学家或许会将其分析和物理式分析区分开来,而且也不会认为该分析和概念式的分析是相同的,因此也不会认为精神要素就是指点或线这种非实在性的东西。精神现象是实在性的东西,构成它的要素在和物理现象不同的意义上必须是实在性的东西。冯特所谓精神要素即使不是独立出现的,也必须是作为心理性的实在在直接经验上作为其成分而得以显现的东西。那么,能直接经验到的心理性实在究竟是什么呢? 比如,吾人能直接识别红或蓝等颜色,而且能区分这些颜色的种种色调,我们一般会说这是心理现象,心理学家研究的就是这种现象。然而在物理层面上,这些现象可以被视为以太的振动。同一经验被如此视为两种现象,是依据何种看法的差异呢? 物理现象和心理现象的差异究竟在哪呢? 心理学家认为直接的被经验性是心理现象的特征。然而,若从朴素的实在论立场来说的话,物理现象亦可以直接称为被经验的,比如可以认为有红色的东西、蓝色的东西。无论物理学的看法如何进步,都无法完全脱离这种看法。同一的经验内容要如何才能一度被视为物理现象、一度被视为心理现象呢?

心理学家经常会说心理现象是直接经验的事实,然而直接经验的事实既能视为是心理的,亦可以视为是物理的。这种想法就是奠基在意识内容存在于意识活动之中的朴素思想。如罗素等人亦曾指出的,吾人所思考的物( the thing of which we are aware )和实际知道本身( the actual awareness itself ),亦即理解物的心的活动( the mental act of apprehending the thing )并不一样。即使意识活动属于心,还是不能说被意识的东西在意识之中,所谓感觉的性质既能视为是心理的,亦能视为是物理的。红或蓝在其自身既不是心理的也不是物理的。一般都称红或蓝在性质上被区分是心理的,并认为这些就是直接的经验,然而,要将某种特殊的红从其他特殊的红之中区分出来,在其根柢里必须要有包容性的全体,在区分之前必须要有综合,在特殊性质的区分之前必须要有普遍者的意识在活动才行。若是如此思考的话,全体的意识亦和特殊性质的区分一样,都是直接的。无论是所谓质或量的区别,都是经验成立所不能欠缺的两面。所谓客观界的知识亦和主观界的知识一样,在经验的成立上都是直接的。只有所谓心理现象才是直接的想法,不是从认为精神和物体的两界是独立的实在之想法,就是从认为感觉比思维还根本的想法所产生的推理结果。

应被视为意识内容本身之自然发展的直接经验,可用物理的方式,亦可用心理的方式来理解。前者是其统一面,后者是其发展面。比如在"甲是甲"这个判断意识里,"甲"的同一面成为所谓客观的对象,"甲是甲"这个发展方向成为主观的活动,而被思考为孤立的主语"甲"则成为心理学家的所谓感觉。即使在"红"这个具体经验当中,亦可以区分"红"这个性质、胡塞尔的所谓本质(Wesen)那种东西和"红色的物"亦即具有"红"的性质之客观存在与感觉到"红"以及意识到"红"的活动,亦即感觉活动等来进行思考。纯逻辑派的哲学家区分内容和活动并主张"白"的知觉不是白,但所谓精神活动只不过是将某种经验内容的发展相抽象化的东西而已。如纳托普所言,我听不到我的听觉活动,我只能听到声音而已,听声音指的是声音属于我的体验的统一,精神活动只是部分内容被结合在全体统一的方法的一种(die bestimmte Art der Einfügung der in abstracto isolierbaren Inhaltsmomente in die jedesmalige Inhaltseinheit)[①]而已(*Allgemeine Psychologie*, 1 Buch. S. 46.)。在一般的心理学里,会将一个感觉及运动的中心思考为我,并从此中心来统一经验内容。所谓精神活动只是这种统一的方式而已。当某个经验内容被认为是属于此中心的东西时,它才是某一个人的意识。"红"本身既不是心理的也不是物理的,即使"红"被意识到,也不会在"红"本身的性质里加入任何东西。在一般常识里,通常是吾人的意识会产生"红"这个性质,以太的振动会在吾人的眼睛里作为红被感受到。然而新的性质并不是通过意识才产生的,"被某人意识到"(einem bewusst)只不过是后来才附加上去的想法而已。

## (十九)

谈论现代绘画的马克斯·拉斐尔(Max Raphael)主张作为艺术家表现

---

[①] "一种将抽象地可分离的内容要素植入每个内容统一体的特定方式。"纳托普:《基于批判性方法的一般心理学》,第46页

手段的直线和数学的直线不同，艺术家的直线在各种点上表现的是直线和曲线的交错（eine Durchdringung der Geraden und der Kurve），也就是在各种维度上的紧张（eine Spannung der Dimensionen），关于作为艺术手段的颜色亦同（Max Raphael, *Von Monet zu Picasso*. S. 33.）[1]。布劳德尔·克里斯蒂安森（Broder Christiansen）亦以歌德所说的颜色在感官和道德上的影响（sinnlich-sittliche Wirkung der Farben）[2] 之想法为基础，主张颜色的印象不会在所谓感觉之中消尽，每个颜色都会引起各种特殊的情操，此种次要的印象在将自己埋没在唯一的颜色中观看时是最强的。对于所谓感觉，我虽是被动的，但在上述的情操要素里，我是主动的。蓝要求黄、紫要求绿，情操的印象是一种势力或努力（Broder Christiansen, *Philosophie der Kunst*. S. 79ff.）[3]。康拉德·费德勒主张当吾人专注在视觉上时，突然会感觉到视觉表象的发展可能性，自己会转移到表现活动上[4]。根据马克斯·拉斐尔的说法，马蒂斯（Henri Émile Benoît Matisse）提到一直到自己被迫去创造东西为止，无论是几周或几个月自己都一直在看同一个东西。[5] 我认为这些人针对艺术直观所说的话，不就是所有经验的真相吗？纯粹科学的成立，不就像艺术家对视觉的专注一样，是经由学者对思维的专注才可能的吗？纯粹科学不就是通过柏拉图的理念（Idee）、马堡学派的假设（Hypothese）或者"纯粹者"（das Reine）才能得以成立的吗？虽说科学是辩论的，艺术是直观的，但科学成立的基础要有创造性的、先验性的某种东西，就是要通过对它的专注，科学才能得以纯化。如此，我们才能说在这种科学的根柢里有艺术的直观，同时艺术的直观也不见得是一气呵成的。希尔特（Aloys Hirt）提示出很多有关艺

[1]　拉斐尔：《从莫奈到毕加索》，1913 年（初版 1909 年），第 33 页。
[2]　歌德：《色彩论》（*Zur Farbenlehre*），1810 年，《歌德全集》（Weimar 版）第 2 部，第 1 卷，1890 年，第 307 页。
[3]　布劳德尔·克里斯蒂安森：《艺术哲学》，1908 年，第 79 页以后。
[4]　费德勒：《艺术活动的起源》（Ursprung der künstlerischen Tätigkeit），1887 年，《费德勒艺术论文集》（Hermann Konnerth 编），1913 年，第 1 卷，第 266、272—274 页。
[5]　拉斐尔：《从莫奈到毕加索》，第 12 页。

术作品就像马赛克一样是通过意志性思维的努力而完成的例子，据说丢勒
（Albrecht Dürer）的凯旋门也是其中一个例子。总而言之，其差别只不过是
创造性的、先验性的某种东西之性质的不同而已。

　　我认为所有的经验都是按照上述方式成立的，实在就是这种创造性的
体系。吾人所相信的实在皆是通过先验性的某种东西被组织起来的体系。
此体系越是被纯化，就越被相信是不可动摇的实在。在这个意义上，艺术家
创造的世界或自然科学家所谓的自然界才能通过同一的权利来要求实在性。
如以前我说过的，柯亨认为极微是实在的基础，感觉通过被视为内含量才能
得以是实在的。[①] 然而如上所述，极微或连续在其自身之中带有矛盾，能够
谈论的仅仅只是在其自身中的、动态的创造性体系。连续究竟是什么？罗
素说明了连续性运动，并如此主张："在一个连续的运动中，我们应该说，在
任何一个给定的瞬间运动中的身体会占据某一个位置，而在另一个瞬间它
会占据另一个位置。任何两个瞬间之间的距离和任何两个位置之间的距离
总是有限的。然而运动的连续被显示在这个事实中，也就是无论我们把两
个位置和两个瞬间放得有多近，总是还有无限的相互距离更近的位置，而在
瞬间被占据的位置彼此也更近了。"（In a continuous motion, then, we shall
say that at any given instant the moving body occupies a certain position, and at
other instants it occupies other positions; the interval between any two instants
and between any two positions is always finite, but the continuity of the motion
is shown in the fact that, however near together we take the two positions and the
two instants, there are an infinite number of positions still nearer together, which
are occupied at instants that are also still nearer together. [B. Russell, *Scientific
Method in Philosophy*. p. 136.]）[②] 如此思考连续，是因为将连续理解为分析的

①　柯亨：《纯粹认识的逻辑学》，第 126—127 页。
②　罗素：《我们关于外间世界的知识：哲学上科学方法应用的一个领域》（*Our Knowledge of
　　the External World as a Field for Scientific Method in Philosophy*），1914 年，第 136 页。

无限可能,连续表示了思维分析的无限课题(unendliche Aufgabe),这是吾人一种理想的要求(ideale Forderung)。这种思维的分析能无限可能,必须是在自身之中从内部发展的创造性体系。在其自身中从内部进行活动的真正独立实在,才能在上述意义中具有连续性。斯宾诺莎的自因(causa sui)[1]发展到莱布尼茨的单子,亦是因此之故。有限者是依靠他者而成立的,它是依他的,因此只是死物。彭加勒论述了数学的连续是如何从物理的连续产生。比如吾人虽然能区分十二公克和十公克,但却无法区分其中间的十一公克和前两者,也就是说A=B、B=C、A<C是物理的连续,而将此式子修改成A<B、B<C、A<C的是数学的连续(H. Poincaré, *La Valeur de la Science*. p. 69.)[2]。这种通过数学连续所构成的东西是科学的实在,如此一来,在其自身是独立的经验体系才能发展其自身。比如,即使是力量,也必须是非连续的有限力量从外部被施加的力量。在其自身是独立的生存力量必须是连续活动的力量、具有加速度的的力量。一般都认为非连续的有限经验是具体的直接经验,然而如柏格森等人的想法所示,无限连续的东西反而可以说是直接的实在。[3]他谈到始于开普勒和伽利略的近世科学之特点,并如此论述道:古代科学虽然观察其对象的某种特别瞬间之中的状态,深信这样就能完全知道该物,然而近世科学却是在其对象的某个瞬间中观察东西的状态(*L'Évolution Créatrice*. p. 357.)。[4]也就是说,伽利略思考的是运动本身。所谓非连续的有限经验体系并非一般所相信的那样,是直接的经验本身。真正非连续的有限经验是如同梦般的东西,吾人无法相信它就是实在。所谓经验是通过一种范畴被构成的东西,吾人会相信它是实在,便是依此之故。物理的实在亦只是推动此看法的东西。而这种推动某个看法的立场,如康德学徒所想的那样,并没有远离被给予物,就如同柏格森论及伽利略的物理

---

① 斯宾诺莎:《伦理学》(*Ethica Ordine Geometrico Demonstrata*),第1部,定义1。
② 彭加勒:《科学的价值》,第69—70页。
③ 柏格森:《物质与记忆》,《柏格森著作集》,第277页。
④ 柏格森:《创造的进化》,《柏格森著作集》,第774页。

学那样[1]，逐步地在接近真实在。我认为，若如此思考的话，柯亨等人将极微视为实在，是因为自我发展体系的想法被包含在那里面。而这种体系会被认为是实在，是因为它是最直接、具体的体系。我认为，如此，一方面科学的实在依据某个看法而得以成立的同时，另一方面艺术的实在亦可以依据某个看法而得以成立。艺术亦如前面我所举出的那些人所说的那样，是无限的前进。马克斯·拉斐尔如此说道：画家若被问何时才能完成画，他一定会冷笑置之。[2]艺术一直都是在重新开始的。而从内部的发展前进是微分的，在数学家和物理学家所说的严格意义下则必须是连续的。

# （二十）

吾人最直接、具体的实在是自我发展的经验体系。柯亨以极微或连续来表示实在性[3]，我们可以把它解释为接近这种体系的意思。然而，单纯依他的连续尚还是死物，无法避免依他的性格，因此还不能说是独立自主的实在。真正独立自主的实在在其自身之中必须是连续性的存在、是在其自身之中含有发展动机的存在，换句话说，必须是知道自己的存在、是自觉的存在。如罗素针对连续性运动的定义那样，一般都是从外部消极地思考连续、思考分析的无限可能之对象。然而若积极地从内部思考连续的话，反省自我便是自我的存在、发展，亦即在其自身是完全的东西，如此方能说是真正的连续。真正的连续性东西必须是自觉的。作为对象而出现的东西尚还是能够分割的东西，真正不能分割的统一是反省的自己本身，唯独反省的自己才是能够无限分割的统一。

一般都认为所谓物体界是从吾人的主观独立存在的，不仅和吾人是否知道它无关，亦和吾人的存在与否无关，它是永远存在的。然而所谓客观的

---

① 柏格森：《创造的进化》，《柏格森著作集》，第 689—690、775 页。
② 拉斐尔：《从莫奈到毕加索》，第 13 页。
③ 柯亨：《纯粹认识的逻辑学》，第 125—127 页。

自然界，亦无法离开主观而存在，自然界是通过康德所谓纯粹我的统一而成立的。与之相反，即使是所谓个人意识亦具有和它相当的客观界，至少如布伦塔诺等人所说的，意识必包含内在对象。[1] 所谓客观自然界亦只是推动了个人意识的客观界而已。如彭加勒说明物理连续和数学连续的关系那样[2]，后者合理化前者，彭加勒等人似乎认为前者是经验的，后者是单纯理论的，我认为比较东西重量的背后已经包含了必须前往数学连续的假设。物理学家的数学物理界亦只是在推动被包含在所谓经验界当中的对象而已。而这种从所谓经验界到数学的物理界，一般都被认为是在远离直接经验，但我认为，从另一方面来看，反而是深化或推进某种经验的意思。所谓经验界绝不是单纯地被给予的世界，反而可以把它视为从某一种立场来看的不彻底世界。比如，吾人在区分红或蓝等颜色时，最多只能是以现在吾人的视力来进行某种程度的区分而已。然而，作为实在的颜色之经验，必须在其自身之中包含无限的发展性，也就是说它必须是微分的。专注在视觉的画家在直线中看曲线、在所有的颜色中看黑白的倾向，亦是因此之故。被限定的颜色感觉只是一种抽象的概念。当然，若从刺激的那一方来看，我们也可以说红的刺激的极微不是红，我们也可以认为某个颜色的感觉只能发展到某个程度。然而，红的极微必须被包含在作为直接实在的红色经验当中。量是质的发展要求，质为了维持、发展自身而要求量，独立的经验是量和质的内部结合，活生生的东西在质之中包含着量。在所谓知觉的预知，能预期新的知觉的不外乎是这种意义中的经验内部发展。彭加勒区分法则（loi）和原则（principe），并认为无论菲涅耳（Augustin-Jean Fresnel）关于光学现象的说法是正确的还是错误的，其用来表示光学现象关系的微分方程式始终是正确的。[3] 但我认为，推进吾人经验界的数学物理界，说的就是在这种函数关

---

① 布伦塔诺：《从经验立场出发的心理学》（*Psychologie vom empirischen Standpunkt*），1925
　　年（初版1874年），第1卷，第124—128页。
② 彭加勒：《科学的价值》，第69—76页。
③ 彭加勒：《科学与假设》，第190页。

系中被表现出来的世界。比如，物理学家用向量（Vektor）来思考运动时，运动被作为极微的每个瞬间的连续性东西来思考，若不是这样思考，就会如芝诺所说的，运动是不可能的。一般都认为经验是非连续性的，但若没有连续性东西的意识，亦无法思考非连续性的东西。认为经验是非连续性的人，早已经意识到自己的连续。这里假设某物体在$t_1$的瞬间处于$P_1$的场所，在$t_2$的瞬间移动到$P_2$的场所，吾人通常会意识到在非连续的每个瞬间中的物体位置，但却认为连续的运动只能被思考而无法被意识到。然而，当这些点被意识到并非断断续续的东西，而是连续运动的每个点时，不就表示连续的体系已经以一种直观的方式被意识到了吗？数学家思考的连续的公理，必须是连续作为直觉的被给予物，才能被领会。如柏格森所言，吾人就是直接地从内部来意识运动的，若不是如此的话，就只能说完全不承认运动。[①]虽说三角形是由三条直线所构成的，但单纯三条直线的意识并非三角形的意识。单纯意识到三条直线时的意识之立场和意识到三角形时的意识之立场并不相同。一般都认为，从三角形的意识的立足点来看，单纯的三条直线的意识只是没有统一的材料，但当吾人单纯地意识到三条直线时，必须思考的是单纯的三这个计算意识的立场，只是此意识立场比三角形意识立场更加普遍罢了。所谓非连续的经验是被思考的经验，并非经验本身。经验本身在某种意义上，始终是连续的，因为理想始终以内在的形式被包含在经验本身之中。

如上所述，所谓自然界亦无法脱离主观，它推进了个人意识的对象界。接着，为了阐明在个人的主观和康德所谓纯粹统觉的主观之间没有绝对区分的想法，我想先思考一下主观是什么。主观和客观概念在中世和近世具有不同的意义。在中世，主观（subjectum：主体）这个概念是ὑποκείμενον的翻译语，具有基础或本体的意思。与之相反，客观（obiectum：客体）意味着"在意识中被对象化的东西"（das im Geiste objicirte），亦即现今的表象（Vorstellung）。然而在近世，与之相反，客观被认为是实在的，主观却成

---

① 柏格森：《物质与记忆》，《柏格森著作集》，第324—329页。

了现象、幻象的,理由是在中世,现象的所有者被认为是实在的,在近世,现象的不变关系被认为是实在的。此外,以波尔查诺为基础的现今之纯逻辑学派,将客观对象完全从实在性中抽离出来,以一种纯粹认识论的方式来思考它,并认为它是所谓超越主观活动的永恒不变的意义或价值。就这样,在中世和近世,主观这个概念被使用在相反的意思上。在近世的想法里,也有像布伦塔诺一派那样,区分意识的内容和活动,如此一来,即使意识内容被认为必须是非实在的、主观的,但意识活动则是实在的、客观的。此外,作为这些活动主体的我,亦可以是客观的实在。如塔多斯基( Kazimierz Jerzy Skrzypna-Twardowski )在《表象的内容和对象》( *Zur Lehre von Inhalt und Gegenstand der Vorstellungen*, 1894 )中所说的那样,将活动( Act )、内容( Inhalt )、对象( Gegenstand )进行区分来看的话, [1] 只有内容是主观的,活动是实在的,对象则属于李凯尔特等人所谓意义的世界。主观与客观的对立在认识活动上,就是见者与被见者( 見るものと見られるもの )的对立;在认识内容上,则是现象和本体或真与假的对立。近世哲学初期,伽利略之所以区分物的第一性质和第二性质,是因为在因果关系上主观和客观就是现象和本体的对立。在中世哲学,曾是主观内容的客观如今作为独立实在反而成为包容主观的东西。与之相反,若将贝克莱( George Berkeley )等人的"意识即是实在"的立场彻底化的话,如现今意识一元论者所说的那样,所谓物体界则会变成观念的不变性结合,客观和主观则变成意识内容的统一和不统一的对立。一方面立足在观念论立场,另一方面试图脱离相对主义的康德,在认识的先天综合中寻求知识的客观性。如此一来,客观和主观被认为是超越性主观的统一和被限定在时空上的个人性主观的统一的对立。今日的新康德学派彻底地推进此想法,严格区分实在和真理,并认为客观性就是以超越性应然为基础的普遍有效性( 日语:一般的妥当性 )。然而,从另一方面来思考的话,立足在某种假设上从某种立场来统一经验的东西即使其立

---

① 塔多斯基:《表象的内容和对象》,1894 年,第 3—9 页。

足点是超个人的，但它作为实在的抽象面从内容上来看则是主观的。和被限定在时空间上的存在相比，应然或许是更根本的。对于具体经验的全体，从某个立场所看到的东西只不过是其抽象的一面而已。即使其全体存于吾人知识的范围外，吾人亦必须彻底地认为此全体是一个真正的客观性实在。若如此思考的话，客观和主观就变成经验的全体和部分或具体和抽象的对立。以下，我想论述上述各种主客观的意义在我所谓直接经验的创造性体系当中可以怎么思考，在阐明所谓主观界和客观界的对立及意义之后，试图进一步论及物理的实在和心理的实在的区别及关系。

# （二十一）

为了阐明在直接经验的创造性体系中的主客观对立及其相互关系，以下我想再次针对连续性直线的意识来进行思考。说到直线的意识，如前所述，在心理学上可以想到的是眼外肌运动的感觉和视觉的结合。然而数学家所谓连续性直线，并不是在说这一类的东西。现今的数学家在严格意义上所思考的连续，就是其要素全体是属于一起的（ zusammengehörig；日语：相属的），亦即形成一个“集合”（ Menge ）的东西，而且这个集合如以前学者所想的那样，在无论多小的间隙里仍包含有其要素，也就是“到处都是”（ überall dicht ）[1]，不仅如此，它还必须是“虽能无限地接近却无法到达的所有极限（ Grenze ）属于集合自身，而集合的所有要素都能成为极限”的东西，也就是康托尔（ Georg Ferdinand Ludwig Philipp Cantor ）所谓的“完全集合”（ perfecte Menge ）[2]。吾人视觉中的直线作为符合阿基米德公理的东西，是具备以上条件的严密连续。

---

① “密集。”
② 康托尔：《超限集合论》（ *Beiträge zur Begründung der transfiniten Mengenlehre* ），1895—1897 年，第 10 节，G（ P. E. P. Jourdain 英译），1915 年，第 132 页。

心理学针对"将上述数学连续的意识视为一个意识"肯定会有异议。心理学家以作为时间事件的关注活动为中心来制定意识的范围,通过由一个关注映照出来的意识内容之多寡来决定意识范围的大小。从这种说法来看,所谓数学的连续不能说是一种意识。然而心理学家的所谓意识范围,便是从外部来看意识后所决定的东西。实验心理学家所见的被实验者之意识,是被思考过的意识,而不是真正具体的、活生生的意识。活生生的具体意识不应该是通过其内容的多寡从外部以量的方式来制定范围的东西。活生生的具体意识即使在时间上是一瞬间的意识,亦是人格经验的一部分,是在意义的关系上成立的,意义成为其构成的要素。实验心理学家以"通过速示仪(Tachistoskop)等能够在瞬间知觉到视觉印象的数"为依据,将注意范围的最大限定设在六,此外,通过同样的实验将意识的范围设定在六乃至四十(Wundt, *Grundriss der Psychologie*. 10 Aufl. S. 255.)[1]。然而,这种意识范围是将吾人的意识放在某个条件下所实验出来的东西,是设定通过瞬间的注意所能意识到的无意义的线或数字之范围的东西。心理学家在这种实验下,尽可能地想把意义消除,如此,才能客观地设定所谓不变意识的量之范围。若能思考被包含在意识之中的意义的话,就会发现根本无法通过这种方法来设定意识的范围。因为某些文字是通过其组成方式来表现各种意义的。作为无意义的印象之文字,在量上或许无法设定其范围,但被包含在其中的意义却无法被放入这种量的限定当中。那么,完全消除意义的意识范围是否如实验心理学家所说的那样,是真正的意识范围呢?若按布伦塔诺那样来说的话,包含对象的内在(intentionale Inexistenz eines Gegenstandes),也就是意义,[2]便是精神现象所不可或缺的性质。心理学家来看的话,意义本身或许不是心理学的对象,思考意义的联系是逻辑学或物理学的事,心理学

---

① 冯特:《心理学纲要》(第10版),第255页。
② intentionale Inexistenz eines Gegenstandes 译为"对象的意向性内存在"。布伦塔诺:《从经验立场出发的心理学》第1卷,第124页。

单单只是意识活动的学问。然而，当我们相信所谓心理学消除意义并以纯心理学方式来设定意义的范围时，究竟能否在某种意义上消除其意义呢？当我们在实验注意的范围，意识到六条线或数字时，该意识不就是"某物的意识"（von etwas bewusst）吗？也就是说，不也包含了六条线或数字等内在对象，亦即意义吗？成为思维对象的东西若是意义的话，成为知觉对象的东西亦可说是一种意义。心理学家为了设定意识的范围，而将吾人的意识视为被限制在时空上的、片断的东西。然而具体的意识是连续性的，是在全体之上具有关系的东西，它始终是立足在某个背景上的东西，是某物的意识，也就是和对象一起包含主观的东西。对象或许能以量的方式被决定，但主观本身却无法成为心理实验的对象。

若如上所说，心理学家的所谓意识范围，便是把意识置放在某条件下来看的意识范围。举个例子，假设这里有一篇文章，在看到它时，它或许是由若干印象形成的视觉表象，在阅读它时，它或许是由若干声音形成的听觉表象。然而它作为文章的整体，不仅构成一个意义，每个语言亦都具有意义。借波尔查诺的话来说，文章表现的是命题自体（Satz an sich），构成它的语言可以说是在表现表象自体（Vorstellung an sich）。[1] 视觉或听觉的范围无法限定意义的意识范畴。前者和后者无法在量上互相比较。而它作为意识现象的话，意义的意识亦如听觉或视觉那样是实在性的，只不过其对象不一样而已。心理学家所谓的知觉意识绝不是具体意识本身，我们可以说在其背后有意义的意识存在。

如上所述，数学家所说的严格意义的直观意识，在心理学家所谓的意识范围里，或许不能说是一个意识，但作为具有一个意义、一个对象的意识，可以说是一个意识。柯亨所谓知识的统一（Einheit der Erkenntnis）[2] 是真正的意识统一，只是因知识（Erkenntnis）和意识（Bewusstsein）的区分，两者的范

---

① 波尔查诺：《知识学》第 1 卷，第 19、48 节，第 76—80、215—218 页。
② 柯亨：《纯粹认识的逻辑学》，第 67—69 页。

围完全变成了不同的东西。当吾人在视觉表象里以直觉的方式意识到直线时，其具体意识并非如心理学家所说的要素的结合，因为数学家所谓连续的意识，被包含在其根柢当中。如夏普（Wilhelm Schapp）所说的，吾人能在颜色的世界中知觉到物（Ding），在现实中看到的窗户的十字架（Fensterkreuz）并非在残像中看到的各种颜色闪烁的十字架，它看起来非常地重（Schapp, *Beiträge zur Phänomenologie der Wahrnehmung*. S. 18.）。[1] 出现在吾人视觉里的空间是有限的是一般的想法，但这种视觉的世界是被想出来的视觉世界，真正的视觉世界在其独特的意义上不就是无限吗？康拉德·费德勒亦主张和思想世界中的无限无关的视觉世界的无限展现在艺术家或理解艺术的人面前。[2] 这种无限的世界，如他所言，通过吾人对视觉的专注而被展开。当我们将视觉的直线作为数学直线的象征来看时，后者不就早已被意识到了吗？亦即它不就已经作为柯亨等人所谓的方法（Methode）在进行活动了吗？当然不能像夏普和费德勒等人明确区分直觉世界和概念世界那样，将视觉的直线和数学的直线视为同一的东西，但在两者的根柢里，必须要有一个同一的什么。若不是如此的话，直觉的某物就无法被视为直线。如费希特主张"观看活动的我的我，就像在画线那样，来观看自己的活动"（das sich selbst als tätig anschauende Ich schaut seine Tätigkeit an, als ein Linienziehen）[3] 那样，我认为可以将在其自身活动的具体经验的创造体系，作为这种连续直线的根本意识来思考。今日的数学家所思考的严格意义上的连续，不就是以最严格的方式来说明这种体系的东西吗？那么，在这种连续直线的意识里，又该如何说明主观与客观的对立及关系呢？

---

[1]　夏普：《知觉现象学论文集》，1910 年，第 18 页（1925 年第 2 版，第 15 页，以下记载新版页数）。

[2]　费德勒：《艺术活动的起源》，《费德勒艺术论文集》第 1 卷，第 308—309 页。

[3]　"将自身直观为能动者的自我把其能动性直观为一个划线活动。"（《费希特文集》第 2 卷，梁志学译，北京：商务印书馆，2014 年，第 315 页。）费希特：《自然法权基础》（*Grundlage des Naturrechts*），《费希特全集》第 3 卷，第 58 页。

# （二十二）

举个例子来说，假设以一种所谓直观的方式意识到某一直线，毋庸置疑，这种对特定直线的意识作为直线的意识是不纯粹的。然而如上所述，吾人意识到有限的直线就是意识到它是作为无限的连续直线的一个限定，就是意识到这个线是包含了能够无限地延长与分割的可能性的东西。现在如果将这种所谓意识内的有限直线和无限的连续直线本身对立起来思考的话，我们可以说前者作为后者被偶然地限定的东西是主观的。此时主观的究竟是什么意思呢？一般人将超越个人的思维对象的世界和属于所谓经验性个人的意识内容的世界进行区分，并以通过视觉或触觉被意识到的线和被思维的线是完全不同的东西这种理由，完全将前者视为是主观的。然而意向的对象（intentionale Gegenstände ；日语：意味的对象）亦被包含在吾人的意识中，而意识的内在性对象和超越性对象之间并没有绝对的区分，如果能如此思考的话，那么针对作为思维对象的数学直线而被意识到的有限直线之主观性，就只能被视为存在于从外部偶然地被给予的限定本身之中。这种偶然的限定是从哪里产生的呢？或许我们可以说在数学直线本身当中包含着限定的要求，也可以说在它本身当中包含着应该被任意地限定在连续直线的可能性，不，应该说是要求。然而，若严格地进行思考的话，限定的可能和限定的事实并不一样，事实上的限定必须在限定的可能性之上再加上某个东西。那么，究竟是什么东西被加入在其中了呢？任意地限定作为纯粹思维对象的数学直线，并令它主观化的东西是什么呢？

纯粹思维对象的数学直线本身，不必然会要求事实上的限定。数学直线不必然要求要被意识到。如纯逻辑派的人所主张，无论有没有被意识到都和纯粹思维的对象一点交涉都没有。然而从另一方面来思考，不会有离开思维体验的思维对象，离开思维体验的思维对象是无法想象的。数学直线的意义早已被包含在吾人的直线意识当中。数学直线只是推进了这个意思而已。如之前我说过的，连续就是被包含在吾人体验中的理想要求。数学家所谓严格意义的连续，亦必须作为其自身创造性自我发展体系的体验才能理解它。如此看来，数学直线若离开被限定的直线体验是无法被理解的。作为纯粹思维的对象，数学直线的理解可以说是奠基在吾人体验中的行为体验（Akterlebnis；日语：作用の体験）。意义（Bedeutungen in specie）便是意义行为（Akte des Bedeutens）的一个效用（ideal gefasste Momente）[①]。最直接的具体实在是像胡塞尔所谓的意向体验（intentionales Erlebnis）[②] 那样的东西。如柯亨所言，在古代，点被认为是线的极限，但在开普勒以后开始出现"曲线的创生点"（der erzeupende Punkt der Kurve），曲线若能见到其整体的话，我们可以说曲线早已被包含在创生点这个意义的体验当中了。以抽象方式被思考出来的有限直线和数学直线本身的意识没有任何关系，因此可以分别来思考此两者。也就是说，出现在如心理学家所说的那种抽象意义的意识上的直线和数学直线本身，单纯只是处于外部关系而已。处于外部关系的东西便是被思考出来的有限直线和被思考出来的数学直线。与之相反，若如布伦塔诺那样来思考意识的性质的话，作为意识成立的根柢必须要有意义，我们可以说意义的成立无法离开意识活动的体验。我们通常都会将纯粹思维的对象视为不具有其自身任何活动的抽象普遍者，然而这种东西并不是真正的普遍者，真正的普遍者必须是在其自身中包含有发展动机的创造性体系，亦即自觉性体系。当我们认为现在可以无限地分割在这张纸上的一条直线或无限地延长它时，这个意识的活动就是数学直线的理念活动。如费希特所言，通过知道被墙壁遮蔽来超越它，就是数学直线的

①　"以观念的方式把握的环节。"

②　胡塞尔：《逻辑研究》，1928 年（初版 1900—1901 年），第 2 卷，第 5 编，第 2 章，第 364—425 页。西田将 intentionales Erlebnis 译为有意义体验（日语：有意味体験），目的在于将"意义和事实"联系到胡塞尔意向性概念所指示的"意向活动（Noesis）—意向对象（Noema）"这个关联上。

理念活动。① 思想被纯化就是经验内容在其自身是动态性的，动态的普遍者亦即具体的普遍者便是在被知者（知らるるもの）当中具有知道的活动（知る働き）、便是一种纯粹活动（Tätigkeit schlechthin）②。我们通常都会认为知者（知るもの）与被知者（知られるもの）是分别不同的实在，因此，普遍的事物与个人的事物彼此是孤立的，前者和后者是没有关系的，但这种意义上的个人并非真正的主观，只不过是已经被客观化的主观、被思考出来的主观。真正的主观必须是无法被反省的东西、无法被客观地看到的东西，也就是如同意识的构成性统一活动那样的东西。康德所谓纯粹统觉的综合活动便是这一类的东西。

主客观及其对立的意义，如之前所言，可以有很多种思考。若将主观视为康德所谓纯粹统觉的综合的话，主观则是客观界的维持者，是其中心。我们可以说数理的世界因数理的主观而成立，物理的世界因物理的主观而成立，艺术的世界因艺术的主观而成立。也就是说，柯亨所谓让这些客观界得以成立的"纯粹者"（das Reine）就是主观。③ 在这种意义下，主观如中世哲学所主张的那样，可说是客观界的基础。然而，在康德那里，统一活动本身和被统一的内容尚还是分别的二物，借用胡塞尔的话来说，活动（Akt：行为）的质料（Materie）和性质（Qualität：质性）还是分别的二物。④ 与这种抽象的看法相反，若站在吾人的直接、具体经验的立场主张意识内容本身就是动态性的，那么，所谓综合活动便可以被思考为意识内容本身的内部发展活动，亦即主观的活动指的就是这种内部必然的创造活动。比如，即使在意识到某个有限直线的情况下，那个真正的认识主观并不是一般所认为的那种被时空间限制的心理主观，而是上述那种理念本身。让人意识到直线本身的是理念自身的内部努力，它既不是物质力量，也不是其他的心理活动

① 费希特：《全部知识学的基础》，《费希特全集》，1845—1846年，第1卷，第237—238页。
② "绝对的活动性"、"绝对的能动性"。
③ 柯亨：《纯粹认识的逻辑学》，第38—39页。
④ 胡塞尔：《逻辑研究》第2卷，第5编，第2章，第20节，第411—416页。

力量。而这种主观是真正的动态性发展,因此在真正直接的具体经验世界里,在知者之中具有被知者,主客合一。真正的主客合一必须是主观直接成为客观、客观直接成为主观的动态性统一。现在,若在费希特所谓本原行动的那种自觉体系当中思考主客对立的意义的话,可以进行如下思考。如果将其内容和活动对立起来思考的话,综合活动便是主观,被综合的内容则是客观,然而如果将这种以抽象方式被区分的东西和动态性发展本身对立起来思考的话,前者无论哪一个都是主观的,真正的客观实在不外乎是动态性发展本身。之前我曾说过连续性的东西是实在的,便是由此而来。若根据黑格尔的逻辑学来说,首先我们可以先让由其规定( Bestimmungen )所区分出来的单纯统一的普遍概念和作为其分化状态的判断形成对立来思考客观与主观的对立,但真正的实在作为两者的统一必须是所有真正东西的基础( der wesentliche Grund alles Wahren )[1],亦即推理本身。[2] 所谓主客观的对立只是这种真实在的效用( 日语: 能率 )而已。中世哲学意义中的真正主观,必须是抹消所谓主客观对立的活动本身。如我在第二十节所说的,作为一种具体经验,在个人意识这种所谓主观界里也有所谓客观的内容,在所谓超个人的客观界,其背后亦有主观的统一,只是站在后者立场看前者时,前者是主观的。从包容的统一立场来看,小的统一作为在发展过程中的东西,在近世哲学的意义下是主观的。主客观的关系亦会依据统一立场产生变化,比如,在自然科学立场下,直觉的世界或许是主观的,但在艺术立场下,自然科学的世界却反而是主观的。总而言之,从某一个立场来看不彻底、不纯粹的东西是主观的。若按照胡塞尔的想法来说的话,因意识的自发性( Spontaneitäten des Bewusstseins )而有各种不同的世界,当我以算术方式相迎( arithmetisch eingestellt )亦即站在算术立场的时候,对我来说就会有数的世界,当我以自然方式相迎( natürlich eingestellt )亦即站在自然科学立场

---

① "所有真东西的本质根据。"
② 黑格尔:《哲学全书》,第 181 节,《黑格尔全集》第 8 卷,第 331—333 页;《逻辑学》,《黑格尔全集》第 6 卷,第 351—353 页。

的时候，对我来说就会有自然界，而这些世界全部都被笛卡尔的所谓"我思"（cogito）所包容（Husserl, *Ideen.* §28.）[1]。纯粹地将这个种种世界所依据的某一个立场彻底化的东西就是所谓客观界。然而，如此彻底于客观界的立场并非离开主观的立场。数学家思考严格意义上的直线，并不是要站在超主观的立场，而是数学的主观被纯化。纯化客观的立场就是纯化主观的立场，若如此思考的话，关于不纯粹或主观的起源，或许可以说是来自立场的混乱。关于这些想法，我认为有必要进行更加精密的思考。

# （二十三）

尽管作为事实的直线意识从数学的立场来看是不纯粹的，但只要我们意识到它是直线的话，就必须要知道其背后有数学的认识主观在活动，也就是说，在某个意义上，数学直线的理想被包含在里面。如马堡学派所言，思维被给予的东西并非是从外部被给予的东西，而是从内部被要求的东西。当然，针对这种想法，也会出现在直觉上的直线和在思维上的直线必须彻底区分的反对意见。比如，"真正的直"（Geradheit）既有作为知觉内容被意识到的东西，亦有在数理上被思维出来的东西，这两者是完全不同的。如胡塞尔等人所言，即使某个颜色的知觉不是很明确，但不能因为如此就说关于此颜色的概念意识不清楚。当我们用黑板上的一条线来思考几何学直线时，这条线多少有点弯曲或多么直，都和几何学直线的意识一点关系也没有。但我想之后再进行这些讨论，事实上，数学直线是被意识到的东西，因此，我们必须说，数学直线的理想和直觉的直线在现实的意识当中以某种意义彼此互相接触。若这两者是完全不同性质的东西的话，那么我们是不可能意识到数学直线的。

---

[1]　胡塞尔：《纯粹现象学与现象学哲学的观念》，1913年，第1卷，第2编，第1章，第28节，《胡塞尔全集》（Walter Biemel 编）第3卷，第50—51页。

若按照马堡学派那样来思考的话,被给予的东西是应该限定的东西。认识的对象是思维被给予的问题。吾人认识东西无论在何时都是在理念的基础中认识它。从这种思考方式来看,应该被限定的东西是主观的,被限定了的东西是客观的。如纳托普所言,统一的前进方向( die Richtung der zentralen Vereinheitlichung )[1] 是客观面,应被统一的东西之方向( die Richtung auf das zentral zu vereinigende )是主观面[2],主客观的对立便是左右这种意识的两面,要将何种内容视为主观的、何种内容视为客观的,这些都只是依据看法所决定的相对性区分而已。当我站在刚说的大统一立场来看小统一、说明什么是主观的时候,也是根据同样的想法。为了让这些思考方式能更加精确,若如塔多斯基那样将意识的活动、内容、对象来进行区分的话,这种主客对立的思考方式在被包含在意识当中的内容和对象的关系上是最恰当的。就关于在和对象的关系中看到的意识内容来说,越是从某个立场被统一,就可以说是越客观。然而,要如何才能将这种想法套用到活动或单纯的内容本身之上呢? 如我先前所言,意识内容即使是主观的,意识活动本身可以是客观的。此外,即使就内容来进行思考,时时刻刻都在变化的直接经验的内容,在每个时刻都可以说是客观的,唯独作为意识内容表现对象的东西时是主观的。那么,以波尔查诺、布伦塔诺为首的布伦塔诺学派( 日语: 墺国派 )所主张的活动和内容的区分究竟是什么呢? 纳托普等人否定内容和对象的绝对区分,认为活动只是意识内容统一的方式( eine Art der Einfügung in die Inhaltseinheit ),[3] 但这些想法我认为还有许多可以探究清楚的空间。

如上所述,在黑板上的一条直线,可以从各种立场来看。如果我们现在用它来思考几何学的问题,这条线就会作为几何学直线的象征被意识到。但直觉上的直线和数学上的直线是不同的东西,后者不仅不可能实

---

① "向中心统一的方向。"
② "要被统一在中心的东西的方向。"纳托普:《基于批判性方法的一般心理学》,第 68 页。
③ 纳托普:《基于批判性方法的一般心理学》,第 53—55 页。

现前者,直觉上的广延性和数字上的广延性在根本上亦是性质不同的东西。此外,在黑板上的直线具有和几何学性质没有任何关系的颜色这种性质。一般都认为数学直线是无法成为意识现象的纯粹的、超越的对象,颜色作为意识上的性质,单纯只是内在的。但就颜色的意识来说,作为其对象可以想到的是迈农(Alexius Meinong)的对象(Gegenstand)或胡塞尔的本质(Wesen)。与之相反,只要数学直线被意识到,它在某种意义上就会作为意识内容而得以显现。如塔多斯基所言,无论是判断或表象,同样都可以区分活动、内容、对象这三个东西。若是如此,黑板上一条直线的体验可以分析成各种本质(Wesen),如胡塞尔所说,知觉和想象是"被统一的意向之组织"(ein Gewebe von Partialintentionen, verschmolzen zur Einhiet einer Gesamtintention)[①]。而吾人的意识则变成各种客观意义的意识之偶然结合,因此哪里都不会有接受主观性的余地。如果在这里容纳主观性的话,那么它要么来自将对象放入意识内部的意识活动,要么就得在各种客观意义的偶然性结合本身寻求,此外我们也只能认为它是以各种看法的混合为基础的东西。

看或听(見るとか聞くとか)这种所谓意识活动究竟是什么呢? 一般都认为它是在时空间上被限定的心理主观活动。然而,若是如此思考的话,吾人的意识活动亦和物体现象一样,都属于自然科学的世界,意识活动亦和自然科学界中的活动是同样的意义。以自然科学的方式来思考的话,活动是物与物之间的关系,物或力量只是这些不变关系的统一之命名。意识活动说的只不过是如心理学家所思考的那样,是被统一在经验自我这种某个中心的现象之间的关系而已。然而这种如此被思考的意识活动和光或电相同,都只是已被对象化的物之活动,而不是主观意识本身的活动。严格来说,真正的主观必须是无法被反省的东西,被反省过的东西已经是对象,而不是主

----

① "一个由部分意向合成的组织,被融合成一个统一的整体意向。"胡塞尔:《逻辑研究》第2卷,第2部,第6编,第1章,第10节,第41页。

观本身。那么，在真正意义下，主观究竟是什么呢？真正意义下的意识活动究竟是什么呢？比如，在此思考一下 2+2=4。从纯逻辑派的讨论来说的话，2+2=4 是和思维活动没有任何关系的不变真理，无论我们有没有在思考它，都和此数学真理本身没有任何关系。然而，这种意义的活动指的只不过是已被对象化、在时空间上所发生的事件。在直接经验上的活动必须是意义的体验，亦即胡塞尔所谓的意向体验（intentionales Erlebnis）①。当我们思考 2+2=4 的时候，就能在这个意向的意识中区分出两个面向。2+2=4 和 3+5=8，是彼此具有不同意义内容的两种真理，同时又站在同一的数学原理，也就是一个先天之上。这种共通的原理不是单纯的包摄原理，而是构成原理，吾人思考 2+2=4 和 3+5=8，便是依此之故。吾人的直接经验是意义的意识，吾人并非是依据心理的自我来进行思考，这种自我是被思考出来的自我，不是进行思考的自我。若能如此进行思考的话，那么吾人无法进行反省的自我之活动，必须是上述的构成原理本身不可。然而，若更进一步思考的话，构成活动若是作为意识对象而被反省的东西的话，那么我们就不能说它是真正的构成活动。这种活动和心理自我的活动之区分，只是相对性区分而已。真正的构成活动无论是在哪种意义下，都必须是无法被反省的东西。而关于真正无法被反省的东西，吾人并无法进行论述，那么无法被反省的构成活动究竟是什么呢？

# （二十四）

如现今哲学所思考的那样，吾人的直接经验若是无法回到一瞬间的过去之创造性进化的话，吾人的知识世界便是站在某种立场，亦即从先天统一此经验所看到的东西。当然，关于直接经验的世界和概念知识的世界的

---

① 胡塞尔：《逻辑研究》第 2 卷，第 5 编，第 2 章，第 13 节，第 378 页。西田将此体验称为有意义的体验。

关系，或许我们可以认为后者是超越的，此外也可以认为更深一层的知识活动本身已经是创造性的进化。然而，这些讨论我们暂且不论，总而言之，我们可以认为各种世界是依据各种立场，亦即先天而成立的。或许有人对将数学对象界视为一个世界的做法有异议，但我们可以说自然科学的世界是通过自然科学的立场而成立的，历史学的世界是通过历史学的立场而成立的，艺术的世界是通过艺术的立场而成立的。而让这种诸多的世界得以成立的，必须是康德所谓先验主观的综合活动。吾人通常将心理的自己作为某一群经验的中心并视它为主观，亦是同样的情况。这种主观究竟是什么？毋庸置疑，主观必须是无法被反省的东西。然而，吾人如果能明确地区分对象界的知识和让对象界成立的统一活动知识的话，那么这种区分应该向何处寻求呢？比如，数学或物理知识和反省这些知识本身的知识之区分，借用胡塞尔的想法来说，和去除这些知识立场以纯粹现象学的（rein phänomenologisch）方式所看到的知识之区分究竟在哪？

　　根据胡塞尔的说法，如塔多斯基所思考的，活动、内容、对象是必须彼此相互区分的东西，其中内容和活动是吾人能够体验的东西，然而对象却是无法体验的东西。比如，在所谓外界知觉中形成具体视觉一部分的颜色之效用（Farbemoment），能够随着知觉活动的特征和物的知觉现象等一同体验到的意识内容。与之相反，对象本身即使被知觉，亦不是被体验的意识内容。此外，在此对象中被知觉的颜色性质亦是如此。内容和对象的区分在于是否被体验（如马堡学派所说），把它视为是看法的不同事实上是错误的（Husserl, *Logische Untersuchungen*. Erste Aufl. Zweiter Teil. V. § 2.）。[①]
他进一步针对所谓内在性内容（immanente Inhalte）区分了单纯的意向内容（intentionale [intendierte] Inhalte；日语：意味的内容）和构成体验一部分的、真正的内在性内容（die wahrhaft immanenten Inhalte），并主张后者虽

---

① 胡塞尔：《逻辑研究》（第 1 版）第 2 卷，第 5 编，第 1 章，第 2 节，第 347—351 页。

是实在的却不是意义的。① 他认为后者是吾人无法将之对象化的东西,吾人虽然能够看到颜色,但无法看到颜色的感觉(他最近在《现象学年报》区分了意向对象[Noema]和意向活动[Noesis]②,即相当于这种区分)。他不仅做出这种区分,还进一步针对意向体验(intentionales Erlebnis;日语:有意味体験),亦即他所谓的活动进行了性质(Qualität)和质料(Materie)的区分。③ 所谓活动的性质(Aktqualität;日语:作用の性質)④ 意味着被表象(vorgestellt)、被判断(beurteilt)、被质问(erfragt)等对象性关系(gegenständliche Beziehung),活动的质料意味着和它完全不同的对象关系之变化。比如,像表象活动那种同一的活动能够和种种对象具有关系,这种变化是质料的变化。然而,若更精密地来进行思考的话,质料不单是对象性的关系,即使它具有同一性质、是和同一对象有关系的活动,但在其意向的本质(intentionales Wesen;日语:意味的本質)上却有不一致的东西存在。比如,等边三角形的表象和等角三角形的表象虽具有同一性质,和同一对象有关系,但不能说具有同一内容。若像胡塞尔那样来分析的话,在普通心理学的活动相当于他所说的活动的性质(Aktqualität)。活动是什么的问题便是活动的性质是什么的问题,也就是活动的质料和性质的差异在哪里的问题。当然,在讨论此问题之前,必须先讨论具体的体验,亦即胡塞尔所说的活动在其自身状态下是否能进行反省的根本问题。胡塞尔认为,物的世界虽然无法随意、直接地体验到,但意识的世界却能够直接地体验到。⑤ 当然,胡塞尔所谓意识的世界说的是内证(innere Evidenz)⑥ 的世界,因此他亦没有被所谓物心两界的独断区分牵绊住。

---

① 胡塞尔:《逻辑研究》第 2 卷,第 5 编,第 2 章,第 11 节,第 374 页。
② 小坂将 Noema 和 Noesis 翻译为"意向对象、意识的对象面"、"意向作用、意识的作用面"。倪梁康翻译为"意向相关项、意向活动"。参见倪梁康:《胡塞尔现象学概念通释》(增补版),北京:商务印书馆,2016 年,第 336、338 页。
③ 胡塞尔:《逻辑研究》第 2 卷,第 5 编,第 2 章,第 20 节,第 411—416 页。
④ "行为的质性",在此按照西田的翻译,译为"活动的性质"。
⑤ 胡塞尔:《逻辑研究》第 2 卷,第 5 编,第 2 章,第 2 节,第 348—350 页。
⑥ "内在的明见性。"

那么，活动的性质是什么呢？现在暂且依据胡塞尔的细致分析来看。[①]
针对纳托普主张我虽然能听到声音但听不到听声音，胡塞尔主张我虽然能
看到一个东西，比如一个容器，但我看不到我的感觉，无论将此容器摆在哪
个方向，我看到的都是同一个东西。然而随着位置的变换，意识内容亦必
须跟着改变，被体验的意识即使有各种变化，但仍然是同一的对象被知觉，
亦即被体验的内容和被知觉的对象不是同一。然而这种被体验的内容即使
有改变，知觉到同一对象亦属于我的体验领域（Erlebnisbereich），亦即被体
验到的是意识内容虽不同但却在同一的意义下被理解，而这种同一的意识
（Identitätsbewusstsein）就是活动。吾人所说的知觉或判断活动，全部都是这
种意义下的体验。活动性质的种种区分是以这种同一意识的区分为基础的。
胡塞尔又评论了布伦塔诺将表象作为所有意向体验（intentionales Erlebnis；
日语：有意味体験）的基础的主张，并如此说道：吾人若没有表象则无法判
断，因此表象活动表面看来是判断活动的基础，但事实上判断活动并不是将
表象活动作为材料，并在这之上加入判断活动的性质，而是表象活动作为表
象活动另有其质料和性质。表象活动被认为是判断活动的基础，只是要说
明这两个活动具有同一的质料而已。无论哪个活动，只要是具体的话，都能
区分出质料与性质这两面。他（胡塞尔）进一步严格区分对象和质料，主张
对象始终是超越的东西，与之相反，质料是活动的成分，活动亦即意向（日
语：意味）体验的特征和对象有关，如果说该区分就在于和对象的关系方式
当中的话，那么决定活动内容的质料就必须是包含这种方式的东西。如前
所述，比如等边三角形和等角三角形这两个表象虽是以同一东西为对象的
同一性质活动，但显然作为表象的内容彼此并不是同一。

　　活动、性质、质料之间的区分若如上所述，活动的性质要如何才能反
省它呢？被反省的活动显然已经不是活动本身。胡塞尔认为能够以内部

---

① 小坂指出这一段落是西田对胡塞尔的《逻辑研究》第 2 卷第 5 编第 14—29 节内容的理解。

明证（内在明见性）来体验它，[①] 但此问题果真有这么简单吗？若根据被认为是此派思想源流的布伦塔诺的想法，精神现象不仅是"某物的意识"（Bewusstsein von etwas），还是所有精神现象本身的意识。吾人不仅具有表象，还具有表象的表象，前者是主要对象，后者是次要对象。而他认为我们必须假设在内部表象（innere Vorstellung）里，对象和表象自身结合并形成一个活动，亦即活动的反省之可能，并主张将此两者分开来思考是因为依对象来区分精神活动的缘故，亦即一度将它关联到物质对象来进行思考，一度将它关联到精神现象来进行思考的缘故（Brentano, *Psychologie*. S. 167.）。[②] 布伦塔诺认为上述对于活动的反省之可能是自明的，但即使到了胡塞尔这里，这个根本思想似乎一点也没有变。这或许是无法避免的假设，但如果是无法避免的话，那么就必须进一步来阐明这个避免不了的理由。

# （二十五）

活动是否能够反省的问题之后再讨论，在此，首先让我们来思考一下胡塞尔所谓的活动性质。胡塞尔所谓结合被体验的内容和被知觉的对象之活动体验究竟是什么呢？当我们从各种位置来看一个容器的时候，该体验内容即使都不同，但将它视为一个容器究竟依据的是什么？以下将针对此立场和我在第十八节的想法——吾人的直接经验是意识内容自身的发展，其自我同一面是客观的对象，其发展面是主观的活动，所谓意识内容只是形成发展过程的材料——进行比较。

比如在"甲是甲"的判断意识里，"甲"的自我同一面变成客观的对象，"甲是甲"的发展面变成主观的活动，被认为是孤立的主语"甲"被思考为所谓意识内容，而此判断意识是一种体验、一种具体的活动。当吾人从各

---

① 胡塞尔：《逻辑研究》第 2 卷，第 5 编，第 3 章，第 24 节，第 431—433 页。
② 布伦塔诺：《从经验立场出发的心理学》第 1 卷，第 167、179—180 页。

种位置来看一个容器时，该意识内容尽管不同，吾人仍把它视为一个容器，这个同一的意识就是所谓视觉活动。此意识的统一和判断意识的统一不同，因此可以视为特殊的活动。如夏普所言，被知觉到的窗户上的十字架，它看起来非常地重，但这不是依据"伴随着的知识"（begleitendes Wissen）而来的，而是依据特殊的直觉而来的。[①] 学者虽相信物体是由原子构成的，但在物体当中却看不到原子，人们知道砂糖的甜，但在砂糖当中看不到甜味。看见（見る）和思考（考える）是不同的根本意识（originär gebendes Bewusstsein）[②]。一般的心理学认为只有前者是被给予的东西，但后者同样也是被给予的东西。等边三角形和等角三角形是同一的说法，来自于思维意识的统一。（胡塞尔认为直觉这个概念的意义必须扩大，并如此主张道："正是充实作用所具有的这种同类性以及所有与此作用有规律地相关联的观念联系所具有的同类性，才使得我们不可避免地要将每一个以此证实的自身展示之方式而充实着的行为都标示为感知，将每一个充实着的行为都标示为直观，将它的意向相关项标示为对象。"［Die wesentliche Gleichartigkeit der Erfüllungsfunction und aller mit ihr gesetzlich zusammenhängenden idealen Beziehungen macht es eben unvermeidlich, jeden in der Weise der bestätigenden Selbstdarstellung erfüllenden Act als Wahrnehmung, jeden erfüllenden Act überhaupt als Anschauung und sein intentionales Correlat als Gegenstand zu bezeichnen. Husserl, *Logische Untersuchungen*. Erste Aufl. Zweiter Teil, S. 614.］）[③] 如果能如上思考的话，方才关于思维的讨论，亦可直接说是关于所有体验的讨论，不是吗？胡塞尔等人的意向体验[④]，就是我所谓称得上意义

---

① 夏普：《对知觉现象学的推动》（第 2 版），第 15—16 页。
② "原初给予的意识。"
③ 胡塞尔：《逻辑研究》（第 1 版）第 2 卷，第 614 页。此段原文中译取自倪梁康的译文。（胡塞尔：《逻辑研究》第 2 卷，第 2 部分，倪梁康译，北京：商务印书馆，2017 年，第 1148 页。）此译书是依据原文第 2 版的翻译，西田的引文取自第 1 版。
④ intentionales Erlebnis，西田译为"有意义体验"。

本身发展的直接经验,亦必须是费希特所谓意义即事实、事实即意义的本原行动。[①]看见是颜色或形状的自然发展。在纯粹视觉里,如之前我说过的,直线是直线和曲线的交错,蓝色要求黄色,紫色要求绿色。无论是看(見る)或听(聞く),若这些是作为这种意识内容本身发展的本原行动的话,胡塞尔所谓活动的性质不能是这种意识发展的面向,亦即创造性某物的性质吗?胡塞尔在知觉或思维等活动之间所看到的性质之差异,亦可说是创造性的、先天的所与之差异。而吾人的直接经验,若如柏格森所说的,是创造性进化的话,那么处于创造性发展的面向便是处于直接经验的状态,这和纳托普认为活动就是将部分内容结合到全体统一的方式(die bestimmte Art der Einfügung der in abstracto isolierbaren Inhaltsmomente in die jedesmalige Inhaltseinheit)[②]的主张是一致的。从波尔查诺到胡塞尔一直都在内容和对象之间主张绝对的区分,但我和纳托普等人一样都认为这种区分只是相对性的而已。

严格区分内容和对象的人会举出如下的例子,比如等边三角形和等角三角形虽是不同的意识内容,但在对象里却是同一,或者将圆形这个对象作为不变曲率的线或作为 $(x-a)^2+(y-b)^2=r^2$ 的线来表现(塔多斯基)。[③]然而,在这些例子当中,超越意识的对象,总而言之,不就是意味着意识内容本身的内部统一吗?针对对象提出内容,不就单纯意味着一个对象的各种限定方式吗?内容和对象的差异,单纯只是统一的相对性差异而已。比如,等边三角形或等角三角形的意识内容,不就是针对其统一对象的内容吗?进一步,从特殊的意识内容来看的话,这些东西则可以相反地视为其对象。在各种位置所看到的容器之意识内容,若从每个瞬间当中的意识内容来看的话,进一步来说亦可以是对象。利普斯(Theodor Lipps)等人主张应该彻底区分

---

① 西田在此又企图将费希特的本原行动联系到胡塞尔的意向性概念以及他自身主张的"意义和事实"的相即关系上。

② "一种将抽象地可分离的内容要素植入每个内容统一体的特定方式。"

③ 塔多斯基:《表象的内容和对象》,第32页。

内容和对象,并认为注意活动(详细来说即"向着原先只是我的内容并应该成为我的对象的东西的内在转向"[innere Zuwendung zu dem, was erst nur mein Inhalt ist und für mich Gegenstand werden soll])和思维活动(亦即"对象与我的对峙"[das mir Gegenübertreten des Gegenstandes])① 是不同的,后者只是作为前者的结果而产生的,就好像"线的终点"(Endpunkt der Linie)或"西洋小刀跃入刀鞘"(Einschnappen der Klinge des Taschenmessers)② 那样的东西,在前者虽有程度的差异,但在后者却没有这种差异,某物不是被思考就是没有被思考(Th. Lipps, *Bewusstsein und Gegenstände*. S. 23ff.)③。利普斯所说的区分究竟意味着什么呢?

我想借用我在第十六节讲述过的柯亨等人的连续原理,来思考上面的想法。根据马堡学派的说法,吾人的意识是发展的,主客观的区分如纳托普所言,只是相对性的区分而已。针对一个问题的答案针对该问题的确是答案,但是这个答案却变成了问题。比如,假设某个问题在某个假设上被说明,此假设必须从更深一层的东西来说明。如此思维才能无限地往其基础前进,这是柯亨的所谓连续原理④。而纯粹逻辑上的连续就是从某个立场来统一各种概念,从解析几何学的例子来说,圆、椭圆、双曲线、抛物线等,每个都是不同的概念,但全都是作为圆锥曲线从同一的根本原理以无限大或无限小的极限来进行统一。如果我们的意识是通过这种连续原理而成立的话,那么所谓的活动就是在维持以非存在(μὴ ὄν)为背景的统一的某一范围意识的立足点。这些立场不就是能通过连续原理而得以从更深层的根本原理来进行统一的吗?所谓活动的性质,可说是从这种大立场所看到的小立场之性质。进一步在非存在(μὴ ὄν)的背景进行反省时所看到的东西,可以说是活动的性质。圆或椭圆如在几何学所说的,是具有无限性质的一种发

---

① 利普斯:《意识与对象》(*Bewusstsein und Gegenstände*),1907 年,第 23—24 页。
② "折叠小刀的刀刃入鞘。"
③ 利普斯:《意识与对象》,第 23 页以后。
④ 柯亨:《纯粹认识的逻辑学》,第 90—91 页。

展性统一,就好像是看或听那样的一种活动。更进一步从圆锥曲线的根本原理看作是极大或极小的这些东西的性质,可以说它们各自的活动性质。我认为看或听亦是以某种立场限定吾人直接经验的一种区域(日语:領域),亦即胡塞尔所谓的一个"区域"(Region)<sup>①</sup>而已。当某一范围的意识离开具体经验的背景时,因其部分的缘故,该内容被认为是主观的。然而,若进一步在非存在(μὴ ὄν)的背景当中被奠基时,这个经验反而变成是客观的。详细来说,当某个立场作为问题进一步从其根源被证明时,之前说过的、孤立的主观性东西则会客观地从整体之上被奠基,也就是说,当它作为问题被思考时,会变成主观的东西,而此主观的东西被奠基时,则会变成客观的。所谓活动就是某个意识的领域和全体的具体经验之间的连结,意识内容即使被认为是主观的,活动亦始终被人认为是客观的,就是因为这个原因。当颜色或声音等所谓次要性质的东西作为意识内容存于活动之中时,亦即当它们被认为是活动本身的成分时,它们便是实在的,之所以如此,是这些东西是在整体上的原状态当中被看到的缘故。波尔查诺等人认为表象自体或命题自体正因为超越活动的缘故才是客观的,而表象自体或命题自体因其是非实的却反而可以被认为是主观的。"在意识中被对象化的东西"(das im Geiste objicirte)真正地被认为是客观的,是在它作为统一作用开始活动之时,亦即作为作用的情况、将作用包含在其中之时。或许各种圆锥曲线亦在各自的领域中对于圆锥曲线的普遍具体者是主观的,但当这些曲线通过连续原理被统一在普遍具体者之上的时候,各种领域则会被奠基在普遍具体者之上而变成是客观的。据说等边三角形和等角三角形虽然是不同的意识内容,但在对象上却是同一的,然而说等边三角形和等角三角形是同一的,可以说是被包含在这些意义当中的必然之要求,所谓不同的内容,可以说是同一对象的必然限定。

---

① 胡塞尔:《观念》第1卷,第1编,第1章,第9—10节,《胡塞尔全集》第3卷,第19—23页。

# 三、经验体系的连结

## （二十六）

我通过马堡学派的哲学家在解析几何学中从圆锥曲线的根本公式将各种圆锥曲线看作是极大或极小来进行统一的例子，来说明连续原理的进程，换句话说，即结合思维体验中的部分和全体的过程。以下，我将就此点再进行一些探讨。此想法就是通过极限概念（Grenzbegriff）来思考各种先天的统一，据此，我想应该可以进一步阐明我在前面所论述过的想法。

微积分的问题最远可追溯到阿基米德，开普勒以阿基米德的想法为基础，在《求酒桶体积之新法》（*Stereometria doliorum*）中主张圆是从将其中心作为顶点、将圆周作为底边的无限小之三角形而成立的。然而在今日看来，这种想法显然是比较粗糙的。据说，要到法国人费马（Pierre de Fermat）发现"极大和极小的方法"（Methode der Maxima und Minima）以及"切线的方法"（Tangentenmethode），微积分的基础才被奠定下来（根据科沃洛斯基［Gerhard Kowalewski］）。[1]圆和多角形原本是不同的概念。无论如何将边长缩小、或将边数增多，多角形仍旧是多角形。多角形唯有在其极限（Grenze）当中才能和圆相合。如一般微积分所说，将某条线用 $y=f(x)$ 来表

---

[1]　科沃洛斯基：《微积分学入门》（*Einführung in die Infinitesimalrechnung*），1908 年。

示的话，此线的方向则可用均差（Differenzenquotient）

$$\frac{\Delta y}{\Delta x} = \frac{f(x+h)-f(x)}{h}$$

来表示。此线若是直线的话，此数便成为此线在和 $x$ 轴之间所形成的角的正切，此线若是曲线的话，此数就会成为其正割。然而，若只是如此的话，还不能算是真正的曲线。当这个均差具有一个极限价值（Grenzwert）的时候，也就是在 $f(x)$ 在 $x$ 中具有导数（Ableitung；日语：誘導）的时候，此导数正好会表示出曲线的方向。

多角形和圆如点和线那样，原本是不同的概念，彼此站在不同的立场，亦即通过彼此不同的先天所形成的概念。即使从吾人的直觉上来看，这两个形状是彼此不同的直觉。或许在吾人的自觉里，严格意义上的连续直线或圆是不存在的，但若是如此，也不会有严格意义上的点或多角形。真正存于吾人自觉当中的直线，如马克斯·拉斐尔主张直线和曲线的交错那样[1]，是包含各种可能性的某物。我们总是会从某个立场将它作为圆或线来看。所谓直觉必须是混合概念要素的东西。然而多角形在其极限能够转移到圆。点的集合（Punktmenge）通过和其导数集合（abgeleitete Menge），亦即其极限点的集合（Menge der Grenzpunkte）产生一致而成为一个连续。这种从一个立场到另一个立场的转移、结合先天和先天的极限概念究竟是什么呢？在近代数学里阐明连续的概念、给予解析学（Analysis）基础的，首先我们可以举出戴德金和康托尔的研究。吾人若想要思考连续，就必须要有以直觉方式被给予的全体，也就是说全体的直觉必须是基础，全体并非部分的总和，部分反而是限定全体的东西。柯亨将连续视为从全体到部分的性质统一、内含的大小[2]，亦是依此而来。然而，从严格的意义来看，所谓连续并非以前解析专家所想的那样，只是单纯地将线的最短部分进行无线切割，无

---

[1] 拉斐尔：《从莫奈到毕加索》，第 33 页。
[2] 柯亨：《纯粹认识的逻辑学》，第 90—92 页。

限的小和零并非同一,所谓极限点(Grenzpunkt)就是无法通过分割来达到的点。(根据比卡这句话:"一个点A,在其附近,无论毗邻的区域多么小,总有一个给定集合中的点不与A重合。"[ein Punkt A, in dessen Nachbarkeit, sei der Bereich der Nachbarschaft auch noch so klein, es immer einen Punkt der gegebenen Menge gibt, der nicht mit A zusammenfällt.])[①] 点的集合在其极限中转变成连续的直线,多角形在其极限中转变成圆形必须要有新的直觉,在极限的思考根柢里,必须有新立场的直觉。而这个新的立场并非和前一个立场没有关系,它是完全包含前一立场在其内的立场。所谓极限的想法就是在某个立场的极限处必会被要求一个新的、更高层次的立场,前者被后者所包含。极限点就是始终无法到达的点,导数(Ableitung)就是高层次立场的集合。这里必须要有利普斯的跃入(Einschnappen)或柏格森的冲动(élan)。当然,我们也可以说点的集合或多角形在其自身立场之中就是一个完整的体系,并不需要再去追求其以上的立场,然而吾人的具体体验并无法在抽象体系的立场之中得到满足,潜伏在抽象思维背后的具体经验,亦即吾人的生命本身必会更进一步地要求更具体的立场。如此一来,吾人的思维必会以一种具体的方式无限地前进。数学家在说明实在时发现了解析学,就是依此而来。这个转变恰好和我曾经在从逻辑到数理的转移中所论述的动机是一样的。此外,从一方面来思考的话,顺序点的集合(geordnete Punktmenge)和康托尔所谓的完全集合(perfekte Menge)立足在秩序(Ordnung)这个同一概念的基础上,我们可以说后者是前者的目的,也可以说前者是给予秩序的活动(ordnende Tätigkeit)的未完成状态,后者是其完成状态。即使在多角形和圆形之间,亦可以有同样的想法。单纯的点的集合和顺序或许是不同的概念,但在顺序点的集合这个具体的体验当中,其要

---

① 比卡:《当今的数学和自然科学知识》(*Das Wissen der Gegenwart in Mathematik und Naturwissenschaft*),1913 年。德语译本的引用是根据原典 *La science moderne et son état actuel*,1906 年。

素并非单纯的要素,它是具有意义的。该要素和结合的法则是具体的顺序作用的两面,在完全的集合里,该全体便能达到黑格尔所谓自在且自为(an und für sich;日语:即自且对自)的状态。柏格森认为,即使重叠几张巴黎的照片也无法知道巴黎本身,从断续的位置之结合并无法重组运动本身。[①] 我认为,我们可以通过极限概念来理解这个转变,亦即思考思维和直观、抽象和具体之间的联系。

我在第十九节已经说过,连续必须是事即行的创造性体系,也就是说它必须是在其自身之中包含有发展动机并反省自我即是自我存在、自我发展这种自觉体系。在数学里是真正的连续方能具有极限。所谓极限点如上所述,是吾人无法达到的点,无理数也就是切断(Schnitt)[②] 表示出吾人始终无法到达的理想点(ideale Punkte),它是一种要求(Forderung)。与之相反,有理数所表示的离散点(diskrete Punkte;日语:分离点)是吾人通过分割才有可能达到的所谓实在点(reale Punkte),而将极限点包含在其自身之中的连续,事实上是理想 + 实在(Ideal+Real),亦即具体者(das Konkrete)。吾人的自我是通过反省也不可能达到的极限点。与之相反,每个反省活动无论在反省之上如何反省,都只是对我们而言的实在性活动的连续,亦即有理数。而反省活动即自我的自觉,亦即费希特所谓本原行动,就是理想 + 实在。若是如此思考,我们就可以认为数学上的极限之想法,也只不过是反省就是自己,同时通过反省也无法达到的自觉的一种特殊情况而已。吾人的自我既是能无限地反省它,却又是无法达到它的极限点。形成一个连续的极限点是吾人无法达到的点,但此点并非单纯的点,而是如柯亨所说的那种包含有方向的点,不,就是因为包含方向、是自动的缘故才可以说是连续的极限点。柯亨会说曲线的点是创生点(der erzeugende Punkt),便是由此而来。而吾人的自我亦在和此相同的意义上可称得上是创生点。所谓活动并

---

① 柏格森:《创造的进化》,《柏格森著作集》,第 752—755 页。
② 在数学上,Schnitt 也有相交的意思,但西田采切断意思,与连续相对。

非是说在时间上甲现象先于乙现象，而是在说内面必然的发展真正地在活动。如果斯宾诺莎所说的那种本体"是在其自身存在、在其自身被理解的东西"（id quod in se est et per se concipitur）[①] 的话，那么如我以前说过的那样，连续性的东西亦即具有极限的东西是在其自身之中含有活动的东西，在极限之中事与行合一。

若能如上进行思考的话，那么从圆锥曲线的根本公式将各种圆锥曲线视为极大或极小来进行统一，便是进一步从包含性的内部发展活动将线或圆各自独立的内部发展活动统一起来的意思。而各种极限的意义则变成了所谓活动的性质（Aktqualität）。比如在 $ax^2+2hxy+by^2+2gx+2fy+c=0$ 这个普遍的一元二次方程式里，$h=0$，$a=b$ 就是圆的立场。此特征的理解则变成圆这个体验的性质。就如同多角形无论它有多少边都无法变成圆形，点的集合无论有多密（dicht）都无法变成线，今日的数学并无法像柯亨等人所想的那样——各种圆锥曲线都能单纯地相互移动[②]，我们必须要有在其各自的根柢里有无法达到的直观存在这种想法。然而，所谓圆锥曲线可以全部放在二次方程式的曲线这种具体的全体当中来思考，就像有理数表现出来的点被包含在连续直线当中那样。如前所述，这些各自所具有的意向意义（intendierender Sinn；日语：指示的意味）则会变成各自活动的性质。比如圆、椭圆及抛物线能通过其焦点的距离的无限小或无限大来进行区分，然而若排除焦点距离的想法的话，就可以看到前面的三条曲线的性质是一样的。这些曲线各自的自觉创生点能够通过焦点的连续连结到一个统一，每个曲线的特征可以说是一个连续性体系的极限，也就是说这些都可以是某一个全体的限定。若将此和吾人的自觉事实相比较的话，吾人的一生通过全体不仅是一个自觉，更时时刻刻都是一个独立的自觉，吾人的自我是自我的统一。姑且不论每个圆锥曲线所无法达到的各自独立的极限，针对由圆锥曲

---

① "存在于自身并通过自身而被理解的东西。"斯宾诺莎：《伦理学》第 1 部，定义 3。
② 柯亨：《纯粹认识的逻辑学》，第 129—130 页。

线的公式所带来的统一，难道我们无法像前面那样来进行思考吗？吾人的经验在其最直接、具体的全体当中亦是自觉的体系，每个部分都是自觉的。用柯亨的话来说，每个都是创生点，都是体系的体系。我们可以将意向体验（intentionales Erlebnis）之活动性质视为这种自觉体系中的自觉体系之性质。

# （二十七）

在上一节我已试图通过极限概念思考各种先天的统一。就如同多角形和圆形原本是不同的概念，但圆形却被认为是多角形的极限，圆、椭圆以及抛物线每个都是不同的概念，但因为圆锥曲线的焦点距离的极大或极小而得以相互移动那样，我在想，吾人经验的各种先天是否能依和数学家所谓极限一样的想法，彼此相互移动、结合呢？然而，针对前面的想法，或许会有这样的反对声音出现：作为知觉对象的圆或线和作为思维对象的圆或线是完全不同的二物，亦即吾人所直觉的圆或线和数学中的圆或线是完全不同的二物。因此，我们也可以说概念上的种种曲线即使能通过极限概念而得以统一，却无法通过此概念达到直觉中的先天统一。

吾人所直觉的圆或线和数学中的圆或线是完全不同的二物，这个说法成立的理由有两个。第一个如前节所述，在吾人的直觉里不存在数学家所说的那种完全连续的线或圆。首先不会有没有任何幅度的线，看起来无论多么地具有连续性，若用极度精密的显微镜来看也无法避免非连续。此外，无论多么正确使用圆规也无法真正地画出和中心同等距离的圆形。第二个如胡塞尔等人所主张，吾人虽在观看、思考一个三角形，但表象上的三角形和思想上的三角形却是不同的，即使在质料上是同一但在作用上却是不同的，因此可以说是完全不同的精神现象。夏普主张形状、运动或物体大多可以被直觉为颜色或声音，但却又主张"看到后的思考"（sehend meinen）和"判断后的思考"（urteilend meinen）是不同的。他如此说道：举例来说，假设一开始看作是陶器碎片的东西事实上是猪的皮脂，一开始看成是陶器碎片时就是那样看到、那样思考的，之后看成是猪的皮脂时就是那样看到、那样思考的。然而一开始的情况就是很单纯的"看到后的思考"，后者的情况则是"判断后的思考"。在前者的情况，吾人只是单纯地和对象有关系，亦即处在陶器碎片和对象是一个的状态，在后者的情况，吾人就是在认识并判断它（Schapp, op. cit. S. 131.）。[1]

首先让我们先来检讨第一个想法。如夏普所说，确实在吾人的所谓直觉里，既不存在严格意义上连续的线或圆，更不会有没有幅度的线这类的东西。然而，反过来思考的话，会有严格意义上的非连续物吗？我想应该也不会有这种东西存在。吾人在乍看之下认为是连续的东西，若仔细去看的话，或许是非连续的，但该片断无论有多小，毕竟还是具有某种广延的连续。总而言之，直觉既不是非连续亦不全然是连续，如前所述，它是两者的交错（Durchdringung）。或许会有人认为如线的连续或不连续这种几何学的性质已经是概念上的范畴，真正的直觉只不过是像颜色或声音那样的东西。然而吾人的具体直觉原本就是具有颜色和声音的东西，单纯的颜色或声音并非直觉的对象，反而是思维的对象。

接下来让我们来思考一下第二个议论。观看和思考是不同的精神活动，虽说是吾人在思考所见之物，但并不能就因此认为其内容是同一的。比如，我们可以说吾人"所见的直线性"和"所思考的直线性"是不同的。但反过来思考的话，被认为是所谓具有同一对象的表象、思维、想象等之间，必会在某种意义上有一个结合。那么，这些东西在哪一点上是相同的，在哪一点上又是不同的呢？布伦塔诺认为表象是所有精神现象的基础，并主张吾人总是思考、追求着表象物。若是如此，表象则变成了种种精神活动的结合点。然而，胡塞尔反对这种说法，认为所有的精神活动都会分成质料和性质，不

---

[1]　夏普：《知觉现象学论文集》，第131页。

仅是表象活动包含这两个面向，连思维活动亦是如此。表象并非如布伦塔诺所说的那样，会成为思维的质料，而是会将表象的思维和质料等同起来。[①] 关于此点，胡塞尔的想法比布伦塔诺更正确。若按照胡塞尔所说的那样来思考的话，结合种种精神活动的东西则变成是同一的质料，也就是说，种种的活动以同一质料为中心结合在一起。那么，这个质料究竟是什么呢？质料的同一又意味什么呢？所谓质料的同一就是意义的同一，也就是和同一的对象有关。永恒不变的本质（Wesen）就是其基础。关于同一对象的思维内容和知觉内容之所以会不同，是来自将活动的性质视为独立存在的想法。一方面，我们可以认为所有具体体验，即胡塞尔所谓活动具有质料和性质这两个面向，两种活动在性质方面虽然不同，但在质料方面却是同一的。另一方面，我们亦可以认为在吾人的直接、具体经验里，本质若是实在的，活动若是由本质成立的话，那么这两个活动就会以一种实在的方式具有同一的要素。当然，胡塞尔等人始终都在区分超越的和内在的，但在具体经验里绝对没有超越也没有内在的，这种区分只不过是动态体验的左和右的区分而已。胡塞尔虽主张"物"无限地映照影子，物的知识是不完全的，[②] 但即使是心的知识也绝对不能说是完全的。发展经验的核心成为胡塞尔所谓同一的质料（die identische Materie）。

　　一般认为，吾人所看到的连续的线和数学上连续的线是完全不同的，此外还包括太阳的表象不会发亮等。然而，若要思考数学上的连续，如上所说，必须要有被给予的全体直觉。此外，吾人在视觉上就是在经验一种连续，实际上是在观看广延，绝对不会有非连续的经验。即使是运动，如柏格森所言，吾人能通过将手从甲点移动到乙点，从内部直觉到它。[③] 若能去除受时空间限定的个人经验这种独断，单纯从现象学的立场来看这种连续或

---

① 胡塞尔：《逻辑研究》第 2 卷，第 5 编，第 3 章，第 23 节，第 427—430 页。
② 胡塞尔：《逻辑研究》第 2 卷，第 5 编，第 3 章，第 22—23 节，第 427—429 页。
③ 柏格森：《物质与记忆》，《柏格森著作集》，第 324—326 页。

运动的话，这些难道都和在数学上被思考的那些概念没有任何关系吗？构成吾人知觉这一事实的连续本质，难道和成为数学思维对象的连续本质不是同一的东西吗？如果说在思维的对象和知觉的对象之间没有任何交涉的话，那么吾人的经验为何要依据思维的法则？知觉的预知究竟是如何可能的呢？我在此不得不像康德学徒所思考的那样，承认吾人的知觉反而是由思维构成的。当然，感官的证明和思维的证明并不是同一，数学家虽然会利用直觉的图形来思考几何学的问题，但绝不会将直觉作为证明的根据。将等边三角形的顶点进行等分的线，对其底线进行等分，这并不是用尺去测量的，而必须以几何学方式来证明。然而，用尺比较两条线、决定这两条线等同或不等同已经不是纯然依据直觉，而是认为在线自身之中包含了意义。当然，我们还可进一步像解析几何学那样，脱离所谓直觉，思考几何学的性质。当连续的直线被认为是实数①的系列时，我们也可以说所谓直觉的直线只不过是符号而已。然而，成为数的顺序之基础的顺序本质和阿基米德原理适用的线之顺序本质之间，难道没有任何关系吗？当我们以极度抽象的方式思考数的顺序、比较其大小的时候，在其根柢必须有一个直觉。数的连续唯有依据这个才能得以被思考。当我们用尺以直觉的方式比较长度时，姑且不论严格或不严格的说法，我认为这里还是有一个同一的根本概念在起作用。数学家会认为吾人的直觉的直线必须符合阿基米德原理，才能得以用数学的立场来被讨论。然而，不符合阿基米德原理的线，究竟是什么东西呢？这难道就像一般心理学家所说的那样，是其自身没有广延性的筋肉感觉之集合吗？我认为这种东西就像前面所说的，并不是实在的东西，而是心理学家所构建出来的概念。心理学家认为心理的感觉强度和物理刺激的强度是完全不同的二物。然而，若深入地去探讨的话，当我们在强度关系里去思考感觉的时候，其根本概念和作为物理现象之基础的根本概念早

———————————

① 指有理数和无理数的总称。

就是相同的不是吗？物理现象若离开感官经验的话，同样什么也不是。我认为直觉的广延和数学的广延之差异，总之就是纯粹和不纯粹或严格和不严格的差异。比如，即使是无限，如费德勒所说的那样，在概念世界的无限和在纯视觉的艺术界中的无限，原本就是不同的东西。然而，若进一步深入思考的话，在两种无限的根柢里，或许会有一个在自己之中映照自己的创造性体系的自我同一这种共通性存在吧！或许有人会说这种共通性只不过是类似而已，但我认为在同等（Gleichheit）的基底里，反而必须要有一个同一（Identität）。太阳的表象不会发亮，说的是太阳的表象若不发亮的话，太阳的知觉亦不会发亮，发亮的是太阳本身。与之相反，太阳的表象亦非无内容的单纯表象，而是太阳的表象，它在自身内容之中和知觉的内容是同一。夏普连"看到后的思考"和"判断后的思考"都进行了区分，然而这不就是针对一个本质的脉络（context）之不同吗？

# （二十八）

我在上一节针对区分思维的对象和直觉的对象，亦即被思考的东西和被看到的东西之讨论，提出从本质来看的话两者必须是同一的想法。接着我想要通过极限概念思考各种先天的转移，在这之前，我想先思考一下思维和直觉的结合。

以前的人都认为复数（complex number）无法和直觉进行结合。对这个数的理论有很大贡献的柯西（Augustin Louis Cauchy）亦如此认为。然而，自从高斯（Johann Carl Friedrich Gauß）阐明了能通过平面来表现它之后，复数才被赋予了直觉的可能性。从纯粹数学的立场来说，或许大多数人会认为这单纯只是应用而已。然而，从认识论的立场来看，它在知识的性质上具有什么意义呢？被汉克尔（Hermann Hankel）放到数的体系当中的复数，若只停留在数的立场的话，那么它和在高斯以后被结合在空间的直觉之间有什么不同呢？在后者，究竟是什么东西被加入在前者呢？用柯亨的话来说，在思维（Denken）和意识（Bewusstsein）之间，究竟有何种关系呢？当然，这种结合并不是在复数和平面的结合里才开始的，自笛卡尔开始解析几何学之后，就已经以此结合为基础了。

　　柯亨在其论文《纯粹知识的逻辑》中论及"总体判断"（Das Urteil der Allheit：全称判断）时，将"总体"（Allheit）思考为"多的统一"（Einheit der Mehrheit），将空间视为其范畴。[①]在空间里，吾人能看见有限和无限的统一、内和外的统一、流动物的静止。总而言之，形成吾人经验根柢的空间便是这种思维的范畴。我认为柯亨以时空间作为"方法"（Methode）是一个极有深度的想法。或许有人会认为吾人所看到的空间并非是这种思维的对象，然而通过"我看到"（我が见る），以思维方式被构成的空间或许不是这种东西，但具体的空间必须在其自身是动态的有限无限之统一。胡塞尔亦认为在吾人具体知觉的本质里含有无限转移到多样知觉（bestimmt geordnete continuierliche Wahrnehmungsmannigfaltigkeiten）[②]的可能性（*Ideen.* § 42.）。如我在第六节所言，如果空间的同质性是以自觉相为基础的话，眼前所看到的具体直线，事实上就必须是直觉的东西。吾人并不是在看直线性（Geradheit），而是在看"真正的直的东西"（das Gerade）。不，观看（见る）正意味着这种意识内容的发展。反过来看数学的连续时，在其根柢里也必须要有这种"全体"的直觉。要有"全体"的直觉，数学的连续才能成立。

　　那么，纯粹思维对象的数学连续通过和直觉空间结合，会得出什么东西呢？一般认为，从纯数学的立场来说，前者在其自身是完整的，它不因后者而被添加任何东西。像高斯那样通过空间的直觉来谈论复数，已经不符合

---

①　柯亨：《纯粹认识的逻辑学》，第186—188页。

②　李幼蒸的翻译是"在确定秩序化中的连续知觉复多体"（《纯粹现象学通论：纯粹现象学和现象学哲学的观念（第1卷）》，北京：中国人民大学出版社，2013年，第76页），直译是"具有特定秩序的连续的知觉杂多性"。胡塞尔：《观念》第1卷，第2编，第2章，第42节，《胡塞尔全集》第3卷，第78页。

今日的数学要求。当然,若说和直觉结合意味着和作为心理学分析之产物的感觉性质结合的话,思维通过和直觉结合亦无法得到任何东西。如果说思维通过和直觉结合能获得什么的话,那么又是在何种意义之上的呢?

在直觉的线被置放在和实数系列的一一对应之中或复数和平面的直觉相结合等情况下,和直觉的结合就是在数本身的体系里不添加任何东西,相反地,吾人的直觉如"知觉的预知"原理所说的那样,是通过思想才能成立的。在此情况下,直觉的根柢和数的体系的根柢是同一的。数学的连续只不过是所谓直觉的直线被纯化的东西。此外,在数学里,种种的公式进一步从普遍公式被统一或种种的物理学法则通过一个根本法则被统一,这意味着一直被认为是每个独立的东西被包摄在某个普遍存在当中。即使在这种情况下,被包含在每个东西之中的意义,换言之,在构成每个思想的根基性先天的性质当中并没有任何的变化,唯一有的是其进步、完成。和此情况不同,在算术和解析的关系下,今日的数学认为两者是立足于彼此不同根柢上的东西。解析被认为必须要有连续的公理,当然两者都是数的体系,在实数的体系当中包含了有理数和无理数,然而两者的体系是不同的东西,一个是离散点(diskrete Punkte)的集合,一个是切断(Schnitt)的集合。假设有理数被包含在实数的体系当中,即使是如此,它并不是作为算数全体的要素,而是作为解析全体的要素,也就是说它具有完全不同的意义。新实在论者会说部分是由全体独立出来的,然而即使是 1, 2, 3……,从算数立场和从解析立场来思考亦是不同的。而在某种意义上,若没有全体的话,任何东西都无法被思考。即使两个东西立足于不同的先天之上,如果我们可以说其一方作为部分被统一在另一方,那么这究竟是在何种意义上成立的呢?当然,即使两者立足于不同立场之上,两者的先天仍同样具有量(Grösse)这个同一基础的东西,后者可以说是前者的完成。我们亦可以视连续为数的系列的完成(当今的数学家或许不会承认这种说法,我这里说的是认识论意义上的)。连续的公理对于量来说,并非是从外部偶然地被给予的东西,我们可以视它是从其中被要求的东西,亦可以认为它是由于量这个概念本身的要求所产生的,也就是说潜在的东西变成显现的东西。然而,如果按今日数学家所想的那样,将两者视为立足于不同基础上的东西来思考两者关系的话,我认为只能依据知识体系的性质来思考它。知识的目的属于客观这一方,因此,如果认为主客观的合一( adaequatio rei et intellectus )①是其理想的话,那么单单只是形式、抽象的知识其本身是不完全的。与之相反,具体、客观的知识其本身可说是完全的。若从此立场来看的话,连续的全体和非连续的全体相比更加有具体性。以前我曾说过,在其自身是连续的自觉体系表示的是实在本身,非连续的东西是依他的、主观的。主客观于后者是分离的,于前者是合一的,也就是说前者是将分裂包含在其自身之中的统一。在同样的意义上,吾人是否能思考一下思维的对象和直觉的对象的结合,亦即纯数学的连续和直觉的线的结合呢?

# (二十九)

算术和解析的关系,如前面所述,数的体系通过采纳有理数和无理数方能表现连续,并能以数学的方式来处理实在。算术和解析从纯数学的立场来看,即使是彼此不同的东西,若从认识论来看的话,后者可以说更加具体。若进一步回到这些东西成立的根本来进行深入思考的话,在数的成立根柢里则会有李凯尔特所谓的同质媒介者,而在这个同质媒介者的根柢里若有反省自身的自觉同一的话,那么我们就能说具体表现自觉本身的实数体系,是比单纯的有理数体系更具完整性的数之体系。后者是自觉体系的消极、抽象表现,前者是其积极、具体表现。若进一步深入思考的话,数与其说是在表现实在,倒不如说实在是数。而有理数的实在可以说是实数的实在之

---

① "物与理智的符合。"

抽象面。像这种在有理数和实数的纯思想间的关系下所进行的思考，我们难道不能拿来运用在思维和所谓直觉的结合上吗？

关于思维和经验的关系有各种不同的想法，一般认为前者是抽象的，后者是具体的，前者通过和后者的结合成为客观的真理。康德认为纯粹悟性概念若只是和先验直观结合的话，不能像数学知识那样称的上知识，纯粹悟性概念唯有通过和经验的直观（empirische Anschauung）结合，才能成为经验，亦即客观知识。那么，这种思维和经验的结合，究竟对思维本身加入了什么东西呢？在这种情况中，通常是感觉内容本身对思维加入具体性。然而，感觉内容本身不可能给予思维任何客观性。单纯的感觉内容，如同波尔查诺所谓的表象自体，无法在客观知识体系中要求任何权利，如柯亨所言，它必须符合内含量的原理，方能在知识体系中要求客观性。[①] 然而，若是如此思考的话，我们将再次陷入疑问的深渊之中。给知识客观性的是思维，而脱离感觉内容的单纯思维是主观的。康德所谓没有直觉的思维[②] 必然是空虚的。这个矛盾究竟要如何解决呢？解决此矛盾的途径只有一个，亦即黑格尔所说的思维即存在、存在即思维（Denken＝Sein, Sein＝Denken）[③]。马堡学派在这点上亦持同样立场。但我想从和这些人不同的出发点来进行检讨。我不想像理性主义那样从思维出发，我想从被给予的经验出发。柯亨主张被给予物是由思维所要求的东西[④]，然而与其说它是依思维本身所产生，倒不如说是因为思维即经验的缘故才会有这种要求产生。此要求不是单纯地从存在（ὄν）产生的，而是从存在＋非存在（ὄν＋μὴ ὄν: 有＋非有）的全体产生的。[⑤]

① 柯亨：《纯粹认识的逻辑学》，第 294—296 页。
② 康德：《纯粹理性批判》（第 1 版），第 51 页、第 2 版，第 75 页。
③ 黑格尔：《哲学全书》，第 86 节补遗 2，《黑格尔全集》第 8 卷，第 184—186 页。西田译为"思维即有、有即思维"。
④ 柯亨：《纯粹认识的逻辑学》，第 92 页。
⑤ 相对于巴门尼德"思维即存在"及其以后（亚里士多德、黑格尔等）所发展出来的、理性立场下的哲学，西田提出"思维即经验"。这恰好是要颠覆"存在由思维产生"的立场。西田把经验放在比思维更高的位置，又以超越思维、经验的一种全体（自觉）立场，来谈论这两者的一体两面关系。

如果说它是单纯地从理性产生的话，那么以相同的权利我们也可以说它是从非理性产生的。真正要求的东西并非理性也不是非理性，而必须是理性即非理性、存在即非存在、经验即思维的纯粹活动。在这种意义上，在吾人的背后始终有一个全体。如雅各布·波墨（Jakob Böhme）所言，吾人所立之处、所往之处必有神在。如之前我论述数学和逻辑之间关系时所说的，逻辑并非要求数理，但在让逻辑成立的背后必有让数理得以成立的东西潜伏着。若能阐明让人思考"甲是甲"这个自我同一的根柢的话，那么它就必须是作为数理基础的同质媒介者。逻辑就是在这种意义下要求数理的。正确来说，逻辑加上数理的全体是如此要求它的，也就是说，作为知识本身性质的客观性在要求它。在价值之中有存在，在存在之中有价值，两者的统一是客观性，两者彼此相互要求。或许有人会说这种要求只不过是像感觉或感情那样的东西。然而在今日心理学所说的感觉或感情这些语言都不太适合形容它。感觉只是被思考出来的知识内容，感情只是被抽象化的苦乐的意识内容。这里所说的要求是哲学的东西、具体的东西。心理学家所说的感觉或感情只是将它的其中一面抽象化而已。此外，这个要求不能被视同为普通的意志，反而应该被认为是所谓意志的根柢。

　　数理要求的是应被思考为作为对逻辑的被给予物。逻辑若要成为客观的，就必须采纳数理。这个要求产生自逻辑加数理的全体。数的基础并非如经验论者所说的，是通过经验由外部被给予的东西。这种讨论混杂了事实的问题和价值的问题。当然，抽象逻辑并不要求数理，但被思考物必须假定思考作用。康德所谓的对象必须假定综合作用。成为逻辑背景的具体者要求逻辑本身的反省。借胡塞尔的话来说，就是要求去除（Ausschaltung）逻辑的立场（Einstellung）。① 这就是柯亨所说的要求。如果逻辑学假定数学的话，那或许是错误的，但作为实在的知识，前者要求后者。如果说知识的

---

① 　胡塞尔：《观念》第 1 卷，第 2 编，第 4 章，第 59 节，《胡塞尔全集》第 3 卷，第 111—113 页。

性质和实在无关的话就姑且不论,若不是如此的话,知识的性质必会要求它(实在)。在此意义上,数理是逻辑的极限。当然,这个实在并非超越性实在的意思。知识是实在的知识,这是指康德学派意义下的知识即是客观的,用更恰当的方式来说,便是自觉的体系。上述的要求总是以一种感觉或感情的形式跟随在吾人背后,也就是说,吾人背后总是有一种无意识在如影随形。然而,若是从心理层面来说明它是感觉、感情或无意识的话,那就犯了很大的错误。因为它是先验的感觉、感情或无意识,不,应该说是具体的感觉、感情或无意识更恰当。总之,它是一种宗教感情,正确来说,是无法用感情或感觉来加以命名的东西。这里有我们说的知识和实在的接触点,有柏格森所谓生命冲动的先端。吾人的知识接触实在便是从此点开始的。心理学家将感情分为苦乐两种,在每个知识内容中伴随有各种不同的情感的性质,然而这只是一度将同一内容作为知识来思考或一度将它作为感情来思考而已。这里具体只有唯一的活生生的意识。心理学家或许会将它称为无意识,然而这是具有具体内容的无意识。这种意识并非只思考抽象对象的自然科学心理学所处理的对象。

真正的直接、具体的空间直觉,既不是心理学家所说的眼外肌运动所产生的广延意识那种东西,亦不是数学家所思考的纯粹思维的对象之连续那样的东西,而是上述意义的具体意识,亦即存在+非存在($\delta \nu + \mu \grave{\eta} \ \delta \nu$)。数学家一方面思考实数的连续,一方面思考直觉的线,据说后者是作为符合阿基米德原理的东西以一种数学的方式被对待的。也就是说,在两者之间有各种意的对应。而实数的体系是否被应用在几何学上和数本身并没有任何关系。两者的对应被认为只是一种偶然。然而在我看来,从纯正的数学这样思考或许是理所当然的,但从认识论来看,数理符合直觉是否就是上述的无意义呢?用数学方式思考直觉空间,并非像把地理画在地图上那样的偶然关系。数学的思维对于直觉空间是带有构成意义的。数理被应用于直觉,并不是说被应用于非思维的东西上,如柯亨所言,直觉是被思维要求的东西，① 因此直觉是被思维预知的。事实上，吾人是在线的直觉上观见此要求的。此要求从一方面来看，是思维的要求；从另一方面来看，是经验内容的要求。吾人直接感觉到的直线，便是这种先验的感觉（Transzendentale Empfindung）②。心理学家所思考的那种直线性，和纯粹思维的直线一样，只是其被抽象化的一面而已。吾人观看直线原本就是意识这个先验的感觉，不，应该说此要求是吾人的具体意识。吾人用眼睛看线，通过手的运动感受线等，这些说的只不过是上述意识和视觉内容或触觉内容相结合而已。数学被应用在几何产生像解析几何学这种东西，说的是吾人回到此先验感觉的基础来观看的意思。彼此不同的独立物并非是偶然结合的，而是回归到包容无限的非存在（μὴ ὄν）的具体体系来观看的意思。在此，意识内容的直线性获得了客观的实在性，同时，数学的直线亦获得了一种主观的实在性。前者获得肉体，后者获得精神，亦即出现了具有一个具体生命的东西，空间的知觉便是这种生命冲动。我认为数学与几何结合和数学被应用在工学并非是同一件事。后者的情况完全是为了其他目的而被使用的，但前者的话则是知识目的所要求的，也就是知识的客观性在要求它。如同从算术转移到解析那样，数学转移到了几何。在解析的情况下，是让分离数成立的自觉体系在要求它，但在几何的情况下，并非这种单纯的无内容之自觉体系，而是具有内容且更加具体的自觉体系在要求它。如果知识的目的是客观的，客观的又意味着接近具体经验的话，那么从数学转移到几何，便是知识本身的内面目的在要求它。

若将柯亨所谓"知觉的预知"③ 放到数被应用在几何的情况来思考的话，数学的连续便会预知直觉的线。从思维这一方来说的话，思维的连续可说是在要求直觉的线，被给予的东西可以说是被要求的东西。然而，吾

---

① 柯亨：《纯粹认识的逻辑学》，第 92 页。
② 原文写成 Transszendentale，实际上是错误的，现改成 Transzendentale。
③ 柯亨：《纯粹认识的逻辑学》，第 154—155 页。

人能预知知觉，是因为直觉本身是自觉的体系，是一个连续体的缘故。与其说是知觉被思维预知，倒不如说先验的感觉在发展它自身。抽象思维的体系在其自身并非是独立存在，抽象思维的体系是在具体直接经验的体系上具有意义的东西。直接经验的体系和思维的体系的结合点是"意识状态"（Bewusstheit）。数学的连续接触到具体经验体系的地方，可以说是直线性的意识。这里有吾人的感觉作用，亦有所谓的感觉。若将内容放入费希特的自觉里来进行思考的话，则变成柏格森的内在绵延。知觉的预知并非主观预知客观，而是具体的自觉体系在发展它自身。思维体系结合到经验体系，便是通过柯亨所谓连续原理，回归到其根基。这种回归到其根基的事态，便是大的知识体系的发展。此发展的要求是作为先验感觉而显现的。此发展是真正的时间。柯亨亦如此说道："预知就是时间的特征。"（Die Anticipation ist das Charakteristikum der Zeit.）[1] 吾人的意识就是这种体系的接触点，因此意识现象是时间的。如柯亨所言，意识相当于"可能的样式"（Modalität der Möglichkeit）[2]。然而，关于这些讨论容我在后面阐释，接下来我想思考的是数学和几何的结合，也就是解析几何学在认识论上具有什么意义。

## （三十）

分离的算术数和作为解析基础的连续数，作为思维对象来说，始终是不同的二物，而连续可以通过对非连续来思考，非连续可以通过对连续来思考。此两者必须相互假定，也就是必须是相关的。之所以是彼此相互假定，是因为两者是思维不可分割的两面。有些单纯地只将此两者视为思维对象的数学家，或许认为两者是完全不同的二物，但从现象学立场来看，在两者

---

① 柯亨：《纯粹认识的逻辑学》，第 154 页。
② "可能性的模态。"柯亨：《纯粹认识的逻辑学》，第 420 页。

之间有必然的关系。那么，我们不能在数与几何学空间之间来思考和它相同的关系吗？吾人真正的空间直觉，如前所述，是一个像先验感觉的东西。这种先验感觉究竟是什么呢？

若要阐明空间知觉的本质，首先必须思考纯粹几何学空间是什么。纯粹空间是什么呢？若要阐明纯粹空间，一方面不仅要防止经验要素的混入，另一方面还要严格地去除"大小"（magnitude）的要素。几千年来一直都被信奉为自明真理的欧几里德几何学，在这些点上并不是很严密，这已经在近代非欧几里德几何学的发展中得到证明。欧几里德的平行线的公准，只有在吾人所谓经验界才有效，它在逻辑上不见得是必然的东西。此外，在一般几何学里，大多混入了"大小"的思考。若完全去除这些不纯物来进行思考的话，直线、平面、角等等（Geraden, Ebenen, Büschel usw）便是几何学的绝对所与。如施陶特（Karl Georg Christian von Staudt）的射影几何学所示，几何学的根本概念是点、直线、平面。罗素在他的《几何学基础》中认为点是空间关系的项（terms），直线是两个项所决定的关系，并列举出射影几何学的公理：（一）吾人虽能区分空间的不同部分，但空间的所有部分是相似（similar），只能单纯地通过"它们位于彼此的外部"（They lie outside one another）来被区分；（二）空间是连续的，能无限地分割，而无限分割的结果就是广延的零是点；（三）任何的两个点决定了一个唯一的形状（uniquefigure），就是线，任何的三个点决定了一个唯一的形状，就是平面，四个点又决定了一个形状（即立方体），五个点又决定了一个形状，以此迈向多维度的形状。然而这个前进并非是无限的，因为决定无限的维度是不可能的（Russell, *The Foundations of Geometry*. p. 123.）。[1] 上述的公理在数学上或许不是很严谨，但我们大致可以认为这些公理已包含射影几何学必要的基础。罗素认为外界性的形式（form of externality）是这些公理的根本

---

① 罗素：《几何学的基础》（*An Essay on the Foundation of Geometry*），1897 年，第 123 页。

概念。作为空间关系基础的这个外界性形式是完全从内容差异被抽象化的形式，亦即纯粹外界性（pure externality）。因此，在纯几何学的意义上，位置完全是相对的，也就是位置的相对性这个根本的公理的产生。而位置的相对性，一方面直接包含同质性（homogeneity），因为若不是纯粹同质的话，位置的相对性是无法产生的。从上述的两件事，我们可以掌握到无限的可分性（infinite divisibility），也就是说，我们可以在一个关系中无限地思考相同的关系。那么，方向的想法是如何出现的呢？一个位置只能在和另一个位置之间的关系中才能决定，而此关系就是方向。然而，若能如此决定位置的话，其关系的数必须是有限。从无限的关系来看的话，并无法决定一个位置，但三维度单纯来自经验，在纯粹空间里不具有任何意义。

上述罗素认为是几何学公理根本概念的外界性形式或纯粹外界性，我们可以理解为和黑格尔在《自然哲学》中主张空间是自然的自我外存在（Aussersichsein），因此完全是观念上的并列（das ideelle Nebeneinander）[1] 是一样的。而我认为自我外的存在或观念上的并列，必须包含静态统一的意义以及关系能够翻转的意义，也就是必须要有同时存在（Zusammensein）的意义。这里有时间和空间的区别。柯亨论及"数学的判断"（Die Urteile der Mathematik），从一发展到多，而作为此两者的综合，他提出总体（Allheit）。[2] 多单纯是一的无限排列，不具有终结。与之相反，总体是系列的完成，也就是总括的概念。在多数性里，无限无法数得尽，然而在总体性里则可用统一的方式来思考无限，也就是说，可以积极地来思考。其单位是极限，无限的求和法（unendliche Summation）的无限隐藏力量在此显露出来。若是如此思考多数性和总体性的话，时间是前者，空间是后者。根据柯亨的说法，时间虽从混沌当中用数来创造纯粹思维的宇宙，但其内容还无法完全脱离内面性，空间则和它相反，表现了内外的必然关系。将没有终极的相对时间从

---

① 黑格尔：《哲学全书》，第 254 节，《黑格尔全集》第 9 卷，第 41 页。
② 柯亨：《纯粹认识的逻辑学》，第 174—180 页。

其转变的命运解救出来的是空间。[①]

如果避免所谓经验的混合，且严格除去"大小"的想法的影射几何学中的纯粹空间概念是上述的东西的话，那么这种纯粹空间在认识论上具有何种位置和意义呢？如同在解析几何学所说的那样，数的体系被应用在几何学空间，在知识发展上具有何种意义呢？我认为作为空间直觉基础的同时存在是自觉体系无法或缺的一面。"甲是甲"这个自同律的判断能够置换主语"甲"和客语"甲"的位置，亦即意味着主语"甲"和客语"甲"的同时存在。这就是作为李凯尔特所谓同质媒介者 1=1 的成立基础。当然，此处说同时，并非意味所谓时间上的同时，只不过是意味着单纯能够翻转某个关系。"甲是甲"这个自我同一，从一方面来看意味着能翻转这种关系。这种自觉体系，一方面成为纯粹时间的基础，另一方面亦成为罗素的外界性形式那种纯粹空间的基础。时空间的先验性便是以它为基础。那么，数的系列亦即纯粹时间和纯粹空间的区别在哪呢？数也就是时间，如柯亨所言，是没有终结的相对、流动、不确定。数表示自觉无限的行进。空间与之相反，是关系的限定、是让无限关系成立的内面统一之积极显现、是自觉的积极显现。通过两个点决定一条直线，就是在没有终结的相对当中限定一个关系。如罗素所言，点只是关系的项。由两个点所决定的关系是直线，由三个点所决定的关系是平面。如罗素所言，空间维度的数必须是有限，是因为全体的限定是空间不可或缺的性质。吾人的自觉是作为反省即行为的无限前进，同时在另一方面又是不变的统一。它一方面要求无限的转化，另一方面又要求无限的限定。在此，有自觉的矛盾性和作为其创造性动作的绝对实在性的存在。时间显示前面的一方，空间显示后面的一方。如柯亨所言，空间是定积分（das bestimmte Integral），[②]亦可说是潜伏在推理根柢的普遍者（das Allgemeine）。如此一来，空间对于数或纯粹时间，并非是从外部偶然地被给

①　柯亨：《纯粹认识的逻辑学》，第 193—194 页。
②　同上书，第 196—198 页。

予的东西。数的系列或时间的成立，必须假定其根柢有某种统一，该统一积极显现的是空间。就好像思考分离数必须假定连续一样，思考转化的数或时间必须假定统一的空间。当然，若从纯粹思考对象的数学立场来说，如分离数和连续数不同那样，数的系列和空间亦是不同的东西。然而，于前者，连续作为主体（subjectum）在进行活动，于后者，空间作为主体在进行活动。在此意义下，从数的体系前往空间，就和从分离数前往连续数一样，可说是客观知识的完成。我们可以说这是从抽象前往作为其根柢的具体的意思。

# （三十一）

从数学家的立场来看，数的系列和几何学直观是不同的东西，数的系列无论是否对应到直线，都和数本身没有任何关系。然而，从认识论来说的话，数的体系和几何学空间相结合，可以说是从抽象到具体的知识客观性之要求。此要求究竟是什么呢？方才我说到，转化的数的系列背后，必须先假定有统一的空间。此统一究竟是何种性质的东西呢？如果数的体系在其自身是独立、完全的东西，那么即使这种统一必须被假定，此统一亦不见得要特别以一种新的范畴出现。如前所述，新的范畴之发展，不是单纯来自存在（ὄν）的要求，而是基于存在＋非存在（ὄν＋μὴ ὄν）的要求。吾人必须在这个存在＋非存在的全体上去寻求新的先天发展的理由。作为数的系列的根柢，然后是作为空间的直觉，应以积极的方式显现的统一，并非独立于它自身的东西，而是以这个全体为背景而成立的东西。在此情况中，真正的主体并非单纯数的统一，而必须是将数的统一作为要素来加以包容的一种连续体。如同连续数作为主体潜伏在将分离数作为对象来思考的背后，其全体作为实数的体系出现那样，将数的统一作为对象来思考的背后，已经有一种作为此统一的统一之连续体潜伏着，它以积极的方式显现，并成为空间的直觉。空间是各种维度的连续。空间的统一和时间的统一，亦即数的统一相比,就好像无理数相对于有理数那样,是高层次的统一。在此必须有一种新的直觉、一种新的生命冲动。就像无理数是有理数的极限那样,空间是时间的极限。当然,数学家或许不会承认将极限这个语言使用在这种意义上,但如前所述,数学家所谓的极限,只不过是自觉体系的一种特殊情况。将各种要素视为自觉体系的东西的统一,可以说是空间的关系。罗素的纯粹外界性(pure externality)必须是将纯粹时间,亦即数的体系作为其要素包含在其中的一种自觉体系。

　　若回到逻辑的和数理的关系来思考的话,"甲是甲"就是普遍者限定自身、流动者停止自身来观看、理想者变成现实,也就是自己在反省自己的意思。自同律的判断便是自己限定自己本身的作用。此时,我处于(於てある)黑格尔所谓自身关涉(Beziehung auf sich selbst;日语:関自)①的状态,该对象是纯粹性质的(我在此用我这个字,指的是像纯粹思维那样的东西)。当我们如上设定"甲"这个命题时,意味着将它和其他进行区分,而当该内容完全是无内容时,区分和命题则变成一个作用。以此为对象来说的话,当某物(etwas)和其他物(anderes)作为纯粹思维的对象完全没有内容时,将它从背后的具体、全体的立场进行统一、反省后所见到的东西,便是自然数的"一"。因此,纯性质对象的动态面是逻辑的判断,后者的静态面则是前者。在数学对象里,该动态面就是所谓纯粹想象作用,将肯定判断翻过来看的是想象作用,而后者的对象便是数。如此,我们可以说对象和作用是相关的。若从纯粹只是思考认识对象的公理学(Axiomatik)立场来看的话,逻辑对象和数理对象或许被认为是不同的二物。然而,若从具体经验来看的话,我们必须思考在两者之间有一个上述的必然关系。如所谓逻辑派所主张的,将对象和作用严格区分来思考的话,或许作为纯逻辑判断对象的"某物",亦会超越判断作用,且和它一点关系也没有。然而,作为纯粹逻辑对

---

① 黑格尔:《逻辑学》,《黑格尔全集》第6卷,第47页。原文为Beziehung auf sich,小坂指出引用的地方应该是Beziehung auf sich selbst才是正确的。

象的、李凯尔特所谓的"某物"①,若离开判断作用的体验的话,又会是什么呢?如"红是红"那样,若加入某种内容的话,便会产生内容和形式的区分,"红"这个表象自身或许对于判断形式就不会有任何关系。然而,在完全没有内容的纯逻辑判断里,若离开判断作用本身,我们将无法思考其对象的意义,因为肯定判断的对象不会存于肯定之外。在此,意义和作用是一个,亦即意识内容只是在维持其自身而已。无质性者( das Qualitätlose )的性质,不会是性质以外的东西。这种纯粹肯定作用或纯粹的"某物",必然包含区分作用或"他物"。当肯定、否定同时是无内容的时候,亦即"某物"和"他物"同时是完全无内容的时候,地位的交换才可能,"一"便是从具体、全体的立场来统一、反省它,才能得以出现。在此,如柯亨所言,思维本身产生其内容。此外,如黑格尔所言,已被包含在概念中的东西被设定( setzen ;日语: 措定 )。黑格尔如此说道:"对其统一性的演绎完全是分析性的。"[ die Deduktion ihrer Einheit ist ganz analytisch ]②)。当然,这些范畴的发展还有待更精密的讨论,"一"通过地位交换的可能而得以出现,意味着通过自己反省自己、超越现实的自己,在自己之中看到独立自我的肖像。在此产生了包含者和被包含者的关系、从质的限定意义到量的限定意义之转移,亦即大小的关系。而若没有其他某种质的限定的话,包含者和被包含者则完全是等同的,亦即在自己之中描摹( 写す )自己,如戴德金所言,这里可以思考数的无限系列。意识到能无限地反复彭加勒作为数学综合判断基础所思考的同一作用之可能的精神能力( l'affirmation de la puissance de l'esprit qui se sait capable de concevoir la répétition indéfinie d'un même acte dès que cet acte est une fois possible )③,说的即是此种作用的意识。若能如此思考的话,当数理相对于逻辑成为存在＋非存在,作为纯逻辑对象的"某物"被认为是"在意

---

① 李凯尔特:《一者、统一及一》,第 16—23 页。
② 黑格尔:《哲学全书》,第 88 节,《黑格尔全集》第 8 卷,第 188 页。
③ "对精神力量的肯定,精神知道自己有能力设想无限地重复同一行为,只要这种行为一旦有可能。"彭加勒:《科学与假设》,第 23—24 页。

识中被对象化的东西"（das im Geiste objicirte）的时候，数理的连续体则作为 ὑποκείμενον [1]，成为其主体。当这个"某物"从其主体作为自身关涉的状态被用一种力学方式来观看时，它便成为判断作用，若不看全部主体只将作用视为主体来看的时候，它便会成为所谓心理的主观，与此相对，全部主体则变成客观的。知识以客观的方式发展，意味着向此全部主体前进。此要求是知识本身的性质、目的。在此意义下，我们可以说逻辑要求数理，后者是前者的目的。所有知识的新内容，如经验学派所言，并非从外部而来，而是从内部而来，不是从前面进入，而是从后面出现。若用极限概念来说这些关系的话，同一便是同等作为其理想所无法到达的，而且是作为其成立根柢必须假定的极限。同等的极限就是同一。我们可以这样想：文德尔班认为同等是主观的，同一是客观的，[2] 亦是依此之故，数的"一"是同性质的极限。若单纯作为思维的对象来思考的话，如李凯尔特所言，区分"某物"和"他物"的质的看法比量的看法还更加根本。我一直以来的主张或许会被认为是一种理性的心理主义，但即使从纯粹思维对象出发来看，在这种区分的背后亦必须要有一个包容性的全体。[3] 我认为要有这种"统一"（Einheit）的媒介本身，"某物"和"他物"（das Eine und das Andere）的意义之区分才能成立。当然，在认识的时间顺序上，这种统一或许是经由反省后才被意识到的，但在逻辑的顺序上，反而必须说是先于它。这种统一成为数理基础的同质媒介者。当然，不能直接说这种统一是量的"一"，反而要将它视为性质的普遍者才是恰当的。"某物"和"他物"在这之中彼此相互反省，就好像当从有理数的要素发展到实数体系的切断之想法时，后者的要素显示出潜藏在前者背后的具体、全体的性质那样，当在各自当中显现出统一者的全部性质时，"某物"则会变成量的"一"。单纯处在存在立场的"某物"则出现

---

① hupokeimenon 字面意思是"底层事物"、"被放在下面的东西"，可译为主题、主语、主体、基体等。
② 参见文德尔班：《论同等性和同一性》，1910 年。
③ 李凯尔特：《一者、统一及一》，第 63—65 页。

在存在＋非存在的立场当中。在所有认识的背后必有体验，存在的背后必有存在＋非存在。当前者背负后者，尚未将它投射到前面时，也就是尚处于自在（an sich）状态时，从后者来说，尚未显现其全体之时，所有的东西都是性质的。与之相反，当潜藏在背后的统一者作为认识对象被投射出来时，它就会作为量的"一"显现出来。当然，当潜藏在质的"某物"背后的统一作为量的"一"被认识时，亦即量的"一"作为对象被认识时，在其背后必有一个更高的统一者，也就是说必会有更加具体的体验。如果数作为存在出现的话，那么在它背后必会有存在＋非存在。若从这种更具体的统一来看的话，数亦可说是质的。"数是质的"的说法，乍看之下好像是一个极度的悖论，但数并非是没有性质的。数的无内容正表示出其性质。此外，区分各种数的体系，亦必须依据数的性质。当吾人在处理数本身的时候，结合的规则（Kompositionsregel）虽然在起作用，但并没有被反省。然而，如胡塞尔所言，当其立场（Einstellung）被去除的时候，结合的规则本身就被意识到了。从具体的看法来说的话，量的对象必有质的一面，质的对象必有量的一面。质和量在具体经验当中是相关的。量是经验内容的发展面向，质是其自在的面向。所有的经验都具有这两面。所谓数学的量只不过是其最普遍的情况，亦即纯粹思维对象的发展行进面向。

# （三十二）

若从作用的一方来说，对于逻辑判断，生产的想象力则成为主体，若从对象的一方来说，对于纯逻辑对象，纯数学对象则成为其主体，对于纯质的东西，纯量的东西则成为其极限。同等的极限必须是同一。1＝1 表示了这个同一，这意味着和其他的关系无论如何改变，都是对象自身的同一。在逻辑和数学之间的上述关系，可以在分离数和连续数之间看到。连续数对于分离数的集合，被视为极限点的集合，这和数理的东西对于逻辑的东西被视为极限是同样的意思。就像能将数理思考为逻辑的主体那样，我认为可以将连续数思考为分离数的主体。在此存在着立场的变更。然而，这并不是转移到完全没有关系的立场，而是转移到已在背后预定好的立场。这是从抽象到具体的转移、是往真正自我的转移。作为认识对象的分离数和连续数，如今日的数学家所言，是性质不同的东西，因此不能将前者视为后者的部分。然而，被反省的意识作用是反省自我的部分，在这个意义上，前者可以被视为后者的部分。借斯宾诺莎的话来说，有理数"自类无限"（in suo genere infinitum），但连续数相对于此，作为绝对的无限（absolute infinitum）是其本体。① 纯逻辑对象被认为是质的，其发展变成"一"的东西则被认为是量的，而发展到切断则被认为更加带有质的倾向。连续数作为柯亨所谓内含（强度）量，被认为是质的。当所有经验内容处在自在状态时，它便是质的，当它在和其他的关系中时，亦即在自为状态时它便是量的。当在连续当中从自为状态再回到自在状态时，它将再一次被认为是质的。然而，从自为状态再次回到自在状态时，并非是回到原本的自在状态，而是已包含了自为。在自在状态里，通常其背后会有具体的主体，这是知识的目的，知识总是朝这个方向前进。当然，严格来说，在知识的状态下，就如上面所说的那样，吾人始终无法避免和背后的主体形成对立而处在对立状态，唯有在意志的状态下，才能与它合一。背后的主体既是知识前进的方向，又是文化的方向。

　　我认为上述的纯逻辑对象对数的关系，进而是分离数对连续数的关系，可以在连续数和空间之间找到。在几何学里，作为其要素被思考的东西，因人多少有一些差异，但若根据希尔伯特的说法，点、直线、平面被作为要素来思考，这些东西的相互关系可以用"位置"（liegen）、"之间"（zwischen）、"平行"（parallel）、"合同"（kongruent）、"连续"（stetig）等概念被表现出来

---

① 斯宾诺莎：《伦理学》第1部，定义4。

( Hilbert, *Grundlagen der Geometrie.* )[1]。在那当中最简单的根本对象大概是点和直线,点虽然没有被定义,但直线被定义为由两个点所构成的唯一关系。希尔伯特主张既可以将此称为直线贯穿两个点,亦可说直线结合两个点或两个点在一个直线上。库利奇( Julian Lowell Coolidge )将点和距离思考为量的几何学( metrical geometry )的根本对象,作为公理,他如此说道:"公理一:存在一类对象,包含至少两个被称为点的分子;公理二:任何两个点的存在都包含了一个特别对象的存在,称为它们的距离。"( Axiom I. There exists a class of objects, containing at least two members, called points, Axiom II. The existence of any two points implies the existence of a unique object called their distance. [Coolidge, *Non-Euclidean Geometry.*] )[2]

如果几何学的最根本对象是前述东西( 点和距离 )的话,几何学家所不能定义的点,若从认识论来看的话,不论其内容如何,单纯只是成为认识对象的东西,亦即单纯只是给予吾人认识立场的东西而已。我们可将它视为纯逻辑的肯定作用之对象,亦即"某物"。存在+非存在的全体即是限定我自身的限定作用本身。而所谓直线指的是被固定在这种"某物"和"某物"之间,亦即单纯"立场"和"立场"之间的最简单的关系。若单纯只是如此的话,那么该关系可以是任何一种关系,比如可以是颜色和颜色之间的关系,亦可以是人和人之间的关系。然而,几何学家所处理的直线,还是得被附加一些性质,比如希尔伯特的排列( Anordnung )公理就是这种。( 1. Wenn A, B, C, Punkte einer Geraden sind, und B zwischen A und C liegt, so liegt B auch zwischen C und A, 2. Wenn A und C zwei Punkte einer Geraden sind, so gibt es stets wenigstens einen Punkt B, der zwischen A und C liegt, und wenigstens einen Punkt D, so dass C zwischen A und D liegt, 3. Unter irgend drei Punkten einer Geraden gibt es stets einen und nur einen, der zwischen den beiden

---

① 希尔伯特:《几何学基础》,1956 年( 初版 1899 年 ),第 1 节,第 2 页。
② 库利奇:《非欧几何学的要素》( *The Elements of Non-Euclidean Geometry* ),1909 年,第 14 页。

andern liegt.）[①] 如果几何学直线是上述那样的东西，它和数的系列又在什么点上有所不同呢？比如，结合两点之间的直线和"二"这个数，到底有什么不同呢？通过同质媒介者，将"二"作为能彼此交换其位置的认识对象之统一来思考的话，"二"这个数和两点并没有任何区分。两者都是通过罗素所谓的外界性形式（Form of externality）才能得以成立。希尔伯特的排列公理，亦在逻辑上和数的排列没有不同。他只是用"之间"或"位置"这些概念将它结合到直觉而已。若做如上思考，我认为射影几何学和量的几何学，即使是不同的东西，在其根柢里，仍是站在同一基础之上的东西。与其说数学被应用于几何，倒不如说两者是在其同一根柢上被结合的。几何学家所思考的那种同质的与各向均匀的（homogène et isotrope）的空间，只是理想的作为而已。一方面创造出这种空间的理想，在另一方面创造出数的体系。空间只是这种体系的限定面而已。纯粹思维的体系限定自己，意味着接触经验内容。在这个意义下，空间是数的体系和经验的接触点。吾人所谓空间可以说是吾人的有限经验内容和数的体系的结合。据此，彭加勒主张"几何学的公理既不是先天综合判断也不是经验的事实，单纯只是人为习惯，要选择何种几何学是自由的，只要不矛盾的话"（*La Science et l'Hypothèse*. p. 66.）[②] 的意义才能被理解。我认为，克雷莫纳（Luigi Cremona）所说的射影几何学作为基本运算（fundamental operations）的射影和切割（projection and section）[③]，是表现纯粹思维的自觉体系之限定作用的东西。在这个意义下，射影几何学可以说是纯粹空间的学问。

　　当自觉体系限定自身时，它就是几何学的点。"甲是甲"这个逻辑判断就是点。这种点处在自觉系统的自在状态，因此点可以说是性质的。数的

---

① "如果A、B、C三个点在一条直线上，并且B在A与C之间，那么B也在C和A之间；（2）如果A、C两个点在一条直线上，那么至少总是存在点B，它在A与C之间，并且至少存在点D，使得C在A和D之间；（3）任何在同一条直线上的三个点之中，总是存在着，并且只存在着一个点，它在另外两个点之间。"希尔伯特：《几何学基础》，第3节，第4—5页。
② 彭加勒：《科学与假设》，第66页。
③ 克雷莫纳：《射影几何学的原理》（*Elements of Projective Geometry*），英译第3版，1913年。

系列和逐一被放置在意的对应的点，或许被认为只是量的，但严格来说的话，量的要素也不是没有性质面。如上所述，数亦有性质的区分。完全去除量方面的纯粹几何学的点，只是抽象化了数的要素的性质面而已。而在自觉体系里，应然即是存在、存在即是应然。因此，一个限定在其自身之中包含自己的发展方向，在这个发展方向里，固定一个限定和另一个限定的关系来进行思考的是由两个点所决定的直线。纯粹几何学的直线只不过是将在自觉体系中的两个限定关系抽象化后进行思考的东西而已。比如希尔伯特在结合的公理（Axiome der Verknüpfung）里主张"彼此相异的两个点决定一条直线"（Zwei voneinander verschiedene Punkte A, B, bestimmen stets eine Gerade α.），[①] 这说的只是这种抽象的关系而已。希尔伯特进一步限定此关系，阐述上述的排列公理（Axiome der Anordnung），但在此数的大小关系以一种抽象的方式被阐释，进一步到了连续的公理，亦即希尔伯特公理时，自觉体系不仅完全被阐释出来，同时还和实数的体系形成一致。我认为自觉、具体的实在必然具有量的面向。

在纯粹几何学里，平面是由非直线的（collienear）[②] 三个点所决定的关系。希尔伯特主张"没有位于一直线的三个点决定一个平面"（Drei nicht auf ein und derselben Geraden liegende Punkte A, B, C, bestimmen stets eine Ebene α.）。[③] 要决定这种关系，除了上述自觉体系的限定和限定之间的关系外，还必须思考限定方向的区别。如此，在自觉体系发展中的发展方向的性质区别，则变成维度的区别。如果认识对象单纯只是纯逻辑的话，这种对象的发展就会产生数的系列，取出其性质面的东西便是几何学的直线。然而，吾人的自觉在一个方向上可以无限地发展，同时在方向的变化上亦可以是

---

① "两个彼此不同的点 A、B 总是确定一条直线 α。"希尔伯特：《几何学基础》，第 2 节，第 3 页。
② "共线。"
③ "三个不在同一直线上的点 A、B、C 总是确定一个平面 α。"希尔伯特：《几何学基础》，第 2 节，第 3 页。原文为："Zu irgend drei nicht auf ein und derselben Geraden liegenden Punkten A, B, C, gibt es stets eine Ebene α."（对于任何不在同一直线上的三个点 A、B、C，总是存在一个平面 α。）

无限的，在纵向上可以是量的无限，在横向上可以是质的无限。我们自身各自是自觉的体系，同时又被一个更大的自觉统一。自觉体系里的几何学维度的基础就在这里。这是几何学的先天。如前所述，自觉体系在自在状态里是性质的，因此纯粹几何学是性质的。作为几何学先天的基础之统一是性质的统一。在一个方向的两点间之关系，单纯只是一个方向的话，和数的"二"并没有不同，但当它被视为是限定和限定的结合时，它就变成了几何学的直线。若在这里加入从一个限定转移到另一个限定的自觉过程，并观察这个具体的全体的话，它就会变成量的直线（metrische Linie）。柯亨认为是定积分的空间就属于这一类。纯粹几何学维度的数便是这种限定的数。因此，如罗素所言，这个数必须是有限。

　　如上所述，我想针对作为数的基础的量的体系，将几何学的基础思考为质的体系。对于质的纯逻辑对象，量的纯数理对象是其极限，对于量的分离数，质的连续数是其极限。纯几何学对象亦是超越量关系的纯质关系，解析几何学的对象作为具体的主体，不就成为统一连续数的极限了吗？然而，这种几何学的对象究竟是何种性质的东西呢？作为几何学对象基础的限定是从哪里来的呢？这些问题还有待更进一步地去仔细思考。

## （三十三）

　　我在上一节论述了有关我对纯粹几何学的先天性质的一些看法以及此性质和数的体系之间的关系。在此，我将再次阐明这些点，之后再对纯粹思维的体系和经验的体系的接触点进行思考。据此，我认为可以前往知识的形式和内容之间关系的问题方向去。

　　说到性质，一般都认为是红或蓝这种经验内容。所谓性质是所有的经验体系，讲的是处于自在状态的情况。被认为是性质的，不单只是感觉而已，通过反省回到自己的我亦可以说是性质的。与之相反，红或蓝这些所谓经验内容,不必然是性质的。因为当这些内容被作为概念来思考时,意味着各种经验的关系。若比较纯粹思维的体系和颜色的经验体系的话,会发现在主观作用这里,思维作用(Denken)相当于视觉作用(Sehen),在客观对象这里,作为思维对象的波尔查诺之命题自体,相当于作为视觉对象的颜色之表象自体。若将这些放在客观存在的范畴来思考的话,在一方面,命题自体变成真理自体,与此相应,在另一方面,颜色的表象自体则变成自然科学的存在。在这两种体系之间可以找到各自的对应,而且这些区别并非各自独立存在的区别,只不过是一个自觉体系中的不同面向而已。当某一个具体的普遍者在其自身的发展中时,既不会有主也不会有客,而当此体验在潜藏于其背后的包容主体之立场中被观见的时候,(作为主体的连续)其发展面向便会被认为是思维或视觉作用这种主观作用,这种作用的起点,亦即作用的经验和背后的主体之间的接触点,则会被认为是心理的我。与之相反,当此体验在统一面向中被观见时,亦即作为包容主体的对象界部分被观见时,它就会变成客观对象或存在。比如圆、椭圆或抛物线可以说是各自的一个连续主体,但若从由二次方程式所表现的连续主体来看这些时,无论是哪一个都可以作为其特殊情况被极限概念统一。如之前我曾说过的,在普遍的二次方程式里,可以将 $h=0$,$a=b$ 作为圆的主体的活动性质(Aktqualität)来思考,而当这种作用性质被极限概念统一、被放在大的连续主体当中,当圆的各种性质被统一在普遍的二次方程式的曲线性质中来进行思考时,这些就会变成客观的。当圆或椭圆处在自在状态被思考时,则会变成性质的,但在二次方程式的曲线这种包容主体之上作为其极限被思考时,这些则被认为是量的。通过连续数,我们可以用量的方式来思考质的东西,连续可说是质和量的内面统一,是将质量化的质,将主观客观化的主观。

当自觉的体系只限定自身时,自身关涉(Beziehung auf sich selbst)的状态就是逻辑的判断,也就是说它是性质的。然而,自觉体系在其自身当中包含发展的动机，发展的限定本身则成为还原的反省，还原的反省直接又变成发展的限定。自觉就是如黑格尔所说的关涉自身和关涉他者的统一。因关涉自身包含关涉他者的缘故，才能从逻辑的立场转移到数理的立场，质的"某物"才能变成量的"一"。量的"一"指的是具备关涉自身和关涉他者这两面的具体对象。如说到红或蓝那样，若有内容的性质区别的话，这种统一就不可能成立，然而思维对象的性质的无差别，却以内面方式让这种统一成为必然。以内面方式将这两面统一起来的量的"一"，亦即黑格尔所谓的自为存在（Fürsichsein）①是数的要素"一"，同时也是几何学空间的要素"点"。数学对象的要素就是这种自觉体系的显现。那么，数的"一"和几何学空间的"点"的区别是从哪里产生的呢？我认为，作为自为存在的数学要素，是完全以一种无内容、形式化的方式来对自觉的个人进行思考的东西。自觉的发展，就如吾人内省式的自证那样，能够朝两个方向发展。一个是在吾人的个人历史中看到的那种时间上的纵向发展，另一个是朝向大的自我之中心的横向发展。前者是个人的发展，后者是普遍的发展。我认为这两种倾向的发展，早已被包含在无内容、形式化的数学发展当中。这就是自觉统一的根本性质。吾人的自觉是各自独立的自由人格，同时亦是大的自觉的部分。吾人的人格是神的人格的一部分。个人发展方面是时间的基础、数的基础。柯亨主张"预知（日语：予料）是时间的特征"，数的范畴以此为基础亦是依此之故。与之相反，普遍发展方向，亦即人和人的结合方面是空间的根柢、几何学关系的基础。总之，上述两个方面是自觉中的行进和反省方向。这两方面的内面统一即是自觉。前者是吾人的精神，后者是身体。吾人的行为是两者的自觉统一。反省的方面是空间、是心外的自然。反省虽是回到过去，但事实上是从一个立场移动到其背后的大立场。

　　自然数的无限系列，通过自觉体系在自身之中描摹（映照）自己而成

①　黑格尔：《哲学全书》，第96—98节，《黑格尔全集》第8卷，第203—209页。

立,通过还原,也就是反省来观看此系列的就是直线。数学家认为直线是决定在两个点之间的一个关系,这指的是这种自觉的反省。某个个人的自觉形式是一条直线。纯粹几何学的直线是极为抽象的个人自觉。而某个个人的自觉必须包容其他个人的无限自觉。承认自身人格的人,必须承认他人的人格,也就是说,承认自己必须是承认自他者的关系。在某一个方向上承认直线的关系就必须是在其他方向上承认同样的关系。两个自由人格的关系是二维度,三个人格的关系是三维度,以此类推。无限的人格之结合只能回到原本没有反省的无限系列,别无他法。我认为道德社会和纯粹空间是具有同一根据的东西。两条直线的结合点,是结合两个人格的一个大人格。三个方向的结合是结合三个人格的一个大人格。数学家或许会严格区分几何和算术,但我认为在思考某个确定的数的地方早已经有空间的想法,此时自觉的限定作用面早已经在起作用。

几何学家为了定义直线而思考线段(segment)和广延(extension),$\overline{AB} \equiv \overline{AC} + \overline{CB}$ 的 C 是 A 和 B 的线段(segment of A and B),B 是 AC 超越 C 的广延(extension of [AC] beyond C)。据库利奇的说法,直线是线段的所有点的集合和其广延(the assemblage of all points of a segment and its extension)。[1] 这种线段和广延意味着自觉体系以反省和行进的方式在发展,亦即在内和外限定其自身。数的系列是将这种自觉体系对象化的东西。几何学关系是表现其主观作用面的东西。这种完全被表现出来的自觉体系,在客观上是实数的体系,在主观上是连续的直线。吾人以直觉的方式感受到的直线性(Geradheit),必须是这种无限发展的自觉体系的意识。我们必须这样想:当上述的自觉体系完成其自身、自觉其自身之时,便会否定其自身并向他者要求独立的自觉,在主张"所有点都不在一条线"(All points do not lie in one line)的几何学公理的根柢里,必带有上述的理由。当一个自觉

---

① 库利奇:《非欧几何学的要素》,第 15 页。

体系作为实数的系列、作为连续的直线完成它自身之时，自觉体系的自在状态，亦即其性质面会以积极的方式出现，在纯粹思维的自觉体系里，性质区分的想法必会产生，也就是说，关于一个自在和另一个自在的关系的想法必会产生。我认为在变数和变数之间的各种函数关系，亦是依据它而成立的。而种种的性质关系通过极限概念，以量的方式被统一时，自觉体系必会在其完全的形态当中具体地出现。在这个意义下，解析几何学的对象是自觉体系的具体显现。我以前曾说过，必须成为客观知识发展的目的的数学和几何学的结合，可以说不单只是应用这种偶然的关系，还必须以自觉体系的性质面发展的要求为基础。作为先验感觉直接显现出来的空间直觉，必须是解析几何学式的东西。

## （三十四）

自觉体系是那个回到自己的反省作用和发展自己的行进作用的合一，其自我关涉面，亦即性质面首先成为形式逻辑学所依据的先天，在进一步发展之后，则成为纯粹几何学所依据的先天。我们可以说解析几何学的对象是统一量方面和质方面的自觉体系的具体显现。吾人的知识目的是从抽象到具体的，当我们立足在某个立场时，它是主观的，所谓知道客观（客観を知る）是指移动到潜藏在其背后的具体体系。解析几何学的空间在这个意义下，可以说是被知识本身的性质要求的认识对象。我想在论述思维体系和经验体系的接触点之前，先思考一下被认为是心理性质的直线性（Geradheit）究竟是什么。

作为吾人的意识内容，从客观的直线，也就是几何学直线被区分开的经验直线究竟是什么？吾人通过将眼睛从甲点移动到乙点来观看、通过动手感受到的直线又是什么？心理学家试图用运动的肌肉感觉来说明。比如冯特分析盲人的空间表象来说明外界触觉和以强度方式被阶级化的内界触觉的结合（das Produkt einer Verschmelzung äusserer Tastempfindungen und ihrer qualitativ abgestuften Lokalzeichen mit intensiv abgestuften inneren Tastempfindungen.）[1]。在这种情况下，让我们意识到直线的，大概是以性质、强度方式被阶级化的感觉。这种直线意识作为心理现象是何种性质的东西呢？心理学家会说客观的意识内容，亦即所谓知识全都可以分析为感觉的要素。那么，我们是否应该将直线性的意识思考为一种感觉呢？若将它和其他阶级的感觉（abgestufte Empfindung）思考为同等感觉的话，这个意识究竟要如何才能发挥结合其他感觉的统一作用呢？与之相反，若不将它视为其他感觉，而是将它视为更高层次的意识的话，我们在这里就必须得承认和感觉不同的更高层次的意识。作为心理的因果律之特色，冯特主张在要素的结合上产生没被包含在要素之中的特征[2]，这在后者的意义上可以得到理解。阶级的感觉要作为一个空间知觉被意识到，就必须添加意义的意识在它当中，单纯从阶级感觉的算术总和是无法产生出任何高层次意识的。那么，将阶级感觉统一起来，并构成一条直线的意识是什么呢？我认为是自觉体系的发展意识。吾人反省于内，自觉自身发展的无限可能性，这就是直线的意识、定向距离 $\overrightarrow{AB}$（directed distance $\overrightarrow{AB}$）的意识。所谓真正的直，指的是这种体系的自在状态。一般所说的"真正的直"和"红"或"蓝"一样，作为精神现象的性质被认为是主观的，但作为被思考的性质的"真正的直"、"红"或"蓝"是波尔查诺所谓的表象自体，不必然是精神的或物体的。这些东西被认为是精神的或物体的，必须要依据其前后的关系而定。真正直接的具体实在是上述先验感觉那样的东西，依看法之不同，可以是物理学的也可以是心理学的。在自在状态中观看所有自觉体系的东西是性质的。心理学家所说的感觉便是直接将此状态视为实在的东西。红或蓝既可以作为

---

[1] "外部触觉及其在质上分级的局部标志与在强度上分级的内部触觉相融合的产物。"冯特：《心理学纲要》，第 130 页。

[2] 冯特：《心理学纲要》，第 388 页。

关系的意识来观看，真正的直亦可以作为单纯的感觉性质来观看。如果直接经验的物理分析是量的分析的话，那么我们可以说其心理分析是质的分析。而所谓质的分析是自觉体系中心点的分析，亦即自在状态的分析。正如无内容、形式化的自觉体系，亦即思维体系，一方面作为数的系列而发展，另一方面作为几何学维度而发展，我认为所有的自觉体系具有这两种方向的发展。红或蓝这种所谓心理性质作为直接的具体经验，具备了上述的两个面向，吾人内省红或蓝的感觉，并将这些感觉分到单纯的感觉要素，这说的是分析这种体系中的反省作用之立足点。吾人现在已无法再划分的立足点成为心理学家所谓单纯的感觉。

空间表象具有阶级感觉融合而不被包含在要素当中的一个特色，它的成立是指这些感觉是在作为其具体状态的自觉体系形态当中被意识到。被细微地分级的感觉被统一在一起，是指让这种阶级成立的连续体被意识到。总之，阶级感觉融合成为一个空间表象，就是指从抽象概念到具体实在的移动。阶级感觉只不过是心理学家制造出来的抽象概念而已。具体的实在在其自身是连续的自觉体系，至于精神要素的结合，并非是从外部添加的，而是回到根本（元に还って）去观看的。感觉就如同物质的原子那样，是独立的实在，通过该结合精神现象才能得以产生的想法是错误的。当直线性亦是作为一个感觉被意识到时，它和其他感觉是相同的，不具有结合他者的力量。心理学家认为精神现象全都是以一种性质的方式被区分的，就连精神现象中的强度之差异，亦是一种性质的区分。然而，在严格的意义上，在性质上不同的东西是绝对不同的东西，当性质的阶级被思考的时候，早已经包含了强度差别的想法。而性质在强度的阶级当中被思考，意味着性质在其发展面向中被思考，亦即必须在自觉体系的具体状态中被思考。因为具体的实在是质的，同时也是量的。感觉被结合就是回到这种具体实在中去观看的意思。在生成上，全体是优先的。

当吾人反省、观看某一个自觉体系时，既可以从其体系中心，在具体的原形中观看,亦可以从其背后更大的立场,放到后者的对象中来观看。就自然科学知识来说,后者是机械观的看法,前者是目的观的看法。心理学的看法又比前者更前进了一步。而这些看法并非是在观看各种不同现象或实在,而是在观看同一的实在。随着从物理学看法接近心理学看法,来接近实在的具体看法。冯特认为吾人的直接经验内容分成能够反复的空间结合物以及不能如此的东西,并主张后者的体系成为主观,然而后者的体系即是直接的具体体系( Wundt, *Grundriss*. 10 Aufl. S. 267. )[①]。若将自觉体系思考为推理的,将推理思考为自觉体系的表现的话,那么我们亦可以如此进行思考:作为其大前提的假言命题会显示出背后大的立场,作为小前提的定言命题会显示出体系的中心,在结论处此两者被结合,自觉体系的全体则会显现出来。而在推理的自觉体系里,位于小前提位置的是对大前提的、定言的、事实的知识,此为心理学家所谓直接的心理事实。与之相反,位于大前提位置的是普遍知识、物理知识。胡塞尔所谓本质( Wesen ),既不是物理的也不是心理的。此外,单纯的事实的知识亦不属于任何一种。两种知识的区分依照重视普遍或特殊的任一方而有所不同。无论某种经验内容是否有被意识到,都不会对经验内容本身添加任何东西。所谓意识只不过是表示了经验内容的发展程度而已。经验内容的本质,就像波尔查诺的表象自体或命题自体那样的东西,对于其自身是独立的东西。洛克所谓次要的性质[②]属于意识的东西,但如波尔查诺等人所想的那样,无论是颜色本身或声音本身都能超越意识作用。所谓物理世界亦不能离开这个经验内容,它是以经验内容为材料组织起来的东西。一般思考的是有机体,认为所谓次要的性质是从它( 有机体 )和外界的关系中产生的,但与之相反,性质本身才是根本的,有机体亦是从这些结合中产生的。总之,经验内容及其变化是

---

① 冯特:《心理学纲要》(第 10 版 ),第 267 页。
② 洛克:《人类理解论》( *An Essay Concerning Human Understanding* ),1690 年,第 2 卷,第 8 章,第 10—26 页,《洛克全集》第 1 卷,1823 年,第 120—129 页。

直接的所与，物质本身或有机体本身又或者精神本身只不过是统一这些内容的各种中心而已。若依照柏格森的想法来说，将作为纵线前进的内在绵延还原到同时存在的平面来思考的是物质界，这两方面所接触的是吾人的身体。[1]而吾人的意识则是出现在内在绵延的先端推进同时存在的平面之处。并不是内藏在脑中产生意识现象的潜在力，因应外界刺激而产生意识现象，身体只不过是单纯的运动机关，脑只不过是运动中枢而已。吾人的身体是被抛到作为持续横断面的物质界上的记忆之影子。在紧张的里面包含有弛缓，前者是纯粹记忆，亦即精神的面向，后者则是物质的面向。前者是时间，后者是空间。如"过去自身保存它自己"（le passé se conserve de lui-même, automatiquement）[2]这句话所示，维持自身前进的内在绵延的先端是现在，在那里有空间、物体界。这两面所接触的地方是我的身体。吾人的身体是持续突破物质界而前进的运动机关。所谓意识是对应此运动的持续的一面，随着身体运动的增大，意识的范围亦会有所增大。身体在物质界表现出持续，意识在持续当中表现出运动。并不是通过在物质里添加某物来产生意识，而是通过从意识减少某物来到达物质。以上是柏格森针对精神和身体之间关系的论述。我认为他的论述可以通过我说的、作为逻辑和数理基础的自觉体系而得以被更深入、普遍地思考。柏格森说的内面持续或内在绵延[3]就是意义即实在、行为即事实的自我发展之自觉体系。说到时间，一般都认为是实在性的东西，但若将柏格森所谓的"流动时间"（le temps qui s'écoule）概念加以纯化的话，就是我一直以来所主张的那种意义下的自觉的（或许也可以说是推理的）。与之相反，自觉体系的静态统一面，亦即推理的大前提被切割开来思考的东西是空间。从自觉体系被切割开来的自觉体系是同时存在的物质界。柏格森认为纯粹时间无法被重复[4]，但如果要说

---

[1]　柏格森：《物质与记忆》，《柏格森著作集》，第281、284—285页。
[2]　"过去自动地保存自身。"
[3]　柏格森：《物质与记忆》，《柏格森著作集》，第224页。
[4]　同上书，第290—293页；《创造的进化》，《柏格森著作集》，第499页。

无法重复，那也必须是在它的根柢里有超越时间的某物存在。柏格森似乎受到时间想法的束缚，而没有看到超越变化的统一面。当吾人真正立足在生命冲动的先端时，那里既没有空间亦没有时间。如浮士德所言，"太初有为"（Im Anfang war die Tat!）。而且这个行动并非时间的行动，它必须是比时空间还要更直接、更根本的东西，亦即必须是理本身的发展那样的东西。[①]如黑格尔主张"推理的是理性的，所有东西是理性的"[②]所示，所有实在都是推理的，表现其普遍法则的大前提面就是柏格森所说的物质界、空间。与之相反，表现其事实的小前提面就是意识界、现实。这里有精神和物体的接触点，亦即吾人的身体。如果大概念表示客观物体的范围，那么小概念就是表示主观自我的范围。柏格森所谓的内面持续面，可以说是潜藏在推理背后的先天之连结、柯亨的连续原理那样的东西。我认为精神作用是作为推理根柢的普遍者限定其自身的过程，大概念和小概念之间的种差（specific difference），相当于作用的性质。

# （三十五）

我在上一节论述了直线性的意识就是自觉体系经过内省后意识到其无限发展的可能，此外还论述了意识在自觉体系当中具有何种功能。现在，我想就红或蓝这种所谓具有内容的经验意识进行同样的思考。

颜色或声音这种所谓感觉的性质，在一般的想法里，是外界刺激着神经末梢，这个刺激传达到脑皮质，最后伴随着脑中枢的刺激而产生的意识现象之性质。因此，在脑中枢中，就像被魔术棒敲中那样，突然产生的意识现象和外界刺激被认为是完全不同的东西。这些感觉的外界刺激被认为是

---

① 歌德通过叙述浮士德解释《约翰福音》首句话的文脉，间接主张时代已经来到，人的行动才是最根本的，而不是古希腊的逻各斯、希伯来的神的意图，更不是自然科学的力量。西田解释这个行动是"理本身的发展"，并非人在历史现实世界中的行动。这和歌德原意有差距。

② 黑格尔：《哲学全书》，第181节，《黑格尔全集》第8卷，第331页。

像以太(aether)震动或空气震动那种纯机械性运动,颜色或声音不带有任何的类似性。然而,若反过来从吾人的直接经验出发来看的话,红或蓝是直接被给予的经验,所谓物体现象只不过是统一这些经验关系的抽象概念而已。而那个直接被给予的经验并非心理学家所谓的感觉。如马克斯·拉斐尔所说的"作为表现手段艺术家所看到的感觉"[①]反而可以说是真正的直接经验。作为艺术家表现手段的线并不是数学家所说的直线,它在所有点当中表现直线和曲线的交错,亦即各种维度的张力。关于颜色亦可以说明同样的情况。作为艺术手段的颜色,在其中包含白和黑的倾向,也就是说具体的颜色始终是在如心理学所说的那种三维度连续当中成立的。吾人的直接经验是由迈农所谓斯在(Sosein;日语:相存在)[②]所构成的。现在若纯粹从这种立场来看颜色或声音等经验的话,我们可以说这些经验脱离空间、时间、因果关系,依据其自身内容而形成一个体系。迈农的对象理论(Gegenstandstheorie)或胡塞尔的本质科学(Wesenswissenschaft)可以说是与之相像的东西。在这种体系中的所谓经验内容完全是非现实的,也就是完全是假言的。这些体系要成为实在,必须在其自身是发展的。在此,心理的实在才开始被思考。吾人所说的视觉作用或听觉作用,说的是在经验内容发展相中的统一。如物理学家从量的关系统一经验来思考各种物力那样,心理学家从其质的关系统一经验并思考精神作用。如此一来,精神现象和物体现象的区分可说是同一经验看法的差别。而精神现象反而是具体的实在。如柏格森所言,并非是向物体现象添加某物而产生意识现象,反而是从后者减少某物进而达到前者。[③]

　　根据现今心理学家所说的,吾人于现在所具有的各种感觉性质的区别,原本是由普遍感觉(Gemeinempfindungen)分化发展而来的东西(Wundt,

---

① 拉斐尔:《从莫奈到毕加索》,第32—33页。

② 迈农:《对象论》(Über Gegenstandstheorie),1988年(初版1904年),第1—9页。

③ 柏格森:《物质与记忆》,《柏格森著作集》,第281页。

*Grundriss.* § 6.）。① 人类本来就是由低等动物进化而来,如果低等动物没有触觉和所谓特殊感觉的话,当然会被如此认为。而且据说在内耳的构造中能够明确地追溯到其发展轨迹。如此思考的人们或许会认为各种感觉性质的区分,是潜在性地被包含在吾人神经组织中的东西所发展而来的。此外,他们或许会认为各种感觉,就像各种生物的种属是从胚种形质（Keimplasma）发展而来的那样,是从神经的物质发展而来的。然而,要将原本作为吾人直接经验内容的感觉性质从被称为其外部及内部刺激的物理及生理现象的性质之中导出来是不可能的,反而前者比后者更加根本。吾人能直接得知的、不能动摇的事实是所谓感觉内容的相互关系及其变化。根据菲涅耳② 的镜子实验,光线即是以太的振动被得到证实,当然这也是因为吾人能得知的、无法动摇的知识只不过是明暗的交互关系及其距离的量关系而已。以上都只是假设。假设可以像菲涅耳那样,亦可以像麦克斯韦（James Clerk Maxwell）那样进行思考。只有上述表示事实的量关系的微分方程式,自始至终都不能被动摇。从严格的直接经验立场来思考的话,吾人的经验内容总是从普遍前进到特殊,普遍的东西会分化、发展下去。生理学家或心理学家或许会认为该经验内容是从被包含在神经组织中的东西所发展而来的。但若以柏格森的方式来思考的话,身体只不过是在物质界的精神代表者而已,它是在物质界这个同时存在的平面中的内在绵延的投射。真正的直接、具体的实在,是自觉的颜色的体验本身。在直接经验的世界里,颜色的普遍概念是实在的。即使在菲涅耳的镜子实验里,精细的明暗之识别作用必须是首先被给予的。而识别作用,亦即判断,唯有通过普遍概念的被给予才能得以成立。在物理上,这或许被认为是以太的振动,但在直接之上,颜色是作用于其自身的具体普遍者、一个内面的连续。在吾人的直接经验背后,总是有创造性的进化在起作用。颜色经验的发展亦是一个创造

---

① 冯特:《心理学纲要》,第 6 节。
② 同上书,第 45—51 页。

性进化，普遍者在限定它自己。被认为是色觉原因的眼睛，只不过是在和它对应下被思考出来的物质界当中的投射而已。眼睛指的是颜色的经验和物体界的接触点。正确来说，可以将它视为作为颜色的自觉体系的限定点。

当所有的普遍者在限定自身时，亦即在自觉体系的发展中，吾人可以区分出两个方向。一个是从普遍到特殊的特殊化方向，另一个是从特殊到特殊的横向扩大方向。前者产生新的内容并移动到新的立场，后者则是在同一立场中发展。借柏格森的话来说，前者是内在绵延的纵线发展，后者是同时存在的平面发展。① 以圆锥曲线的例子来说，各种圆锥曲线是能够借由极限概念相互移动的一个连续体，可以将它们视为一个连续体从内部发展到直线、圆、椭圆、抛物线、双曲线等各自不同性质的立场，亦可以将这些曲线总括于二次方程式的曲线这一概念，并单纯地将它视为其种种的立场。若能如上进行思考，圆锥曲线这一连续体则会分化为各种曲线，这就是所谓精神现象的发展。在同一的立场上，以横向发展的是所谓物体现象的发展。当没有眼睛的动物初次获得眼睛时，其光觉应该是极为朦胧的明暗意识吧！这种光觉意识逐渐地分化发展，成为今日吾人所具有的这种精细的颜色识别。这种发展就好像是圆椎曲线的连续体分化到各种曲线那样的立场之分化，就是先天的特殊化。我们必须认为在其发展背后有各个的以太振动在作用着。心理学家以性质方式分析精神现象，便是这种立场的分析，这是在反省内面、追求生命冲动。如前所述，性质的分析是自觉体系立场的分析。因此，在性质上不同的东西，必须是彼此不同种类的（disparat），因为这些都是作为宇宙生命的生命冲动的足迹。此外，从另一方面来看，这些单一性质，亦即自觉体系的各种立场，全都可以被视为一个自己。每个自己都可以被视为一个自觉体系的中心。而每个立场既可以是自己又是可以是一个作用。随着感觉性质的分化发展而来的是感官的分化发展，我们可以在这里思考特殊的精神作用。随着声音的经验或颜色的经验等经验的性质之

————————

① 柏格森：《物质与记忆》，《柏格森著作集》，第 284—285 页。

不同,吾人可以对它思考各种不同的精神作用。对于感觉作用的表象作用或思维作用,亦可以被视为更高层次的生命冲动的中心。活动(Akt)可以被视为从生命冲动的中心统一内在绵延时所看到的东西。当然,对于以上的想法,必会有以下一些疑问的产生。比如,那么意识是从哪里产生的呢?在意识产生之前,难道世界就不存在吗?今日的科学宇宙进化论,难道全部都是虚伪的吗?我在这大胆说,自然科学所想的那种宇宙发展的顺序,只不过是经验界的一种想法而已。由物理学的先天所决定的物理时间来看的顺序,不必然是生命冲动的内面性创造的顺序。内面性创造的顺序,比如胡塞尔所谓现象学时间①比物理时间更为根本。后者反而是在前者当中成立的。宇宙真正的开端并非在星云的过往,而是在内面性创造的中心不是吗?如现今物理学的相对性原理所说的,原本绝对的时间只不过是一种理想,实际上无法定义绝对的时间。时间上的先后是依据物理现象的坐标取向而决定的。将吾人的经验内容排列在空间形式中,依据其坐标的选取方式,时间上的前后才能得以决定。然而吾人必须追溯到这种加工以前来思考经验的顺序。经验的秩序可以在各种意义之下被思考。比如,就空间经验来看,首先我们可以想的是吾人在个人历史中的发生顺序这种东西,也可以将同样的想法推及人类全体或生物全体的历史中去进行思考,甚至还可以用纯逻辑方式通过理由和结论的关系来思考所有的关系。此外,还可以进一步以认识论方式论述知识成立的顺序,如费希特、黑格尔或柯亨那样,在创造性思维发展的顺序中思考空间范畴。在这些想法当中,针对心理学或生物学的想法,物理学的方法或许是最根本的。但我们必须说,后两个想法反而比物理学想法更加根本。在此,吾人的经验内容是跟随价值来发展的。当然我也不是不知道混同价值顺序和时间顺序的错误,但时间的顺序只不过是吾人经验的一种看法而已。在这之前,各种价值顺序或经验内容的性质差别必须先被给予。如此,我们才能说时间的顺序反而必须以价值的顺序为基础。

---

① 胡塞尔:《观念》第1卷,第3编,第2章,第81节,《胡塞尔全集》第3卷,第161—164页。

# （三十六）

　　若依据吾人的一般想法，先有眼睛这个感官才会有光的感觉产生，亦即要有眼睛这个感官的出现，光和颜色的世界才会向我们敞开。我们若失去眼睛同时就是失去光的感觉，随之，光和颜色的世界也会立即消失。若是如此思考的话，眼睛是光觉的原因似乎是不能怀疑的。然而，眼睛究竟是什么东西呢？眼睛要如何才能发挥此功能呢？眼睛亦是物质界的一部分，不可能是所谓物质元素以外的东西所组成的，总之，就是若干的化学元素结合的东西。然而，今日科学家所想的化学元素，只能通过思考原子量才能得以成立，也就是只能通过以量的方式思考质的东西才能得以成立。当然，今日的化学元素并非单纯的同质者，因此还不是以单纯、量的方式被思考的东西。如果今日的电子论开始发展，各种原子能够像汤姆森（William Thomson）等人所想的那样，从原子的数和其结合来进行说明的话，物质的区别才能变成同质者的量的区别。若能如上思考的话，感觉的性质如何从同质者的量关系出现，始终无法说明。为何由波长很长的光线所引起的眼底刺激会感觉到红色，由波长很短的光线所引起的刺激会感觉到紫色是无法被说明的。如杜布瓦·雷蒙（Emil Heinrich du Bois-Reymond）所言，那里存在着自然科学知识的局限。[①] 若是如物理学家所想的那样的话，光的能源当然是在生物出现以前的远古时代就存在了，因此将光的能源转变成光或颜色感觉的力量，必须在吾人的视神经和其中枢当中去寻找。如果说生物的神经系统里有这种力量那就算了，但这和不给予任何说明是一样的。吾人所知的事实，说的只不过是颜色或声音的精神现象始终伴随在一种被称为神经刺激的化

---

① 杜布瓦·雷蒙：《论自然认识的极限》（*Über die Grenzen des Naturerkennens*），1872年，《哲学与社会演讲集》（*Vorträge über Philosophie und Gesellschaft*）（S. Wollgast 编），第54—77页。

学现象。如果能像机械论者所想的那样，以物理或化学的方式来说明生理现象的话，我们只能认为，虽然是同一的物理化学现象，有时带有精神现象有时却没有，是由于这些东西的结合方式所引起的。然而，精神现象要如何才能只伴随在某种物质的结合里呢？这毕竟只能说有这种平行的事实而无法有这以上的任何说明。物理学将热视为能源的一种，主张可以将热变成机械能源、能将后者变成前者。然而这说的并不是机械运动变成吾人的热的感觉，这说的只是在从以量的方式被思考的热和运动的能量之间有不变的关系。无论生物是否感觉到此能源是热的，都和热的能源本身没有任何关系。此外，吾人今日即使把感觉到热的东西认为是光、把感觉到的光认为是热，亦完全没有任何阻碍。

若从所谓物体界出发来思考的话，必会陷入上述的结论。但我现在想将此想法颠倒过来，从吾人的意识界出发来看。从意识界来看，吾人的身体亦只是意识界的一个现象。感觉到光或颜色的眼睛，亦属于光和颜色的世界。从一方面来看，吾人的意识或许只是物质现象的附属物，但从另一方面来看，物体现象只是意识现象的一种解释。虽说若没有眼睛就没有颜色或光等感觉，但如上所述，这说的只是眼睛和光或颜色的感觉之间有一个不变的结合。被认为是某个人的感觉原因，亦即眼睛是他人感觉界的一部分。这说的只是从全意识界的立场来看的话，某个人的光觉这种一连串的现象会随着某个感觉的消失而消失。全体生物的眼睛消失不见或尚未发生，说的是随着作为光觉以外的感觉界之一部分的生物的眼睛这一现象的消灭，光觉界也会消灭。若如此从意识界出发来看的话，吾人的身体亦始终属于意识界，因此吾人的感官和神经系统是感觉的原因，这意味着某个意识现象会随着意识现象的生灭而生灭。如果眼睛完全只属于光或颜色的世界，和其他感觉界没关系的话，那么就不会有被认为是光觉原因的眼睛。无论如何思考下去，都无法避免吾人的感官本身和外界刺激同属于吾人的感觉界。吾人毕竟无法脱离到意识的范围之外，我们必须说产生感觉的感官又属于感觉之中。若完全脱离感觉内容的话，除了单纯的现象和现象之间的函数关系外，不会有任何东西被想到。从物体产生精神不单是不可能的，反而可以说是本末倒置的。

吾人通常会倾向用触觉来思考实在的感官，即使用光觉来取代它，也不会有任何矛盾。触觉不可能比光觉或音觉更加接近物体自身的性质。用物理方式解释触觉现象的物质和用物理方式解释音觉现象的物质是同一的物质。同一的物质出现在各种感觉性质当中。作为两个现象之根柢的物质是同一的，这说的只是两个现象的变化能通过同一能源的法则来说明。由于光觉现象无法通过同一法则来说明，因此以太才会被假定在物质之外，若能通过电磁能源来说明所有物理现象的话，那么物质就会变成电。物体不再是触觉的东西，反而光觉现象的基础必须被认为是物体的根本。若从生物发展历史来说的话，当然触觉首先会发达，光觉或音觉则是之后才会发达。然而，过去的触觉并没有成为现在的光觉或音觉的原因，触觉亦和光觉或音觉一样，都是意识现象。作为后者原因的物质和作为前者原因的物质，亦必须是同一的物质。如赫尔巴特（Johann Friedrich Herbart）针对所有感觉提出"实在"（Realen）那样，在吾人常识里都是将触觉内容实在化，据此来思考永恒不变的物体界，但若将今日之物质电观视为真理的话，那么被认为是以触觉为基础的物质界，就不能说是真正的物质界。被认为是以触觉为基础的物质观是粗糙的，吾人可以通过光或电磁现象知道更精致的物体内部之结构，通过光觉等发展才能知道物质的细微作用。光觉在意识发展上或许是后来的，但若从赫尔巴特的"实在"来思考的话，反而可以说是根本的。

## （三十七）

如前节所述，从生物的神经系统这种纯物质物，毕竟无法说明如何产生意识现象的问题。若从意识内部出发来看，脑或感官亦只是意识现象的一部分，这说的只是某种意识现象随着某种意识现象而生灭而已。那么，吾人的身体，特别是神经系统是依据什么被认为是和意识现象有特别的关系呢？

以一定方向和速力移动的球和具有同一质量的球相撞的话，前者会静止，后者则会用和前者差不多一样的方向和速力移动。此时，吾人会认为前者的运动力量转移到后面。当方向和速力彼此不同的两个力量在一个质点上起作用时，该质点会如大家所知道的那样，朝向由两个力量所构成的平行四边形的对角线方向前进。此时，吾人会认为两个力量结合起来成为一个，若依据上述的想法，虽然在直觉上是完全不同的现象，热会变成运动，运动会变成热。就如这些情况所示，虽然不太精准，比如磷在 44 摄氏度会熔化，是因为 44 摄氏度的热熔化了磷。当然，今日的自然科学家大概不会去思考现象的背后有一个力量。如基尔霍夫（Gustav Robert Kirchhoff）主张力学是运动的描述那样[①]，所有的自然科学都被认为是经验事实的描述，所谓因果关系只不过是在两种现象变化之间的函数关系。自然科学的法则所说的只是在某种现象的生灭变化和另一种现象的生灭变化之间有一定不变关系而已。然而，我们是否能用同样的想法将脑或感官思考为各种精神现象的原因呢？在上述因果关系的想法里，首先必须被给予的是吾人的感觉经验，而且它必须作为对象被投射出来。然而，在一般的想法里，必须先有感官的出现，感官经验方能成立。吾人的感官一方面必须是作为感觉经验而出现的东西，同时在另一方面必须是经验感觉的成立条件，也就是说它具有两种意义。第一个意义是，感官和其他物质现象是同一，其因果关系亦必须被认为和其他是一样的。第二个意义是，感官具有和其他物体不同的特殊位置。比如，若在两种光学现象之间有不变关系的话，我们就可以认为在两个现象之间有物理的因果关系。然而，让具有这种关系的光觉经验得以成立的必

---

① 基尔霍夫：《分析的力学》（*Analytische Mechanik*），第 1 页；李凯尔特：《自然科学概念构造的界限》（*Die Grenzen der naturwissenschaftlichen Begriffsbildung*），1921 年（初版 1896—1902 年），第 82—83 页。小坂认为西田是由李凯尔特那里得知前者。

须是感官。虽说所有关系的成立，必须是让它能得以成立的东西存于其外，然而感官一方面是在关系之中的，另一方面又是让关系本身得以成立的东西，这里存在着身心关系无法理解的矛盾。

从自然科学思考方式出发来看的话，吾人的感官若要作为各种感觉经验成立的物质条件，必须是在全体之中具有目的的东西，而不是单纯的物质结合，也就是说必须是合目的的结合，所有的有机的机能必须这样被理解。胃的消化、血液循环、呼吸等，除了化学或物理现象之外，无法承认任何东西。即使如自大的人所说的那样，在细胞中有作为普通化学作用无法说明的力量，若从单纯的因果律想法来看的话，这只是在说一个未知的自然力量而已。吾人的身体和自然物不同，是一个具有特殊意义的统一，亦即个体，而这种想法是依据目的概念的统一而来的。将现象分析为各个要素、将每个连锁还原到普遍法则下的机械论看法和在通过这种机械因果的连锁而成立的全体上承认一个意义的目的论看法，是两个彼此具有不同倾向的看法。而且，这两个看法若想要充分阐明其立场的话，不应该是彼此矛盾冲突的东西。某个大理石作为艺术作品被观看和作为化学实验被观看，一点都不冲突。吾人的身体和精神具有密切的关系，必须被认为是这种目的论统一（teleologische Einheit）的身体。吾人的生命命名了这种统一，吾人的精神生活是其伴随物。那么，我们要如何才能相信这种目的论统一的身体和自己的精神生活是不可分离的结合呢？我认为必须将它归结于吾人的意志活动。结合吾人身体和精神的是意志的行为，若要探究身心相关的奥秘，必须依据吾人意志的深层分析。如果吾人没有意志行为的意识的话，自己的身体和其他的自然物便会被视为同一，不会有被认为自己的身体和精神具有密切关系的理由。

一般都认为，吾人无论如何站在纯知识立场将自己身体和其他自然物视为等同，亦必须承认在感觉或思维这种"我"的知性作用和"我"的身体这一自然物之间有特殊的关系。如前所述，声音或颜色的感觉会随着眼睛或耳朵这些感官的生灭而生灭。当然，眼睛本身并不会产生光的感觉，此感觉必须要有光线这个外界刺激，光线对于眼底的视紫质（Sehpurpur；日语：视红）必须引起某种化学变化。一般认为吾人的光觉是伴随于这个化学现象的，但要如何才能达到"我"的精神作用是和这种自然科学现象结合的想法呢？若要结合感觉和感官的话，吾人必须改变自然科学式实在的看法，必须将具有生理机能的存在视为一个实在，亦即必须思考机能的统一（funktionale Einheit）这种东西。吾人的手或脚并非单纯的物理实在，而被视为具有一个目的的东西，是因为它们于身体是作为掌控某一部分机能的东西之缘故。一般认为光线会在视紫质里引起化学变化，此化学变化刺激视神经后产生光的感觉。视紫质当然是光觉成立不可或缺的重要条件，然而单单只有视紫质，光觉是无法产生的，必须在和身体全部，特别是在和神经中枢的结合当中才能具有此作用。吾人身体并非一个静态的统一，而是一个动态的统一，而且不单是机械的统一，而是目的论的统一。无机物和有机物的差异并非在于其质料，而是在于结合的形式，这是函数的差异。吾人的精神和应视为目的论的函数统一之身体相结合，以此结合为基础眼睛才会感觉到光线。吾人的形体即使没变化，但若没有生命的统一的话，眼睛不会看到光线，耳朵不会听到声音。那么，这个生命的统一究竟是什么呢？这和物体的统一是在哪一点上不同呢？一般认为吾人通常是作为呈现所谓生物现象而存活的存在，然而严格来说，所谓生物现象并非是比物体现象还要高层次的东西，它和物体现象同样都是自然现象、纯粹对象的世界。生命的现象不见得就带有精神现象，事实上当某种生命现象带有精神现象被确定时，眼睛方能看到光，耳朵方能听到声音。那么，如此结合生命这个客观现象和精神这个主观现象的东西究竟是什么呢？要结合所有两个东西的话，必须要在这两者当中有共通的东西，亦即必须要有结合主观和客观的东西。而能在吾人内部证实此结合的是意志行为，若更进一步思考的话，那应该可以说是自觉的意识吧！吾人投射此结合来思考精神和身体的结合，将它进行一种类推并思考活在生物的某个部分。

　　吾人结合吾人肉体并进行思考的"我"的精神，指的是被对象化的精神。吾人在将吾人精神结合到身体来进行思考之前，首先必须先反省自己的意识，并将它投射到由时空间的因果律所组织的自然界中去观看。在这种意义上的自己，是心理学家所谓的心理的自己。冯特将它视为伴随在吾人意志或注意的能动感情（Tätigkeitsgefühl），亦即统觉作用的感情。[①] 詹姆斯所谓的烙印，亦是指这一种东西。心理学家以这种感情为核心，将身体的感觉和表象结合到它上面。那么这个统觉作用究竟是什么？ 若以内省，亦即直接的方式来看它的话，便是意识内容本身的内面发展，亦即意识的根本事实，这无法依据他者来说明。若深入地思考的话，这便是作为实在的根本形式的自觉体系之意识。吾人的统觉说的是实在的自我发展相。虽说是自己的意识内容，但没有应该称为"我的"（私の）这种东西，被意识的内容全部都是普遍的，只是伴随在某个意识内容的发展作用之意识被命名为自己而已。

　　我们要如何将上述心理自我结合到纯物质界，并思考吾人的身体呢？在吾人的心理自我背后有逻辑自我，亦即先验自我。构成物质界的是这个自我。自然界是作为其对象出现的。吾人相信能通过知识知道外界，通过意志将自己实现在外界，那是因为吾人背后有这个普遍的自我。我们是通过这个背后的自我和自然界结合的。我们从纯粹经验的世界去除跟随自我意志的东西并思考自我的身体，如此看来，意志会制造自己的身体，但从另一方面来看，我们可以说自我这个中心会形成是因为有身体的缘故。当我如此将手拿出来时，从内面来看是意志，但从外面来看却是身体的运动。意志是精神界的身体，身体是物质界的意志。吾人身体作为心物的合一，是一个艺术品。费德勒认为语言作为思维行进的最后发展是其表现，艺术作为视觉行进的最后发展是其表现。在这种意义下，身体是意志的表现，结合身

---

① 　冯特：《心理学纲要》，第 227 页。

心的东西是内面性创造作用。吾人知道外物，是指立足在普遍自我的立场来看自我的经验，从一方面来看是指将自我的经验普遍化，从另一方面来看是指普遍者在实现它自己。以背后普遍自我为依据来进行统一，是指将各种自觉体系的中心结合在一个，我们可以将它视为各种圆锥曲线通过极限概念以一个连续体的公式被统一这种结合。比如，当我们在思考圆的时候，圆自体或圆的纯粹意识就作为主体在活动。① 在这种情况下，它是一个自觉体系，但若反过来从二次方程式的曲线的公式立场来看，圆或椭圆便会作为一种特殊的情况而失去其个性。若将圆或椭圆这种各个的立场视为个人意识的立场的话，那么普遍公式的立场就可以被视为物质观的立场。如在论及几何学的先天时所说，自觉体系发展到质和量两个方面，如果射影几何学的对象只表现出其质的关系、解析几何学的对象表现出其具体的全体的话，那么每个个人的意识之区别就相当于几何维度的区别，物质界就相当于单纯的数的体系。物质界只被认为是假言的、可能的世界，亦是依此之故。精神和物体的结合，和在解析几何学的对象中数和几何学体基本之间的结合，都是以同一的理由为基础的，也就是说，该统一就在于反省自我的自我本身当中。在"甲是甲"这个自同律的判断里，结合主语"甲"和客语"甲"的是判断自身的动态统一。这两者之所以必须结合，是因为它们都是假定此动态统一而成立的缘故。作为意识现象，主语"甲"和客语"甲"是不同的表象，但在对象里却都是同一。在抽象面上，表象、对象及此两者的动态统一被认为是不同的，但在具体面上，则是一个自觉体系。此三者就是一个。意义预想了判断，判断预想了意义。在如意义即事实、事实即意义那样无限发展的一个自觉体系里，若暂且将对象的系列和作用的系列分开来思考的

---

① 西田拒绝用"思考的我"和"被思考的圆"这种主客二元模式来说明"我们在思考圆"，而是用圆自体（普遍者）在进行活动或发展来说明。这个说法为其弟子西谷启治所继承、发挥。西谷在《宗教是什么》（1961 年）中强调"火不自烧"的自体存在方式，才是火的真实存在。这种非主客二元框架下的自体活动，被西谷用来说明空的立场。

话，在对象系列方面，可以将每个对象视为各个的物体，然而在将它视为一个客观自我的发现来看时，此客观的自己对于各个的对象系列则成为目的论的统一。与之相反，在作用系列方面，每个作用虽是各个的精神现象，但统一这些系列的东西，则成为一个意识统一，亦即一个人的意识。在对象方面的目的论统一相当于在作用方面的意识统一，精神和物体的合一在此得以成立，也就是说，身心的结合是在一个自觉体系当中成立的。意义假定作用、作用假定意义，如两者的统一在于本原行动那样，作为目的论统一的身体假定了作为意识统一的精神，后者又假定前者。两者的统一就如同在意志里那样，其极致就如同在艺术、宗教里那样，处在自觉的发展当中。即使只依据对象关系来思考，当一个球碰撞到另一个球而移动这个球时，通常都会说前者作用于后者，但这种作用并非只是一方作用于另一方而已，还必须是交互作用（Wechselwirkung）。吾人在一方面思考的是在其背后让这些关系成立的机械力量，并将这些变化视为其现象来进行思考。与之相反，在另一方面，如在生物的冲动（Trieb）中所看到的那样，当各种变化作为全体具有一个统一，亦即一个目的时，吾人思考的又是在其背后的生命力量（Lebenskraft），认为这些变化是由作用所产生的。连续变化的各个连锁，虽是依据机械的因果律，但将它统一在一定的顺序里并推动它的正是所谓生活力量。如果如洛采所言，让相互作用成立的物的统一（Einheit der Dinge），亦即自动的东西是实在的话，[①] 那么生活力量可以说比机械力量还更具有实在性。然而，有机体在洛采所说的"物的统一"意义里，尚未是真正的实在。真正的实在必须是自觉的东西。而让物活动的真正力量若是其目的的话，精神和物体的关系就不是一般所想的那种平行论的结合，而必须是目的论的结合。在具体的全体是抽象物的目的这个意义下，精神被认为是物体的目的。

---

① 洛采：《形而上学》（*Metaphysik*），1912 年（初版 1879 年），第 137 页。

# （三十八）

我在上节的结尾中向自觉体系的统一寻求身心的结合，并试图以目的论的方式将两者的关系作为手段和目的的关系来进行思考。物质的目的是有机生命，有机生命的目的是精神，目的是物的本质，眼睛是为了看见光而存在，而且可以说具有其实在性。我接下来还想针对此点进行详细的考察。

独立的真实在在其自身必须是自觉的，自觉的东西是真正具体的。即使根据洛采那样的想法来看，真正在自身之中让相互作用成立的绝对者必须是自觉的。实在要求"必须是自觉的"（自覚ならんこと），亦即物体要求精神。若是"イ"的话就是"ロ"，若是"ハ"的话就是"ニ"这种自然法，只不过是表示可能性的假言命题。从这种法则的结合而成立的一个体系，便是所谓物体界。当然，物体界若要被思考为独立的实在，它必须被认为是在其自身之中具有发展的动机和方向，而且是一个变化产生变化的自觉体系。成为此体系中心的东西，在客观上被认为是物的力量，在主观上则被认为是思维的统一。物体界作为具有其自身方向的一个体系，具有一个目的，其实在性可说是以此目的论的统一为基础的。只不过其目的对于物质本身是偶然的。即使将现在正朝着某个方向前进的物体界之变化思考为朝向相反的方向前进，这和物质本身的性质一点都不矛盾。在这一点上，物质界作为实在，尚有不确定性、不完全性在。物体界的实在性唯有依据和直接具体经验的结合才能获得。物理世界观单纯是抽象的，无法依此表现具体的实在，这从它直接陷入二律背反（Antinomie）来看，亦是非常明显的。空间、时间、因果单纯是无限而没有终点，这意味着它们作为实在，在其自身是不完全的。虽说如此，将这些视为有限，对其自身而言，亦是一种矛盾。若要脱离这种二律背反，无限的真正意义必须是在自己之中描摹自己，也就是自觉的，而物质界所依据的真实在必须是自觉的，亦即精神的。所谓依据空间、时间、因果的形式而成立的物体界，并非在其自身是独立的真实在，它只不过是具体实在的抽象面而已。在这个意义上空间、时间、因果是现象的，只是"被表象的东西"（das Vorgestellte）而已，真实在则是"表象的东西"（das Vorstellende）[1]。作为真实在的空间，必须是表象主观表象我自身（表象主観が己自身を表象する）的作用。洛采认为空间性（Räumlichkeit）作为外界的性质是现象的，但作为内界的事实却是实在的，[2]亦是依此之故。空间在主观上具有其实在性，空间并非物的描摹的形式，它和物一同形成流动实在的一部分。比如，语言和思想，一般来说，前者是后者的符号、象征。这和费德勒认为两者同样是一个内在生活的一部分，语言是思想的最后阶段[3]是一样的。

当物质界或物力在其自身中不具有限定的方向时，是无法被思考为真实在的。真正的实在必须是被限定的。单单只是可能的东西并不是真正的实在。吾人一般会将物体界思考为无法推动的一个实在，是因为事实上，物体界暗中在其自身具有一定的方向。因此我们可以说物质的实在性以它的目的为依据，目的论统一能够让物质界去思考一个实在。当然也会有人这样想：物体界在其自身是一个完全的体系，就像被结合的两个力量朝着其合成力量的方向在活动那样，所有的发生事件过去曾如拉普拉斯所想的那样，能以数学的必然来加以说明。然而，这种必然只不过是从被给予的某种配置所产生的必然而已。这个配置本身对物质界来说是偶然的，和物质的内面性质没有任何关系。有机体和它相反，其秩序原理（Ordnungsprincip）本身是实在，机械因果的连锁只是它的手段而已。实在如果是限定其本身的东西的话，有机体和物质相比则是更加完全的实在。对相信物质界是被给予的实在的人来说，有机体的秩序或许是偶然的，但物质界只不过是实在

---

① 可翻译成"能表象的东西"、"进行表象的东西"。
② 洛采：《形而上学》，第 216—218 页。
③ 费德勒：《艺术活动的起源》，《费德勒艺术论文集》第 1 卷，第 198—199 页。

的一种解释而已。物质界被相信是实在，并非是说在它自身没有矛盾的体系，而是因为它以现实的经验为基础。而现实的经验给予它实在性，是因为吾人一般都认为现实的经验是限定的极致。吾人对实在的想法关系到现实的核心。现实不是单纯的点，而是像重力的中心点那样的东西。过去属于吾人的记忆，未来只不过是吾人的预想而已。我与实在唯有在现在之中才能有所接触。我只能在现在之中埋没我，并在其自身中接触到独立的实在。然而若把它反过来说，实在接触到我的地方正是现在，我埋没我，成为实在本身之处，亦即实在在绝对活动的状态之处就是现在。现在是实在的重心点。如费希特所言，在吾人的自觉里，知者与被知者是一个。① 自觉即是理智直观。所谓自己知道自己就是自己在活动，真正的自觉若是绝对活动的话，这种自觉的点就是现在。现在被认为是实在的核心，亦是依此之故。

在物质界里，现在所发生的事件被认为只是普遍法则的一个特殊例子，在严格的意义下，物质界并没有所谓的现在。现在是限定的极致，必须是独一无二的点。在物质界中的现在之限定，虽然依据其被给予的配置，然而此配置对物质本身来说是偶然。某个配置被认为是唯一，只不过是因为现在的经验成为核心的缘故。在生物学的现象里，与之相反，在现象本身当中我们可以思考唯一的点，亦即现在。当然，从一方面来看，无论是何种体系，没有不具备限定面的。如方才所说，就连在纯粹思维的体系里，亦可以思考限定的方向。然而，所谓物质界这种东西，如先前所说，是立体的平面图。如射影图和原立体有关联时才具有意义那样，物质界在和原实在的关系上，亦具有其意义。结合原立体的各个顶点和平面图中的对应点的东西，正是表示物体界的合目的关系的东西，也就是精神和身体的结合线。如果原立体并非是静止的东西，而是朝向一定方向运动的东西的话，那么物体界的变化方向，亦会随之确定下来。而在物体界，被思考的是不可撼动的现在。若进

①　费希特：《全部知识学的基础》，《费希特全集》第 1 卷，第 127 页。

一步演绎上述譬喻的话，立体的各个面，相当于每个心理的个人，这些面的每个边相当于各种精神作用的区分。而结合原立体和射影面的线，从一方面来看表示心理作用，从另一方面来看表示生理作用，亦即表示精神、物理平行的现象。若脱离和立体的关系，从此平面图自身来思考的话，这些线或面的射影亦只能被视为平面上的线或形状的关系，也就是如唯物论者所说的，所有现象皆通过机械论的关系才能得以被说明。然而，射影图原本只能在和原立体的关系中才能具有其存在理由。射影图只是表现原立体的手段而已。物质界若如上所说的那样，是立体的射影面的话，生物界现象这种合目的的现象，就是在射影面中加入和原立体的结合线的东西。自然界中的目的观，是物质现象在和具体的原经验关系中被看到的东西。成为目的观基础的是吾人的意志作用，将意志的影子映照在物质界来观看的是生命。相对于因果关系主张"若有'イ'的话'ロ'必须遵从"，目的的关系主张的是"若要有'ロ'，'イ'必须在它之前"。若是如此，将前者关系翻转的力量，必须是立足在前者关系以外的东西。如果物力是平面的话，那么生命就是立体的。自大论者（Vitalist）[①]主张生命不会从物力产生，但无论是物力也好还是生命也好，并不会另外有这种实在，这些都只是实在的各种不同看法而已。在此能够说的是，目的观和机械观相比，是更接近具体实在的看法。在生物的生命里，现在相当于自觉体系限定自身而发展的先端，亦即相当于生命冲动的前端。生命将无法翻转的顺序作为藏在其自身当中的东西，具有独一无二的现在。若将生物的生命思考为一个能够重复的完整统一的话，这和一个完整的物力体系则没有不同。生命之所以是生命，就在于接触无限实在的流动之处，也就是在于接触无限自觉、寄寓其身影之处。目的论因果关系中的最终原因（la cause finale）正是表示一个物体面和自觉体系的接触点，也就是从后者的立场来看前者。所有的吾人之对象界，通过接触没

---

① "活力论者"、"生机主义者"。

入在其中，虽能活动却无法反省的、直接的流动性实在，其自身便成为流动性的，亦即成为无限的大生命、大实在的一部分。方才说空间作为内界的事实是实在的，亦是依此之故。当然，如上所说，目的观相较于机械观更能表示出具体的实在，然而这不是因为所谓生物的生命比物理的力量更加具有实在性，而是因为所谓生物的生命和物力相比是更孱弱的东西。物力虽然是不灭的，但生物的生命却有死亡。洛采在《形而上学纲要》(*Grundzüge der Metaphysik*)①中论及生命和自然的关系，并如此主张：某个冲动若能完全自己达到其目标的话姑且不论，若无法达到的话，则必须将被给予的东西作为手段来使用。此时，冲动为了达到该目的，必须遵从手段本身的规则。因此，其力量可以说是有限的。当一个体系对于外界影响能起到合目的的反动作用时，它是活的。但如果超过了那个程度就不能再发挥该反动作用，也就是死亡。②然而，生物的生命是经验的一部分的目的观，只是实在的一部分的具体看法。物力所不能打破的，甚至是将物力作为其一面而包含在内的，洛采所谓自身能达到目的的东西，必须是自然全体的生命、宇宙进化的目的力。在吾人个人经验的范围内，我们自己是实在的中心，我们的身体虽然是以该射影的"我的生命"为中心来活动，但我们的"我"只不过是洛采所谓从永恒的泉水流出来的间歇旋律(eine Melodie mit Pausen)而已。③因此，对于作为大人格统一的一面的自然力量，个人的生命只能说是像芦苇那样脆弱的东西。

　　和物质界相比，生命的世界可以说更接近具体实在的东西，和生命的世界相比，所谓意识的世界更能接触到实在本身。原本这些世界并非各自独立的实在，而是从各种立场来看一个实在的东西。现在假设将这些世界作为各自独立的世界来思考的话，这些世界可以说在"现在"这一点上相

---

① 按字面亦可翻译为《形而上学的基本特征》。
② 洛采：《形而上学纲要》，1883 年，第 70—75 页。
③ 洛采：《形而上学》，第 602 页。

互接触。现在是各种对象界的接触点。我们往往会将"现在"视为无限时光流动的一点，认为线是点的连续，"时间"是现在的连续。然而就像连续不能被视为是离散点的连续一样，"时间"亦不是孤立现在的连结。真正的现在必须是"时间"这个连续的切断（Schnitt），亦即必须在现在这一点中具有全体的意义。现在不只是可能性直线的任意一点，还必须是在质上被限定的东西，必须是质的连续的切断。我认为这里才会有"现在"这个独一无二的意义。如方才所说，自觉的体系若具有质和量这两面的话，现在必须是由这两面所限定的东西，必须是由自觉体系的全体所限定的东西，也就是说，现在是实在的全体被反射的焦点。吾人于现在接触宇宙的核心。如前所述，现在像是实在的重心。重力虽属于物体的任何部分，但所有的力量可说是在重心的一点当中活动的东西。物体的重心虽然是由物质的配置这种量的关系决定的，但实在的现在则是由各种经验体系，亦即各种世界的质的关系决定的。若各种世界立足在各自的先天之上的话，现在就可以说是这些先天的统一中心，亦即自觉体系的几何学关系之重心，也就是柏格森所说的生命冲动的先端。如此，现在可以说是自觉发展的直接经验全体的重心。这里有无法撼动的"现在"的绝对性，这里有所谓物体的重心这种相对的东西和绝对无法撼动的现在之区别。我认为理想和实在的区分亦必须以此为基础。"现在"对我们来说是绝对的被给予物、限定物，吾人无法反省它，是因为现在是在绝对无限的统一线上的缘故。这种经验的无限统一必须是应然即存在、纯粹活动，也就是创造的进化，因为所谓无限就是在自己之中描摹自己。在这里，我忘了我自己，主客合一，万物和我一体。知识的形式和内容的结合只能在这里寻求。吾人知识的新内容总是从生命冲动的先端进来的。不仅是所谓经验的知识内容，甚至是从逻辑到数理的推移，算术到解析的推移亦必须通过此点才可能。即使单就自然科学知识来看，自然科学的知识都是尽可能地抛弃臆测、接近事实，依此以这个现实为中心来进行思考。如赫兹（Heinrich Rudolf Hertz）在《力学原理》的序论中所言，从超距作用（Fernkräfte；日语：遠達力）的力学到能源的力学，甚至是到他的力学，都没有设定任何的世界观，而是在论述现实本身。[①] 我在想，现代的相对性原理恐怕是最符合这个意思的。以现实为中心来思考，意味着可以思考在原理上是最普遍同时也是最具体的实在。虽然有人会说某种无限的统一是无法被思考的，但思考无限的统一便是在其自身是动态的。

实在的重心，亦即自觉体系的中心究竟是什么呢？即使作为自觉体系的一例，就推理来思考，它可以说是普遍者作为限定自己的过程的一个方向。当然，我们可以说真理自体没有任何时间的先后，但是在这些当中，亦无法拒绝像胡塞尔的现象学时间那样的东西，时间反而是以它为基础的。而这种限定的方向可以无限前进。如柯亨的"根源的思维"（Denken des Ursprungs）所主张的那样，它可以彻底地回到原本来进行奠基的工作。实在就是这种自觉系统的无限连续。从一个体系转移到另一个体系，必须依据这种内面转化。当此内面转化的瞬间成为主客合一作用、一个流动时，它就是真正的现在，在那里有全实在的绝对统一。即使针对精神和身体的结合来思考，如前所述，在单纯的物质界里，不会有精神与之结合的可能，两者完全是没有任何交涉的。物体要和精神结合，必须是有机的，亦即必须是目的论的。当物体被认为是目的论的、是一个方向时，它必须具有一个中心，这个中心就是自觉体系的转化点。在这一点上，精神和身体被认为是相互结合的，也就是被认为是灵魂的处所（Sitz der Seele；日语：精神の座）。当吾人的动作是合目的的，吾人的身体被认为是一个机能的统一时，受到外界刺激而对它产生反动的中心，也就是知觉神经和运动神经的接触点，则被认为是灵魂的处所。如此一来，我们便可以说如柏格森所说，身心的结合就在于生命冲动的先端。精神和身体的关系并非如一般所认为

---

①　赫兹：《力学原理》（Prinzipien der Mechanik），1894 年，序论。

的那种单纯的平行论关系。在柯亨所谓"根源"①的意义上，精神是身体的根源。精神和身体相比是更高层次的具体立场。我们可以说身体的实在性就在于精神当中。如果我们能说上述的关系是目的和手段的关系的话，那么身体便是精神的手段，精神和身体的关系就是目的和手段的关系。在数理成为逻辑的具体根源、连续数成为分离数的具体根源、生命成为物质的具体根源这种意义上，或许我们可以说精神成为身体的具体根源，后者为了前者而存在，是其手段。若单纯地以抽象方式将它作为认识对象来思考的话，那么逻辑就能脱离数理，分离数就可以脱离连续数，物质就能脱离生命。然而具体来说，对象和作用是不可分离的，离开作用，对象是不可能被理解的，离开对象，作用是不可能被理解的。逻辑通过数理而得到其实在性，分离数通过连续数而得到其实在性，物质通过生命的统一而得到其实在性。抽象的、假言的、依他的东西在其自身是不完全的，在其自身是矛盾的，若想要完全成就自身的话，必须前往更高层次的立场。如之前所说的，在大前提下所说的是盖然性的、理想的，在小前提下所说的是事实的、现实的，在断定下我们可以看到的是结合此两者的自觉体系的全体，亦即作为本原行动的具体性全体的显现。我们可以这样认为：大主语表示物体界，小主语表示心理主观，精神和身体在推理的断定形式下相互结合。若如自然科学家所想的那样，将普遍者作为实在来思考的话，或许个人的精神现象会被认为只是其特殊的一个例子而已。然而，推理的客观性并不存在于其大前提的抽象普遍性。成为客观知识根柢的、真正的普遍者，必须是具体的普遍者，亦即必须是在其自身是创造性的东西。知识的客观性便是依据它而成立的。推理的本质并不只在于假言的大前提，还在于限定自身的具体普遍者的创造作用之中。创造作用的本质不在于其背后的原因，而是在于其前进的目的当中。单纯的普遍者并非实在的目的，反而是发展的手

---

① 柯亨：《纯粹认识的逻辑学》，第 36 页。

段。如此一来，若从客观知识发展的要求来说的话，逻辑成为数理发展的手段，分离数成为连续数发展的手段，物质界成为精神界发展的手段。在这个意义下，吾人的精神和身体在推理的形式下，可以说是依据目的和手段的关系结合的。若要寻求灵魂的处所这种两者的接触点的话，那么小主语便相当于这个点。小主语相当于生命冲动的先端，是实在的重心，也就是相当于吾人的现实。物体界并不是在其自身就是独立的实在，它只是具体的真实在的一面而已。从实在全体的发展上来说，它只是其发展的手段而已。我在此想对洛采在论及知识的意义时所主张的这段话表示赞同：吾人的感官并非为了描摹外界而存在，美丽光芒的闪烁、美妙声音的旋律，无论哪个都是为了其自身而存在。这些都是目的本身。物体运动只不过是让吾人精神达到这个目的的手段而已。①

# （三十九）

如前所述，所有直接的、具体的实在是自觉的。若依据思维的经验，亦即逻辑实在的形式来说它的话，如黑格尔所言，所有的东西都是推理的。我认为思维的经验亦不是一般认为的那种单纯主观作用，而是如费德勒所想的那样，是具有将语言作为其表现的内外两面的一个独立的实在。② 精神和物体并非两个不同的实在，而是自觉的具体的实在的两面。依推理来说的话，其大前提表示的是物体界，其小前提表示的是意识界。物体界指的是将吾人的直接经验，亦即实在彻底普遍化的可能性世界。与之相反，意识界指的是那个被特殊化的，亦即被限定的现实世界。我们首先会在自己的意识范围内将时刻都在变化的经验普遍化，接着在社会经验上陶冶它，最后再依据所谓理性来纯化它，并完全去除人格要素，建构出所谓物理世界的东西。

---

① 洛采：《形而上学纲要》，第 84—85 页。
② 费德勒：《艺术活动的起源》，《费德勒艺术论文集》第 1 卷，第 199—200 页。

然而,所谓物理世界是实在的一面,而不是实在本身。具体的真实在始终是这个现实,现实始终是全实在的中心。赋予物理知识客观性的也是这个现实。精神界和物体界的接触点或精神界和物体界的分歧点,事实上就在这里。若针对吾人的自觉经验来思考的话,我反省我的地方,亦即我活动的地方就是我的现在。一般都会认为不论活动与否,在其自身之中必会有一个不变的自我,我现在的活动就是从这里产生的,也就是说不变者就是实在。然而,我之所以是我,就在于这种自我反省自我的地方,也就是在于反省的自己和被反省的自己是同一的地方。在这个本原行动之外,不会有我。我的全体就在此处。连过去的我也不是真正的我,未来的我也不是真正的我。真正的我就是现在的我。我们以现在的我为中心想起过去的我、想象未来的我,但这种被想起的、被想象的我亦不是真正的我。这些只是作为现在的我的表象形成其一部分而已。我们在行动上虽然可以接触到过去的我,但无法回到过去的我。所谓“过去便是逝去的东西”( le passé est passé )①。真正的自我是这个现在的能动自我。被思考的我是被限定的我。从此处任何东西也产生不出来,这里没有任何创造作用。决定论者的想法是以我为对象来思考而产生的。

　　现在被认为是实在的重心,是因为它是吾人经验发展的先端之故。因此,其自身在活动才可说是实在。然而现在若将无限的经验体系作为被给予物来思考的话,那么吾人的经验在活动便可说是立场的推移。比如,将通过某个立场被统一的经验体系视为一个圆来思考、将无限经验体系的结合视为是无数的圆在某一点上内接起来的情况的话,那么和此点的切线呈现垂直的直线,亦即贯穿无数的圆之中心的直线,就是经验移动的方向。我们可以将它思考为柏格森所谓流动时间( le temps qui s'écoule )②这种真正的时间方向。经验的推移有两种。一个是以同一立场为基础的经验发展,亦即

---

①　“过去已经逝去。”

②　柏格森:《物质与记忆》,《柏格森著作集》,第 224 页。

一个以先天为基础的发展。另一个是立场的推移,也就是从一个先天到背后的大的先天之转移。若将前者作为一条直线的广延来思考的话,后者就如马堡学派所认为的那样,可以通过极限概念被视为是从一个曲线到另一个曲线的推移,亦即创造作用的发展方向。然而,在前者的意义下,无限的广延和数的无限一样都可以被思考为是一个体验,因此我们可以认为经验全体的绝对统一点,就在于体系和体系的无限系列之统一点之中。而我们所思考的实在若是被统一的经验的话,这种统一的极限就必须是绝对的真实在。被认为是实在的东西就是理想的东西的极限,数理变成逻辑的极限,连续数则变成分离数的极限。而如上述的无限者的统一,亦即绝对的统一,指的是在其自身是独立的且在其自身是动态的,亦即必须是自觉的,正是在其自身是动态的,方能说是真正的无限。停止的东西是有限,变动的东西是无限。吾人的现在指的就是这种无限实在的统一点。吾人可以在这个现在和无限的实在相互联络,从此点移动到无限的实在。现在就是经验的一个体系统一自己同时又超越自己并移动到另一个体系的点,也就是回归到自己的根柢的点。因此,现在可以被视为创造性进化前进的先端,同时也可以被视为回归过去的反省点。吾人相信可以通过意志前进到未来,同时通过反省可以省察过去。现在事实上是这两个方向的结合点。然而,反过来思考的话,如前所述,吾人反省过去就不得不和吾人无法回到一瞬间的过去这种想法产生冲突。在此,存在深层的逻辑矛盾。此矛盾又该如何解决呢?

梅特林克( Maurice Maeterlinck )在题为《过去》的小论文当中,如此说道:过去并非逝去的东西,过去无论何时都存在,过去并非不可移动的东西,过去从属于吾人的现在,和现在一同在变动。唯有在道德上死去的东西里,过去会变成固定的东西( Maeterlinck, *Le Temple Enseveli*. p. 208. )。[1] 我想用目的论的方式来解释梅特林克的话。在机械论因果关系里,或许过去是不可动摇的东西,但在目的论因果关系里,却可以通过现在和未来来改变过去

---

① 梅特林克:《埋没的神殿》,1910 年( 初版 1902 年 ),第 208 页。

的意思。在目的论因果里,过去是现在及未来的手段,过去的意思会因前往将来的路途而改变。我们可以回看,奥古斯丁改变(conversion;日语:回心)以前的生涯,也因为他改变后的生涯,而有其意义上的转变。奥斯卡·王尔德(Oscar Fingal O'Flahertie Wills Wilde)认为,在希腊,神亦无法改变过去,但基督却教导人无论何种罪人都可以很容易地改变过去,并如此说道:当圣经里的放荡子跪在父亲面前哭泣的时候,他将他的过去变成最美丽、最神圣的东西。① 我认为过去不单只是在这种道德生活里被这样认为而已,在所有的目的论因果里,亦可以这样被思考。如果有所谓"绝对时间"的话,我们或许无法回到一瞬间的过去,但所谓绝对时间只是思维的要求而已,并非实在的东西。机械论和绝对时间之间,并没有必然的结合。物理学家的"时间"只是一种坐标而已。从实体的一方来看的话,在机械论里必须思考的反而是能够重复同一的现象。吾人会认为无法重复同一的现象,是因为我们认为体系的全体是被给予的东西的缘故。如吾人在时钟的刻度面中知道时间那样,当我们将时间空间化来进行思考时,全体系在被固定的同时,其顺序亦变成不可动摇的东西。机械观和绝对时间的结合,便是依据此道理。柏格森所说的真正无法反省的"时间",不仅无法被认为可以重复,亦无法被认为不可以重复。当我们将经验对象化,并想象其全体统一时,或许会有不可动摇的"时间",但这种统一当然无法达到这个地步。所谓全经验的统一只不过是吾人的要求而已。纵使全经验的内容是有限,能够完全被意识到,但只要说"意识到它"就已经是新的经验。如此一来,必须要有无限的新的经验。然而,无法达到全经验的最终统一,并不是说在经验里没有统一。无法被预测统一的经验是不能成立的。如柯亨所言,被给予物是被要求的东西,全经验的统一就是要求的统一、作用的统一,我们虽然不能在知识当中去求得,但可以在意志当中去求得。

---

① 王尔德:《狱中记》(*De Profundis*)(第 22 版),1911 年,第 113 页。关于《圣经》的放荡子,参见《路加福音》15:11—32。

　　我认为在自觉当中不单只是将自己作为对象来意识，还包含了情意的意识。在自觉里，"知道"（知る）就是"行动"（行う），"行动"就是"知道"。我们一般都会说若将意志作为认识对象，它就不再是意志，但在吾人的自觉里，并不能这样思考。在自觉里，知和意的区别是抽象的区别，具体来说，此两者必须直接就是一个。看似悖论，之所以知道我们无法反省自己，是因为知道自己的缘故。我认为不单是在自觉的情况，甚至是在意识到一个连续直线的情况下，作用的意识亦被包含在其中。当吾人意识到一个连续直线时，吾人必须思考不能表象在其中的东西被意识着，亦即必须思考思维对象以一种直觉的方式被意识着。当我们想从表象意识达到严格意义上的连续这种思维对象的意识时，在这之间必须要有作用的意识进来，必须要有利普斯所谓的跃入（Einschnappen）进来。在此，必须要有生命冲动。在连续的意识当中，必须有作用的意识进入，也就是说意志必须进入。数学家所谓极限概念必须包含意志的意识。吾人的意志是极限的意识、是从先天转移到先天时的意识。在吾人的意识和生命冲动接触之处，必有意志。虽然说当意志变成认识对象时就已经不再是意志，但只要我们意识到连续，就必须思考作用被意识到。提到去意识（意識する），吾人必会将它作为意识对象来意识，而该对象并非属于实在世界，而是属于意义世界的东西。然而去意识，并不单只是去认识（認識する）。无论是意志或感情都是意识的一种。当我们去意志着某物（或物を意志する）时，我们不能说此事本身被意识着。如布伦塔诺等人所想的那样，若将意识作为我和对象的关系来思考的话，[①] 意志或感情必须是和知识完全不同的对象关系。在知识里，我和对象虽然是对立的，但在意志或感情里，我和对象必须是合而为一的，也就是说我们必须认为有一个我和对象一致的意识。我们在内省经验之上，显然可以区分并意识到"我知道"（私が知る）、"我想要"（私が欲す

---

①　布伦塔诺：《从经验立场出发的心理学》第 1 卷，第 137 页。

る）、我感到（私は感ずる）。当我们知道"我想要"时，毋庸置疑，该意志已变成知识对象。然而，当我们知道过去的意志时，就已经知道它是意识，它是"我想要"。这种意识的意义并没有依据反省而改变。我们会认为当过去的意志被反省时该性质就会产生变化，是因为我们将意识对象的性质视为是一样的，那是因为我们拘泥在单纯的知识对象这个语言。吾人意识到，不见得就是认识到（認識する）。认识对象虽是意识对象，但意识对象不见得是认识对象。艺术家所谓的"骨头"显然是一种意识，然而艺术家并没有把它意识为认识对象，只是把它意识为一种力量。如果将它意识为认识对象的话，那么它就不再是"骨头"。这种意识或许是无法用概念来思考或表现在语言上的东西，但不能因此就认为它是不清楚的意识。这是一种错误。无论是意志或感情都和知识一样，必须是清楚的意识。艺术家所感受到的和思想家所思考的相比，在其清楚和精细的程度上不会比较逊色。当我们想起过去的意志或感情时，它已经是知识的对象而不是意志或感情，那么会这样想究竟是依据什么理由呢？如上所述，意志或感情在其自身是清楚的意识，当我们想起它时，显然必须和知识进行区分，若是如此，究竟又是依据什么来说它是知识对象而不是意志或感情呢？若将知情意的区别比拟为空间的三维度的话，我们就像依据先验空间的形式来意识、理解各个的方向那样，区别过去的知情意，不就是和现在的知情意一起透过作为知情意之基础的先验知情意之方式来进行识别的吗？吾人会想起过去的意志或感情，不就是用和现在的意志或感情同一的方式来去意识的吗？意和意接触，而情感觉到是情，因此意志或感情并非一般所认为的那样，成为知识对象被意识到。如果当我们意识到过去想要这样（斯く欲した）时，过去这个想法的附加会让过去的意志失去意志的性质的话，那么当我们意识到现在想要这样（斯く欲する）时，现在这个想法的附加亦会让现在的意志失去意志的性质。意志若能意识到它的话就不再是意志，无论在何种意义下，若无法意识到的话就不会有意志。这种矛盾无论是在过去或现在的情况都一样。意志必须直接被意识到，若非如此，意志这个意识就会消失。如果意志能直接被意识到的话，那么无论是意识到过去的意志还是意识到现在的意志都一样。换言之，意志并没有时间的差异。意志和思维一样，是超越所谓时间关系的意识。意志的统一不单只有超越时间关系而已，它可以说是比思维统一还更具有深层意义的统一。我们可以说在思维的根柢里有意志存在。组织经验体系的真正普遍者并非普遍概念，而是一个动机，它并非思维而是意志。我们必须说真正依据自身而成立的自动经验体系便是意志的形态。若如此思考，意志的直感反而成为知识统一的基础，在时间统一面前必须要有意志的直感。即使就想起过去思想的情况来看，当我们想起过去思维时，作为心理现象的思维作用作为过去发生的事件，虽属于知识的对象，但在过去让思维作用成为思维作用的意义，并不属于自然界。而在过去让思维作用成为思维作用的意义，在现在是让思维成为思维的东西。当我们在现在想起过去的思维时，便是站在这种意义的立场上来看的。居处在二维度世界的人无法理解三维度的意义。即使主张在二维度世界的图面是三维度的射影，依然是无法理解它的。若想要将二维度世界的图面作为三维度的射影来理解的话，我们必须试着一度离开这个二维度的世界。我们若想要想起过去的思维，就必须一度立足在超时间意识的立场。思维的内容无论在过去或现在都是一样的，唯一的不同就在于意识它的作用。意识到并不会为思维的内容本身带来任何变化。虽说"太阳的表象不会发亮"，但其变化并不是为了想起才产生的，那是因为知觉和表象在作用当中是不同的之缘故。意识到和存在着（存在）是相同的，和意识的内容及性质没有任何关系。东西无论出现几次，其本身并没有任何变化，同样地，同一的意志无论活动几次，意志本身可以说是同一的。所有精神现象被认为只有一次的东西，是因为有"被意识就是其本质"、"被意识就是在时间上所发生的事件"的想法之缘故。然而，若严格地如此思考的话，在心理现象之间，既没有任何关系，亦没有统一。这种东西并不是心理现象，而是纯粹的事实，因此也可以被理解为物理现象。心理学家将被意识到（意識される）作为条件来思考心理现象，不就是已经依据个人主观在时间上将现象统一起来了吗？若单纯只是有意识这种东西的话，我们必须说它既不是物理的也不是心理的。

如上所述，意志或感情这种意识，在根本上，从知觉或思维这种所谓知识作用被加以区分，即使是吾人想起它的情况，亦只能通过意来领会意，通过情来感知情。在意志方面我和对象合一，意志若是意识的根本统一，那么在知识方面我就无法和我合一，甚至无法回到一瞬间的过去，然而在意志方面却能够回归到"超越时间反而创造时间"的绝对自由的我。在意志方面，对象界并非单纯的对象，而是手段。对象本身成为一个活动。我回到我自身，立足在支配对象界的位置。说"我在意志着"（我が意志する）的时候，我已超越了时间的关系。如在目的论因果关系那样，意志是脱离时间关系的原因，时间关系反而是通过意志而成立的。康德认为定言令式在自然因果之外，费希特在知识世界的根柢里思考实践的自我，实在是意味深长。若用时间语言来说的话，在意志方面，通过过去、现在、未来，我们可以认为所有的对象界都是现在。我们可以说，跟随着梅特林克，我们的过去完全属于我们的现在，并与它一起不断地在变化。柏格森主张在内在绵延里无法回到一瞬间的过去，[①] 但我们可以这样思考：在创造性进化的状态里，反而过去全体都可以作为现在进行活动。我们甚至可以这样思考：我们越是达到创造性进化的纯粹状态，就越能达到我们的深层根柢，并将过去现在化。柏格森在《物质与记忆》中将记忆全体比做圆锥形，将其底面视为过去，其顶点视为现在，并认为圆锥是从其底部不断地往其顶点前进的。[②] 但我们可以这样思考：我们尽可能回到圆锥的宽广底面，从那里前往该顶点集中，越是

① 柏格森：《创造的进化》，《柏格森著作集》，第 499 页。
② 柏格森：《物质与记忆》，《柏格森著作集》，第 290—293 页；《创造的进化》，《柏格森著作集》，第 499 页。

集中,过去全体就越能成为现实。方才我虽然将现在比做物体的重心,而物体的重心指的是所有力量活动的点、是构成物体的所有物质重力成为现在的点。虽然吾人在知识上无法通过反省回到过去,但在意志上可以将过去变成现在。在意志里,所有经验内容得以在动态状态里被统一。正确来说,当所有东西变成动态时,过去、现在、未来则会消灭,亦即会超越时间。如洛采所言,时间并非动态实在的形式,只是现象的形式而已。[①] 当我们想起过去时,过去作为记忆表象属于我们的现在,但如此让过去成为现在的是意志。在想起作用这个意志的形态下,过去会变成现在。会认为在现在被想起的东西不是过去的我,那是因为针对认识自我提出全体自我的缘故吧!

当我们认为无法回到过去的我时,过去的我究竟指的是什么呢?如果它指的是在过去中的直接经验内容的话,那么我们就必须认为不仅是在现在,就连在过去,都无法进行同样的反省。与之相反,如果在过去,现在的我在知道我这个意义下能得知我自己的话,那么我们就必须认为在现在能够知道它。被反省的自己,亦即成为认识对象的经验内容,必须是普遍的,亦即必须被思考为超越作用的东西。真正无法反省的东西必须是意志本身,这种意志是超越时间顺序的。我们会认为无法回到过去,是因为我们把时间作为无限的直线,并认为自己是在这个线上前进的一点,在一维度上活动的点无法回到一瞬间之前。但我们可以说,当我们意识到它时,已经是站在二维度的世界,它作为知识对象虽然不可能回去,但作为认识主观却可以将过去变成现在。因此,我们无法回到一瞬间的过去的真正意义,指的是无法绕到能动主观的背后,它必须是在自觉体系下自己无法将全自我作为对象的意思。被想起的过去并非真正过去的我,总之,这是在说我是不可测的,无论用何种锚都无法达到我的底部(根柢)。因为是过去所以无法回去的说法,反而是从空间的立场来思考时间,如此思考本身早已经证明了可以回到过

---

① 洛采:《形而上学》,第 268—302 页。

去。吾人的记忆是将过去现在化的作用，是将过去的经验内容对象化的作用，总之，是超越时间的意识作用。因此，想起过去的记忆，直接就是想象未来的作用。柏格森虽主张无法回到一瞬间的过去，但我认为吾人越是能够超越时间回到圆锥形的广阔底面，在那里就越有伟大的创造。创造反而可以说是深度地回到自己的根柢。在记忆作用里，我们可以超越现在的自己，统一个人自我的全体；在思维作用里，我们可以超越个人的自己，统一超越自我的全体；在意志里，我们可以超越认识世界，统一实在全体。通过记忆，我们可以从个人的根柢进行活动；通过思维，我们可以从客观界的根柢进行活动；通过意志，我们可以超越各种客观界，成为创造性进化，亦即内在绵延本身。因此，随着从记忆到思维、从思维到意志，逐渐地从小立场到大立场前进，从浅的根柢达到深的根柢，那里会出现自由的世界、创造的世界。在记忆的立场，亦即表象的立场下，有自由的想象世界、空想的世界。在思维立场下，有科学家所谓假设的世界。在意志立场下，我们可以自由地创造实在，也就是说会有自由意志的世界。无论在哪个立场下，在存在（ὄν）之外都包含非存在（μὴ ὄν）。吾人无法回到一瞬间之前，说的是在被限定的对象界中的事，亦即在存在（ὄν）之上的事。当我们立足在存在＋非存在的高层次立场时，我们就可以认为能回到过去。这就是意志的立场。梅特林克虽主张吾人通过道德意志能够驱动过去，但康德的定言令式这种道德意志，却是超越所有世界的立场。吾人在此立场下要选择何种世界是自由的。

　　如上所述，即使意志能够超越所谓时间关系，将过去变成现在，吾人还是能够思考意志活动本身的顺序，意志的活动每个都是事实，在那之间都有无法变动的顺序。柏格森所说的每个在性质上不同且无法重复的真正时间（la durée réelle；日语：実時）①就是这个意思。然而，我认为意志并非是从过去以直线的方式走过来，又以直线方式朝向未来走过去，意志的行进是以某

① 柏格森：《论意识的直接材料》，《柏格森著作集》，第82—85页。

个点为中心,以圆形扩散出去的波动行进。意志始终是从同一的中心在进行活动。意志的中心,也就是真正的自己始终是现在。若能反省意志活动的足迹并以直线方式连接它的话,或许我们能发现意志无法被改变的顺序,但这种被赋予顺序的意志已经是被石化了的意志,而不是活生生的意志。真正活生生的意志必须是完全自由的。自由地取舍各种经验的立场、自由地从一个先天移动到另一个先天的是真正的意志活动。翻转过去让它变成现在是意志的作用。意志不应该是被赋予顺序的东西,而是赋予顺序的东西。意志必须是费希特所谓单纯动态的( schlechthin tätig )[1] 东西。如果说以某个先天作为立场,并从这里前进是知识的立场的话,那么超越这些先天的则是意志的立场。我们可以说意志就是绝对的反省。意志是无限可能的结合点。柯亨主张被给予的东西是被要求的东西,相对于有的无并非单纯的无,而是非有( 非存在 ),但我先前曾说过的有+非有( 存在+非存在 )的立场就是意志。认识的立场是消极无限的立场。意志的立场是积极无限的立场。意志是知识的极限。从一个有( 存在 )的立场向其非有( 非存在 )的方向前进的是知识,也就是知识消极无限的立场。这种无限可能性,亦即先天的结合是意志,也就是积极无限的立场。用黑格尔的话来说,在理念本身的发展行进上,意志就是抽象立场被扬弃( aufheben )在具体立场中的地方。[2]意志始终是具体的,因此意志对知识来说是创造的、是生命的冲动。我们可以说从逻辑到数理、从分离数到连续数的飞跃,亦必须依靠意志。柏格森主张在内在绵延里无法回到一瞬间的过去,然而此说法已经是一种反省意志足迹的语言。如果柏格森的创造进化是这样的东西的话,那么它就是死物,而不是活生生的内在绵延。真正的内在绵延在一方面必须是无限的发展,同时在另一方面必须是"永恒的现在"。我认为柏格森忽视了后面的方向。

---

[1] 字面意:"绝对能动的、直截了当地活动的。" 费希特:《全部知识学的基础》,《费希特全集》第 1 卷,第 140—141 页。

[2] 黑格尔:《哲学全书》,第 232—235 节,《黑格尔全集》第 8 卷,第 385—388 页。

活生生的绵延是伸缩自在的，它无论在哪个点都能朝向那个先端，就好像重心依据物体的位置而产生变化一样。

　　我想或许会有这样的疑问产生：即使意志能像上述那样超越物理时间，难道我们就不能在某种意义上思考意志的顺序吗？我们必须认为意志就是绝对自由吗？如果能离开时间顺序来思考经验的内面顺序的话，那么它不是论据和归结（Grund und Folge）①的逻辑顺序，就是胡塞尔所谓现象的时间（phänomenologische Zeit）。意志作用是否能被认为是被限制（bedingen）在这些秩序里的东西呢？当我们在证明某个几何学的定理时，或许会有在其间无法动摇的论据和归结之顺序。然而在几何学那种纯理关系里，不仅是根据限定归结，同时也可以是后者限定前者。这在自然科学的因果关系里也是一样的。黑格尔主张"事实本身是诸多条件之一"（die Sache ist selbst eine der Bedingungen）（*Encyklopädie*. I. S. 292.）②，亦是依此之故。原因和结果就像左右一样，在其根柢是一个，在内面上可以说是静态统一。在证明之中的论据和归结的关系，不仅是上述所说的那样，即使我们从任何一端来思考一个几何学定理的证明，亦和理本身没有任何关系，这从真理的发现往往是从偶然的端绪开始的这种说法来看，亦是显而易见的。若能如上思考的话，那么我们就可以认为在所谓思维内容和意志作用之间，并没有任何交涉。我认为关于胡塞尔所谓本质体系亦相同。科学家在此或许会假定意志背后有生理素质，或者会更进一步假设化学或物理因果关系，但这种说明只不过是前后颠倒而已。意志的原因毕竟是不可理解的，意志是神秘。麦克斯·施蒂纳（Max Stirner）在《唯一者及其所有物》的最后针对神如此说道："想命名却没有名字"（Namen nennen Dich nicht）③，并主张针对"我"亦可以这么说，任何的概念都无法表述"我"，任何的性质都无法穷尽"我"，

---

① "原因和结果。"
② 黑格尔：《哲学全书》，第147节，《黑格尔全集》第8卷，第288页。
③ 施蒂纳：《唯一者及其所有物》（*Der Einzige und sein Eigentum*），1893年（初版1845年），第429页。

"我"是从创造的无而来又回到创造的无。我认为这些语言能够说出意志的真相，是最深层的东西。

　　思维对象如上所述，和意志作用不仅没有任何交涉，就连思维作用都和思维对象本身没有关系。思维对象虽进入思维作用之中成为思维内容，但思维对象无论是否被思维都和对象本身没有任何关系。若将此想法严格化的话，所谓思维作用说的只不过是思维对象被意识到而已。被意识到（意識せられるということ）可以分成被动的和能动的两种。能动的情况就是思维作用，而这种思维作用从一方面来思考的话，是一种意志作用。正确来说，像数学真理的思维对象被意识到便是思维作用，这种意识的产生，亦即从哪个点开始这个意识，这属于意识作用。那么，当思维对象被意识到而成为思维内容时，究竟是什么被添加到思维对象上呢？所谓被意识到，说的是在意识内容上不添加任何东西。但若不认为某物添加进来的话，那么是否有被意识到的区别，就没有任何意义。此处存在着难解的疑问。如我过去曾说过的，即使认为思维作用只不过是思维对象的动态状态，亦即其发展面向，物的活动必须是进入和他者之间的关系。也就是说，思维作用就是思维对象进入各种体系的相互关系之点。当然理想的事物无论是如何相互具有关系，都无法通过其自身成为实在的。柏拉图的理念是如何堕落到现实世界的问题，并无法被说明。就好像无论要如何将一个有理数进行无限的分割都无法达到极限点一样。吾人从理想出发，毕竟无法达到现实，无法从思维对象的关系到达思维作用；若从思维世界来看，现实是无法到达的无限距离。然而，反过来思考它的话，离开现实不会有理想，离开作用不会有对象。现实是无限对象的统一、无限思维体系的极限。无法消极地达到的对象极限点，在积极面上是这个现在、这个现在的意识。现在就是意识，意识就是现在。当然，一般认为的现在或意识，不能说是具有这种丰富内容的东西。然而，一般认为的现在或意识是被思考的现在、被思考的意识。真正的现在必须是柯亨所谓创生点（erzeugender Punkt），点并非是通过曲线被给予的，与之相反，曲线是通过点被给予的。意识并非是依据自然因果而产生的，自然是依据意识被给予的。知道意识范围的意识，并不存在于意识的范围内。识别刺激的数的意识，必须超越这些数。一般都是将从现实经验抽象化出来的东西实体化，并反过来依据这种实在的结合来说明这个具体的实在，自然科学家的想法就属于这一类。然而，现实是无法到达的海底、是波墨所谓的无根柢（Ungrund；日语：無底）①。如果能达到那个根柢的话，那就不是现实。实在之所以是实在，是因为它在这个无法达到的内容之无限里。从一方面来思考，无论在何种意义上都无法得知的实在可以说是无；然而从另一方面来思考，能被完全知道的东西就不是实在。总之，实在只不过是吾人思维所无法到达的极限而已。康德的物自体必须是这种意义的极限。

这种思维无法达到的深度、思维体系统一的极限，亦即在积极面上是自动不息的这个现在，它就是意志。从创造性的无而来，再进入到创造性的无的意志是实在、意识。从思维体系来看，意志是难以推测、知道的无限，若想将它进行合理性的说明的话，只能针对思维提出偶然性，除此别无他法。然而，无法反省的意志超越反省，反而让反省得以成立。不！应该说反省自身就已经是一种意志。在此意义下，我们可以将伪狄奥尼修斯（Dionysius Areopagita）所说的"神是一切，同时又不是一切"这句话直接搬过来套到意志上。如果有人问意志的秩序是什么，那么就必须回答：意志在一方面藏有无限秩序，同时在另一方面又不具有任何秩序。因为意志并不是被给予顺序的东西，而是构成顺序的东西之缘故。意志不受因果支配，理由是它是构成因果的东西。我在此从爱留根纳（Johannes Scotus Eriugena）在《论得救预定》（De praedestinatione；日语：定命論）主张将神作为绝对意志，并在拒绝承认在它之中有内面必然的想法里找到深层的意义。②"被意识到"被认

---

① 波墨：《神智学的六个要点》（Sex puncta theosophica），1620 年，1・7，《波墨全集》（Will-Erich Peuckert 编），1957 年（初版 1730 年），第 4 卷（初版第 6 卷），第 4 页。

② 爱留根纳：《论得救预定》，2・1（360B）。

为是在意识内容里不添加任何东西或意志对知识内容来说是偶然的,这是因为意志是超越一切而且让一切成立的缘故、意志是让所有内容成为实在的东西之缘故。就好像"有"这个谓词不对主词添加任何内容一样。

柏格森主张实在是创造性的进化,在内在绵延里,吾人无法回到一瞬间的过去,但如前所述,被认为是无法翻转的顺序,早已经是属于我们对象界的东西。柏格森所谓流动时间(le temps écoulé),亦是属于这一类。即使它是性质的,在某种意义上只要被认为是顺序,就已经是属于对象界的东西,不能说是真正创造性的实在本身。关于此点,如李凯尔特等人所言,表现个性的历史性看法已经是立足在普遍概念之上的东西。[1] 我们必须说它已和自然科学的看法一样,都是已被构成的东西。真正创造性的实在本身,如爱留根纳的想法那样,必须是不具任何必然的神之意志。在自觉体系里,将无限发展作为应然即存在来进行思考时,亦即思考一个人格的历史时,它已经属于对象界。我们必须思考在其背后超越此历史发展且成为其基础的绝对意志。前者是科学的领域,后者是宗教的领域。被思考的自觉体系是意识内的事,在其背后有神秘的世界存在。柏格森在《创造的进化》中如此主张:当一位画家在画人物时,根据其模特或画家的性质、在彩盘上的颜色,能够预测出自己能画出什么肖像。然而,真的能画出什么样的画,连画家本人也不知道。吾人在吾人生涯的每一个瞬间都是艺术家。就如同画家的才华通过其作品本身被形成那样,吾人的状态亦是无时无刻都在改变自己。从一方面来看,这或许可以说是依据吾人被给予的性质,但从另一方面来看,亦可以说吾人不断地在创造自我。柏格森不仅反对机械论还排斥目的论,[2] 但如柏格森所言,在真正我消除我的创造性的瞬间,无论在任何意义上,都不会有能称作"时间"的东西。内在绵延的"绵延"这个语言已经是画蛇添足

---

① 李凯尔特:《文化科学和自然科学》(*Kulturwissenschaft und Naturwissenschaft*),1921 年(初版 1899 年),第 7 章,第 58—59、67—68 页。
② 柏格森:《创造的进化》,《柏格森著作集》,第 499、783 页。

了。吾人是要前进还是后退？是要往右还是要往左？我们只能说我不知道我（我は我を知らず）。爱比克泰德（Epiktētos）说"汝的意志是我的意志，把我引导到汝希望的地方去"[①]，我想只有基督徒"如心所欲的那样做"这种宗教的情操，才能够表现这个心情。总之，从知识方面来说的话，绝对的统一就是无统一。这和一般认为单纯的无限（endlos）是一样的。唯有从超越知识的绝对意志立场，才能体验此矛盾的统一。如爱留根纳等人所想的那样，当神的超越性（natura superessentialis）否定所有范畴时，[②] 就能被意识到。胡贝尔（Johann Nepomuk Huber）认为爱留根纳苦于神的无限性和自觉的结合（Huber, *Scotus Eriugena*. S. 190.），[③] 而真正的无限者必须是自觉者，自觉就是无限的积极体验。

---

① 　参见爱比克泰德：《语录》（*Dissertationes*），2·16·42；《提要》（*Enchiridion*），53；《初期斯多亚学派残篇集》，1·527。

② 　爱留根纳：《自然的区分》（*De divisione naturae*），1·76（522B）。

③ 　胡贝尔：《约翰·斯各特·爱留根纳》，1861 年，第 190 页。

# 四、结论

## （四十）

在经过迂回曲折之后，我最终在上一节的最后达到了知识以上的某物。在此，我和康德学徒一样，都不得不承认知识的界限。只要柏格森的内在绵延称为"绵延"时，就已经堕入相对的世界。说无法重复，就是已经包含了能够重复的可能性。真正创造性的绝对实在，如伪狄奥尼修斯或爱留根纳的想法那样，是一切的同时又不是一切。柏格森虽然也说了在紧张之中有弛缓，但真正的绵延，如爱留根纳所言，是动静合一，亦即必须是静止的运动、运动的静止（Ipse est motus et status, motus stabilis et status mobilis）[1]。把它称为绝对的意志，亦有失其当。真的是所谓说似一物即不中。[2]

在现今的哲学中，认识以前（das Vorbegriffliche）的实在，或被认为是如柏格森内在绵延那样的不断前进，或被认为是尚未形成的质料那样的东西，又或被认为是柏拉图理念世界那样的东西。然而，这些想法全都已经落入了相对的世界，属于知识对象的世界，不能说是真正的在直接知识之前的绝对。我认为伪狄奥尼修斯或爱留根纳等人的中世神秘哲学的思想更加彻底。

---

[1] "运动和静止是同一的，静止的运动和运动的静止是同一的。"爱留根纳：《自然的区分》，1·12（452C）。

[2] 《景德传灯录》卷第五，南岳怀让章。

神说是有也不对（有となすも中らず），说是无也不对（無となすも中ら
ず），说是动也不对（動というも中らず），说是静也不对（静というも中ら
ず）。真的是所谓言得三十棒，言不得三十棒。[①] 我不得不承认在爱留根纳
的创造且不被创造的神（Natura creans et non creata）和既不创造亦不被创造
的神（Natura nec creata nec creans）是一样的想法[②] 里有深层的意义。或许会
有人认为物自体如果不能如此被思考的话，那么它岂不是完全没有用的假
定吗？然而，让"甲是甲"这个命题成立的，既不在主词（主语）"甲"当中，
亦不在述词（客语）"甲"当中，虽说如此，亦没有离开此两者。而且此全体
必须被视为是吾人在思考"甲是甲"之前被给予的东西。所谓连续，并不是
说能够单纯无限地分割，而必须从被给予的全体出发来思考。然而，真正具
体的连续，并不是单纯的全体，必须在其中包含分离。这种全体或许不能将
它作为认识对象来加以限定，但我们必须将它视为认识的根柢。或许在分
析上无法找到任何的统一，但各种要素的关系，却是依据它而成立的。新实
在论者主张进入关系者和关系本身是分别的二物，然而关系和其要素却无
法离开彼此。将这些的全体称为一也不对，称为多也不对，说是变化也不
对，说是不变也不对。就如同眼睛无法看见眼睛，照相机无法拍照相机本身
一样，将它收入称为认识的照相机镜头中是不可能的。但吾人却可以在自
由意志的形态中直接接触到它。康德所谓"你不得不这样做"的道德意识和
认识意识相比，是更具深度的直接事实。不！不单只是深度或直接而已，我
认为前者反而能够包容后者。吾人知道的世界，不，应该知道的（知るべき）
世界是宽广的。然而，吾人所欲想的（欲する）世界比之要更加宽广。如梦
般的空想，亦属于吾人意志对象世界的领域。在知识世界里被认为是虚幻
的，在意志世界里则是实在。"因为你不得不这样做，因此你做得到"（汝は
為さねばならぬ故に汝は為し能う）这句话，在此亦不足以为奇。很多理智

① 《临济录》勘辨 12。
② 爱留根纳：《自然的区分》，1·1（441B）、4·39（1019A-B）。

论者会认为意志的自由就好像单纯的错觉。然而,我却认为知道是意志的一部分,如今日目的论的批评者所言的那样,在认识的根柢里有意志。意志世界和知识世界相比,是无限的宽广并成为其根源。知识世界、必然世界是依靠意志而成立的。爱留根纳等人主张在神里面没有任何必然和预定,预定(Praedestinatio;日语:定命)只不过是神的意志的决定,这种思想具有深层的意义。理智论者会将自由意志思考为空想,是因为将意志对象化并将它投射在自然世界来观看之故。然而,当我们把它投射在自然的因果世界时,它就不再是意志。无论在任何意义下,承认意志背后有因果,事实上就是在否定意志。不仅是外部必然,甚至是内部必然,亦即斯宾诺莎所谓必然的自由,也无法和意志进行结合。

会说意志从创造性的无而来又回到创造性的无,或者世界依据神的意志而诞生,大概都是因为吾人对因果律的想法感到有很深的矛盾。然而,对我们而言,没有比"从无生有"(無より有を生ずる)①更直接、更不可怀疑的事实。因为吾人在此现实里不断地在从无生有。即使用潜在的东西变成显在的这样的说法来说它,仍旧只是依靠空名满足了吾人的逻辑要求而已。事实上,任何东西都无法得到说明。这种从无生有的创造性作用的点、绝对直接不添加任何思维的地方,在那里有绝对自由的意志存在。我们可以在这里接触到无限的实在,也就是能够接续到神的意志。先前我说过现在是无限世界的接触点,现在就是意志,我们可以说无限世界便是依据意志被结合起来的。从空虚的意志不会生出任何东西,会有这种想法,是因为将意志这个抽象概念实体化来进行思考之故。如此一来,从无内容的抽象概念当然无法生出任何东西。即使是中世的普遍概念者(Universalist)将有视为世界根柢的情况,若将它视为是抽象的普遍概念的话,从这种抽象概念就不产生出任何东西。然而,与之相反,若如康德在"先验演绎"中所说的那样来

---

① 《老子道德经》40章,"天地万物生于有,有生于无"。西田除从禅(释)那里获得思想资源外,另在儒、道思想中,亦汲取自身思想的养分。

思考先验自我的统一的话，我们至少不得不思考世界是依据这个形式而成立的。若将此想法更往前推一步来思考超越性意义，也就是价值这种东西的话，世界可以说是依据意义或价值而成立。笛卡尔在神的本体论证明里主张，只要我们有"完全"这个想法，完全的东西就必须存在。[①] 然而，若将这个存在解释为自然科学意义的存在的话，那么这种讨论就会变成混同概念和实在的幼稚讨论。然而，并非是在意义之前有存在，存在必须以应然为基础不可。只要我们思考完全，那么，会说必须允许绝对规范意识的存在，亦不足以为奇。物理学家所说的性质、力量或能源，亦只是抽象概念而已。吾人通常会将这种概念实体化，并依此思考现象变化的产生，但这种做法反而是本末倒置的谬误。在直接经验之上，从无生有，该变化并非是彼此往分离的东西移动，而是连续性的推移、是所谓具体普遍者的自我实现。吾人即使在这种情况下，亦只能说是有从无而生。即使说那是潜在的东西变成显在的，亦无法给予任何的说明，直接有的只是内面必然的推移。吾人将片断的感觉统一起来，思考"红色的东西"或"蓝色的东西"，也就是思考一个连续，并将它思考为客观实在，依此来满足吾人的思维要求。认为如此能达到客观的实在，反而能回到自己的眼下，亦即回到直接且更加具体的思维之创造。思维如果能创造自然的实在的话，那么能更进一步创造思维本身的则是意志。意志是最直接、最具体的绝对创造。费希特曾说，从"我"产生"非我"，[②] 如果把这个"我"思考为相对的我，那么这只会被认为是混同逻辑必然和因果必然的结果。然而，费希特所谓绝对我，亦即绝对意志必须是上述那种对我们来说是最直接的创造作用、必须是有+非有（存在+非存在）。或许有人会认为意志的先天不仅包含知识的先天，而且比它更深层、宽广，前者对后者来说是非合理的。然而，即使在通常被认为是合理的东西

---

① 笛卡尔：《第一哲学沉思集》（*Meditationes de prima philosophia*），1641 年，《笛卡尔著作集》第 7 卷，第 48—52 页；《谈谈方法》（*Discours de la méthode*），1637 年，《笛卡尔著作集》第 6 卷，第 34 页。

② 费希特：《全部知识学的基础》，《费希特全集》第 1 卷，第 104 页。

当中,相对于逻辑,数理是非逻辑的,相对于数理,几何是人为的,而且在具体立场里,就如同必须在这些先天的内部承认一种内面必然那样,意志是结合所有先天的内面必然。

伪狄奥尼修斯或爱留根纳等人主张神是一切同时又不是一切,神超越所有范畴,①就如"应无所住而生其心"②所说的,从那里突然地产生、出现的直接经验究竟是什么呢?当然,其全貌是断绝思虑分别的东西,而我认为将它视为绝对自由的意志,是最接近其真实的,也就是说真正具体、直接的经验彷佛是绝对自由的意志。真实在是无限发展(egressus)同时又是无限复归(regressus)。从一方面来看,如应然即事实那样,它是无限进行,从另一方面来看,它又是能自由地返回其根源的"永恒的现在"。此外,它一方面是量的,另一方面又是质的。如之前所说,前者是数的基础,后者是几何的基础。从一方来看,反省本身是行进,思维本身是事实,与此同时,行进是朝着目的前进的。神既是开始,同时亦是结束。上述的绝对自由的意志或许在逻辑上被认为是矛盾的,然而如爱留根纳主张神是动的静、静的动那样,在逻辑上统一矛盾的两个方面,事实上是吾人的自由意志的体验。这个矛盾的两个方向究竟要如何才能统一起来呢?这个问题在逻辑上是无法说明的。然而,我们可以说逻辑的思维反而能够假定这种自由意志而成立。要思考思维的三大定律,也必须要有这种体验。所谓经验论者会很轻率地说自由意志是错觉等,然而这些人所思考的实在,只不过是思维的对象而已。若能贯彻这个想法的话,就如洛采所想的那样,这个实在就会变成相互作用的统一那样的东西,③若再进一步贯彻这个想法的话,我认为反而必须达到绝对的自由意志。到此,我一直将所有实在视为自觉体系来进行思考,我认为自觉体系的背后必须是绝对自由的意志。若想要获得实在的具体性全

---

① 爱留根纳:《自然的区分》,3·4(633A)。
② 出自《金刚经》。六祖慧能因这句话而悟道。
③ 洛采:《形而上学》,第 161、169、407—408 页。

体,必须在知识自我的后面添加实践自我的背景。和作为知识自我的对象的所谓实在界相比,作为实践自我的对象的希望世界更加的宽广,前者只是可能性世界的一部分而已。若从前者来看,后者或许被认为是非合理的,然而后者有后者的统一。吾人的良心指的就是这个。"你必须这样做"的定言令式,在逻辑上或许是不可解的,但吾人的逻辑要求只不过是良心的一部分而已。知识自我是立足在实践自我之上的。吾人的世界以应然为开端。如"神说:要有光,就有了光"①那样,世界是以神的意志为开端的。奥利金(Origenes Adamantius)反对新柏拉图主义,在世界创造的根源中承认道德的自由,不将物质界视为神的最后溢出,而是视为被惩罚的世界。②我认为这和单纯理智的新柏拉图主义相比,有更深远的地方。神从无制造出世界的说法,看似有不合理的地方,但神超越因果在知识上既不是无也不是有。如果在知识之前,我们能够承认某种因果的话,那么它就必须是道德的因果。如奥古斯丁主张"神从爱制造出世界"那样,③道德因果比自然因果更加根本。若将实在思考为像洛采所说的那种作用本身的话,那么我们可以说其相互的内面关系就必须是意志与意志的关系,亦即必须是道德性的。自然因果律只是从外部来看它的表面关系而已。

如上所述,意志是知识的根柢,知识是依据意志而成立的,因此,针对知识作为最初对象被给予的东西,亦即直接的所与必须是意志的形态、动态的实在。柏格森将直接经验视为内在绵延,李凯尔特等人将无限的异质者视为所与,并认为历史比自然科学更接近它,亦是依此之故。当然,真实在,亦即神或许被认为既不动也不是静,回顾它的东西是无限的行进,历史是最初的对象。说到认识对象,一般都认为是和我对立的东西,但给予吾人认识客观性的东西,反而必须是潜藏在认识作用背后的具体基础,亦即中世哲学

---

① 《创世记》1:3。
② 奥利金:《论本原》(De principilis),2·1·2—3、2·9·2、2·9·6等。
③ 奥古斯丁:《忏悔录》,13·2—5。

中的主体（das Subjektum）。吾人知道客观实在，就是返回到自己的根源、省察自己的背后。在这个意义下，吾人认识的最后对象，必须是绝对自由的意志。当然，绝对自由的意志始终超越认识作用本身，无法成为认识对象，然而它作为对象的最初相，必须是绝对作用。与之相反，或许有人会认为在判断作用的意识之前有超越的意义，亦即价值。然而，若能像李凯尔特等人那样去思考的话，那么超越的意义究竟要如何才成为内在的呢？柏拉图的理念究竟是如何落入现实的呢？在反省、分析吾人体验之后将作用和意义分开，我们或许能认为后者超越前者。然而，我们必须在那之前先体验具体的全体。当然，李凯尔特等人亦承认此体验。对于以自然科学方式所思考的心理作用，意义的世界或许是更根本的。如胡塞尔所言，事实的世界亦是从他所谓的本质产生的。[①]然而，我们在意义世界之前还必须承认体验世界，在柏拉图的理念之前还必须承认普罗提诺的太一（ἕν）[②]。而这个太一并不是普罗提诺所说的那种流溢（Emanation）的根源，而是奥利金所说的那种创造性的意志。[③]

当绝对自由的意志反过来观见自己时，在那里会有无限世界的创造性发展。如此作为认识对象被给予的、最直接的最初对象，必须是历史。如波墨所言，当无对象的意志回顾自身时，这个世界就成立了。[④]那么，反省意味着什么呢？反省如何可能的呢？所谓绝对自由意志就是包含前进和后退的可能性，既是"创造与不被创造"（creans et non creata）同时又是"既不被创造也不创造"（nec creata nec creans）。所谓反省，就是从小立场转移到大立场，自己返回到自己的根源。所谓行为，与之相反，是从一个立场前进的，就是自己发展自己。然而，反过来思考的话，反省本身又是一个行为。后退

---

① 胡塞尔：《观念》第1卷，第1编，第1章，第2节，《胡塞尔全集》第3卷，第8—9页。
② 西田翻译为"一者"。今将普罗提诺的 τὸ ἕν 翻译为"太一"。"太一"一词取自《庄子·天下》的"主之以太一"。
③ 奥利金：《论本原》，2·9·2、2·9·6。
④ 波墨：《泛智学奥秘》（*Mysterium pansophicum*），第1章；《神智学的六个要点》，第1章。

就是前进。之所以返回到自己，是为了发展自己。若是如此思考的话，认识亦变成一种意志，所有一切都变成意志的发展。单纯的反省只不过是从被包容的小立场看到包容的大立场而已。从绝对的统一，也就是绝对意志的立场来看的话，一切都变成一个意志。当然，严格来说的话，绝对统一亦即绝对意志，并无法将一切投射到对象界来思考。因此，真正的统一不能说是统一，也不能说是非统一。基于这个理由，在真正的绝对统一里，一切是知识的同时又是意志。奥古斯丁说神并非是有物才知道，而是神知道才会有物[①]，我们可以说这是在表述刚刚说的体验。当物理学家站在超个人意识的立场上朝向物理世界观的构成前进时，那便是知识的发展，同时也是大的自我的构成作用。当我们想象某物或实践某事时，从内面来看的话，我们的意识就是想要达到某种状态、想要知道自己的某种状态。从纯粹反省的立场来看的话，如心理学家所言，意志亦只是一种观念联合而已。或许从理智主义的心理学可以认为一切都是知识。无论任何意识内容的发展，唯有依据吾人采取的立场才能被视为是知识或意志。而要采取何种立场，则是绝对意志的自由。真正直接的实在就是创造性意志。由于是创造性的，所以是绝对自由的。柏格森所说的那种无法重复的创造，已经是从内部被限定的东西，那不是创造而是发展。绝对自由的意志，必须包含复归的面向，必须要有"既不被创造也不创造"（nec creata nec creans）的面向。这种意志的立场的自由，吾人从随意的立场来看具体经验，是作为创造各种概念的所谓抽象作用而被认知的。所谓抽象作用，就是在表示意志的无秩序的面向。吾人认为能够从任何面向自由地抽象化一个具体经验，是因为抽象作用是自由意志的一部分之缘故。

---

[①] 奥古斯丁：《论三位一体》（*De Trinitate*），15·22。

# （四十一）

我在上节说过，吾人最直接的具体经验是绝对自由的意志。意志被直接、单纯地认为是决断这种无内容的形式意志，但我所谓绝对自由的意志并非意味着这种抽象的意志。我们既能思考亦能观看、听闻，就如各种思想在我的支配下那样，我们可以说各种经验内容亦在我的支配之下。观看、听闻、思考、活动，意志是这些能力的综合。是要把这只手移动到右边还是左边，这于我是自由的，是因为我是这只手的力量，是因为我并不在右也不在左，而是让左右运动能成立的存在。在一般的想法里，意志被认为是两条直线的结合点那样的东西，就像给予两条线，其结合点就会产生那样，有两个冲动被给予，意志因其竞争而产生。如此一来，意志的自由和必然的讨论就会产生。然而，这种想法已将意志对象化。当具有一定方向的两条直线被给予时，该结合点就已经被给予了。意志并非像结合点那样的东西，毋宁说是让这些关系成立的维度。意志并非决定各种动机竞争的东西，毋宁说是让这些成立的东西。即使在此，被给予物亦是被要求的东西，不仅被给予开端亦被给予结束。意志因为是各种作用成立的根源，所以能综合各种作用，而且是自由的。如果能将这种统一命名为人格的统一的话，那么我们就可以说在实在的根柢里有人格的统一。我们最直接、具体的体验就是人格性的，在我们的手进行活动的地方或脚所站立的地方，有我们的全人格。如黑格尔主张概念是直接物的假定（das Voraussetzen des Unmittelbaren）那样，①意志或人格并非在各个意识之外统辖这些意识，而是让这些意识得以成立的内面创造力。就像在名匠的一笔一刀里亦充满其全部创造力那样，每个意识全都是我们的意志、我们的人格之创造。因此，我们可以说我统一所有

---

① 黑格尔：《哲学全书》，第 159 节，《黑格尔全集》第 8 卷，第 304—305 页。

的作用,我是自由的。我们是如神像那样被制造出来的东西。

观看或听闻这种知觉作用,绝不是一般所认为的那种被动作用。如费德勒所言,当我们在视觉上是纯一的时候,在那里就有无限的发展。纯粹视觉的世界是艺术创作的世界。[①]费德勒似乎在其他感觉里不承认这种发展,虽然在程度上有些差别,但我认为即使在所有的感觉里都是一样的。纯粹的知觉作用全都必须是无限的发展、意识内容本身的发展。吾人的意志或人格,就是如此从一个先天发展到其自身的各种作用的统一。不说是知觉,不说是思维,而是在其直接的状态里发展到其自身的无限活动,这些统一是吾人的意志、人格。在此,我想将过去曾在逻辑和数理、数理和几何之间论及的知识的形式和内容的关系推至经验全体来思考看看。从抽象立场来看,亦即单纯作为对象来思考的话,数理对于逻辑来说是非逻辑的,作为数理基础的先天对于逻辑来说是从外部加进来的。然而,从具体立场来看,亦即作为直接全体来看,数理是逻辑的根源,后者反而是依据前者而成立的。当逻辑完成它自己时,也就是当逻辑从主观转移到客观时,自己必须转移到数理。从知识客观性的要求来说,数理则变成逻辑的目的。知识的形式和内容的关系,对于形式来说,内容并非是偶然地从外部被给予的,而是形式要求内容。而形式获得内容,就是返回到自身的根源,用一句话来说,就是发生的关系,是种子和植物生长那样的关系。方才我论述了思维体系的发展,从逻辑到数理、从数理到几何,最后以解析几何学的对象作为思维体系的最具体对象,然而若想要从纯粹思维体系转移到所谓经验体系,那里想必会有很大的间隙。现在,融合这个间隙的,显然是意志的统一、人格的统一。单纯地从作为认识对象被抽象地思考的"纯粹思维体系"到具有内容的"具体经验体系"的转移是不可能的,当然,会这样想也不是没有道理。相对于思维的形式,偶然的经验内容是从外部被给予的,而会这样想亦属迫不得已。

---

① 费德勒:《艺术活动的起源》,《费德勒艺术论文集》第 1 卷,第 272—273 页。

然而，返回到意识的主体，也就是在直接具体全体的立场的话，我们不得不承认在思维或知觉等各种作用的根柢里，有一个意志的统一、人格的统一。我们的思维或知觉是我们的意志、人格的一部分。这些作用都是作为具体自我的一部分而成立的。单纯地从只是其一部分的纯粹思维的先天来理解这个全统一是不可能的。然而，我们有逻辑以上的自我统一的体验。如果没有这种具体自我统一的体验的话，知识的形式和内容的关系，即使在任何意义当中，亦无法被思考。就连内容对于形式来说是偶然的这种说法都是不可能的。知识客观性的要求，指的如果是从主观的东西到客观的东西、从抽象的东西到具体的东西、从部分的东西到直接的主体的发展，亦即具体全体显现它自己的要求、自己返回到自身根柢的要求的话，那么我们就必须说思维形式和经验内容结合就是吾人意志统一的要求、人格统一的要求，亦即全自我的要求。据此，吾人的知识才能返回具体根源，满足其客观性的要求。吾人的思维体系通过和经验内容的结合，成为客观知识的想法，亦是依据它才能够得到理解。如柯亨所言，单纯被认为是主观的虚数，经由高斯将它运用在平面上而得到实在的意义，[1] 亦是依此之故。我曾经说过，真正直接、具体的空间直觉，既不是心理学家所谓广延的知觉，亦不是数学家所想的那种连续，而应该是称为有＋非有（存在＋非存在）的全体的先验感觉。而现在这种先验感觉可以说是从经验全体的统一所产生的意志的意识。吾人直接、具体的空间意识，是在其自身动态的意志形态当中被给予的。"知觉的预知"原理，是依此而成立的，若离开此点一步，则要么变成数学家所谓单纯连续的想法，要么变成心理学家所谓单纯的感觉。此两者若要变成实在的，必须返回到其根源。相对于芝诺那种运动不可能论，柏格森认为，真正想要理解运动，只能活动自己的手看看。[2] 如他所言的那样，要如何结合数学家的连续之想法和心理学家的广延之感觉，就在于活动这只手，亦即

---

① 柯亨：《纯粹认识的逻辑学》，第 433 页。
② 柏格森：《物质与记忆》，《柏格森著作集》，第 324—326 页。

在于应称为费希特本原行动的直接意志。

　　我们的"我"是各种作用的综合点，"我"不仅能思考，亦能观看。不！这些作用事实上是依据我的统一而成立的。然而，此统一不能成为认识的对象，在那里有认识的界限。如利普斯主张若想要从表象世界到思维世界必须要有跃入（Einschnappen）那样，若想要从认识的世界到意志体验的世界，在那里必须要有一个生命的冲动。这种统一对理性来说或许是非合理的或偶然的。然而在从逻辑到数理、从数理到几何的转移中，都有这种偶然性。若如李凯尔特所说，以严格方式狭窄地限定纯粹思维的话，那么我们不得不说数理这种东西亦是非合理的。此外，或许会有人认为这种统一只是没有任何内容的空虚概念而已。然而，我们不能说因为无法通过概念分析来阐明该内容，就认为那只是无内容的空名，这是错误的。我们自己每个人都具有限定的个性，具有甲不能和乙交换的人格。这种个性变成了画家、小说家描写的对象。艺术家具有的个性的意识和物理学家具有的电或热的意识相比，不可能会比较不清楚或没有内容。人格的意识和物理知识相比，在具有限定的某种内容这一点上，不仅丝毫不逊色，甚至在具有其实在性这一点上，和所谓自然科学知识相比，亦有过之而无不及。当某个物体从甲点移动到乙点时，我们会认为其背后有一个力量。然而力量是看不到、听不到的。若是如此，如感觉论者所说的那样，力量只不过是空名，如果力量是空虚的概念的话，那么要素的感觉这种东西亦只是空虚的概念。但事实上，实在在其自身却是动态的东西。如果自然科学家所谓的力量在这个意义上是实在的话，那么我们就必须说人格的力量亦在同一的意义上是实在的，也就是说，我们反而可以说它是给予所有实在实在性的根本实在。

　　如上所述，吾人的意志或人格并非只是抽象的形式意志或形式人格，而是诸能力的统一，它并非是适用于保罗或彼得的抽象意志或人格，而是具有被限定的具体内容的东西。这种意志对于理性来说或许是偶然的，但在其自身却是动态的，它在其自身立场上是一个内面必然。我先前所说的绝对自由的意志，在这个意义上，是宇宙的创造作用。我想我已经思考了这种绝对自由意志和吾人个人的自由意志之关系，并依此更进一步深层地阐明了绝对创造意志的性质，同时阐明了真实在是什么东西。若直接思考吾人意识现象的话，吾人意识现象就是由一个自己所统一，同时每一个都是自由的作用。作为意识现象根柢的全体，并非是否定各个部分的全体，而是允许每个部份的独立、自由的全体。吾人的道德社会不单只是康德所说的目的王国（Reich der Zwecke）[1]，吾人的意识现象本身就是目的的王国。我们可以说意识现象是从道德关系成立的。在意识现象里，道德的应然并非单纯的应然而是力量，因此才有"你能够，因为你应该"（Du kannst, denn du sollst）这句话。[2] 如在意识现象里，画家的才华是依靠其自身作品而发展的那样，我的全体创造我的部分，同时我的部分又在创造我的全体。如柏格森所言，我们必须说我的作为属于我，同时我的作为就是我。[3] 若如此思考，吾人意志的自由和绝对意志的自由并非相互冲突的东西。吾人在绝对自由的意志当中是自由的。不，绝对意志通过允许他人的独立，自己才能真正地自由。我们可以说白人通过解放黑奴才能让自己自由。会认为两者会相互冲突，是因为将意志对象化并在意志和意志之间思考对象关系的缘故。当我们在某种意义下将某种意志对象化时，这个意志就会失去其自由。说神是无限的可能，就已经将它对象化了。我认为就如意志自由论者单纯地诉诸自己的内省，主张直的东西就是直的、弯的东西就是弯的那样，主张意志是自由的，不应该强将它作为错觉而加以排除。认为它是错觉，是将吾人意识现象对象化的结果。然而，在每个意识的根柢里，始终有一个无法被对象化的某物存在。无论何种个人意志，对于对象界都可以说是维度不同的，它是相对于

---

① 康德：《实践理性批判》，《康德全集》第4卷，第433—435页。
② 康德：《康德全集》第5卷，第30页。
③ 柏格森：《论意识的直接材料》，《柏格森著作集》，第83—92、109—114页。

平面世界的立体世界。吾人的意志在这个意义下，必须是自由的。如康德所言，吾人的道德意识证明了这一点。根据自然科学因果律，认为它是错觉的人必须思考的是，自然科学因果的世界是立足在一种应然之上的。我们现在要向右或向左都是自由的，即使在肉体上被认为是不可能的，我仍然可以在我的人格上印证这个决心的事实。能推动意志的只有意志。奥古斯丁说神是从爱来制造世界的，我认为这个说法是在自然因果的根柢中承认道德内容，极具深层的意义。

　　如上所述，在我们最直接、最具体的意志里，其全体和部分的自由并不相冲突，在内面是一个意志的同时，其每一个都是自由的作用。虽然这样说，但这并不是说吾人的意志能破坏自然法则、自由地活动。作为自然事件被对象化的意志，当然是在自然法则之下的，只是我们的意志在其根柢里属于更深层的体验世界。如康德所言，它属于理知世界（intelligible Welt），在这个世界里，全体就是一，同时其每一个都是自由的。在真正具体的体验世界里，如在黑格尔的概念中那样，其每一个部分都是全体，真正具体的实在必须是个别物（Einzelnes），在非合理性当中具有合理性，在偶然性当中具有必然性的东西。我以前曾说过，分离的东西是依他的、主观的，连续的东西是独立的实在。严格来说，单纯连续的东西亦不能说是真正的绝对实在。单纯连续的东西作为实在＋理想（Real＋Ideal）或许是具体的，但尚未在其自身当中统一非连续的作用，亦即尚未包含偶然现实的面向，总之尚不能说是意志。比如艺术作品和艺术家本身不同，艺术作品或许是理想和现实的结合，但在其自身当中并不包含创造作用。真正的实在在其自身必须是创造性的。我认为洛采的相互作用这种实在的想法[1] 尚不完全，亦是依此之故。真正的实在必须是自觉的，亦即必须是像黑格尔的概念那样的东西。在具体的实在里不能欠缺偶然性（Kontingenz），所有一切若被合理化的话，

---

[1]　洛采：《形而上学》，第222—224页。

那么这一切就必须变成非实在的。然而，将一切合理化是不可能的，至少知道一切是合理的东西必须是非合理的。偶然的限定或许无法用合理的方式来加以说明，然而统一合理性和偶然性这两方面的是真实在，亦即吾人的意志。心理学家所谓的意识作用，指的只不过是这种实在的偶然限定之面向。我过去曾经说过，极限点就像无法被反省的、我们的自我那样的东西，这种极限点的集合是连续的、独立的具体实在。然而这种实在尚属于知识对象的世界，因此无法包含现实的意识。现实的意识对于这种实在是外部的。如艺术家的全部生命就在一刀一笔当中那样，在每一个限定本身当中，必须有全部实在，也就是说在肉本身之中必须有灵。不应该问限定作用是如何产生的，必须说限定本身作为意志直接是具体的全部实在。在有限的背后思考无限，在现实的背后思考本体是被对象化的知识界。在真正、直接意志的体验里，有限直接是无限，现实直接是本体，想去就去，想坐就坐，在这之间并没有容纳概念分析的余地。往往会有人认为直接经验的内容是无限丰富的东西，吾人的知识是其一个面向，而被如此思考的直接经验内容和所谓概念的知识一样，已经是属于对象世界的东西，该内容即使是无限，亦只是相对的无限而已。真正的直接体验必须是和概念知识不同维度的东西，不应该和所谓概念知识相比，讨论其内容的多寡。当我们认为吾人的现实意识的背后有本体时，该本体既是现实又在同一个维度上。意识的真正的背后，必须和每一个无限的神秘世界相连结，亦即必须和爱留根纳所说的神接触。我们可以说一条直线上的点在一维度当中，同时又和多维度相连结，吾人的每个意识是多维度的切点。

## （四十二）

我在前两节论述了吾人最直接的真实在是绝对自由的意志，而且这个自由意志不是无内容的形式意志而是丰富的人格统一。现在，我想从此立场来思考思维和经验的关系以及精神和物体的关系。

可称做吾人最直接、具体的真实在之绝对自由意志，就像康德所谓物自体那样的东西，不应是容纳吾人思虑分别的东西。如伪狄奥尼修斯和爱留根纳等对神的想法那样，此意志超越所有范畴，在所谓"鼠入钱筒技已穷"之处，应该翻一次身回到此处。然而，意志如此超越知识，并非是和知识没有任何交涉的意思。知识是意志的一个面向，意志作为其一个面向，将知识包含在其中。用黑格尔的话来说，知识就是意志的自为（für sich；日语：对自）状态。如果意志是发展（egressus）同时又是复归（regressus）的话，知识就是表现意志复归面向的东西，认识对象的世界就是将其姿态映照在镜子里的东西。既然是影像的话，就无法在其中寻求本体。在这个意义下，物自体是不可知的。然而，映照这个影子的东西、看这个影子的东西，亦是意志自身。意志在它自身之中映照，并观看它自己的影子。波墨的无对象之意志就是反射在其自身之中。绝对自由的意志，在一方面是无限的发展（creans et non creata：创造与不被创造），同时在另一方面是无限的反省（nec creata nec creans：既不被创造也不创造）。这种矛盾是如何成立的问题，是由反省的自己和被反省的自己同一的自觉事实来证明的。如果有人对此有所怀疑，那么他在怀疑时就已经承认了这个事实。若从真正绝对的立场来说的话，每一个意识都是行为，同时又直接是反省。发展就是复归。虽说离开物不会有影子，但离开影子亦不会有物，知即行、行即知。我们每一个意识就好像一个点在无限维度的连续当中能被思考那样，包含着无限的对他关系。每一个意识都是自我内返照（Reflexion in sich），同时亦是他者内返照（Reflexion in anderes）。当意识的某一点被限定时，就是直接包含其自身的否定，亦即包含扬弃（Aufheben）的可能。被限定的意识的对他面向，就是一般所谓的抽象面向。在这个意义下，当某一个意识的对他关系被认为是无限的时候，如罗素主张无限维度变成无意义那样，该意识内容反而失去所有限定，成为单纯的抽象概念。然而，吾人的每一个意识的点，必须被认为包含无限的对他关系，不仅如此，每一个意识的点都必须是活生生的，亦即无限的活动。单纯地将每一点视为无限的潜能，仍旧是在将它对象化，而每一个点必须直接是自由的主观，无限的对他关系在此必须是无限的自由。包含无限的对他面向，说的就是包含无限谬误、无限罪恶。真实在可以说是道德的。在具体实在里，每一个点都能够作为绝对成为出发点。

　　如上所述，在直接的具体经验里，其每一个点不仅包含无限的对他关系，其每一个点都是自由的主观，亦即在自己之中具有否定自己的力量。如奥古斯丁主张神给予最初的人类自由那样，[①] 吾人在每一个作用当中接触神，同时亦接触恶魔。在这种每个立场里，自己否定自己的作用是所谓抽象作用，亦即吾人的思维作用。绝对自由的意志的否定面，亦即无限的反省（nec creata nec creans）就是我们的反省作用、思维作用。所谓纯粹思维只不过是这方面的极限而已。纯粹思维的对象，指的是这种体验的内容。当我们在意识着自己的时候，也就是在否定自身成为消极统一的时候，我们便成为了思维主体。比如在吾人的纯粹视觉里，线既不是数学家所谓几何的线，也不是心理学家所谓线的感觉，在其各自的点里，是直线和曲线的交错（Durchdringung）。颜色亦与之相同，自身包含对白和黑的倾向（eine Tendenz nach Weiss und Schwarz）。这种纯粹视觉的作用，当然在其自身是完整的东西，但吾人的全部意识并非单单只是视觉而已。吾人具有各种作用，能够从一个移动到另一个，因此就好像在纯粹视觉当中，一条线、一个颜色是各种连续的交错那样，我们必须说纯粹视觉本身并非单纯的纯粹视觉，而是各种作用的交错。而往另一个（他）移动，就是在其自身中具有对他关系，亦即在另一个（他）当中具有自己，换言之，就是在自身当中具有否定自己的动机、具有反省的可能。当然，在纯粹意识的立场里，这种一包含他，并不是一和他混同。阐明某一个立场并彻底于它，就是移动到另一个（他），

①　奥古斯丁：《上帝之城》，12・11、22。

阐明对立就是在阐明其统一。总之，即使在视觉或听觉这种纯粹知觉里，意识到它本身就意味着其自身的否定，换言之，这些作用属于更大的统一。这种统一的意识就是思维的体验。对于每一个小的作用，此立场被认为是由外部被添加的反省作用，但从绝对自由的意志之立场来看，它是随同每个立场成立而被给予的约束。所谓经验的知识就是从这种立场来反省纯粹知识的东西。当吾人从此立场反省纯粹知觉中的线或颜色时，这些就会作为知觉对象进入到吾人的认识范围内。柯亨主张必须先符合"知觉的预知"公理才能在认识界中获得客观性，[①] 指的就是这个情况。认识以前的所与，并非柯亨的意识状态（Bewusstheit）[②] 那种东西，而必须是费德勒的纯粹视觉[③] 那种东西。认识所无法达到的，而且认识必须以它作为目的的对象，必须是在其自身是动态的纯粹经验。柯亨作为内含量向吾人的认识世界要求客观性，这里必须是这种纯粹经验的动态面向，亦即绝对意志的发展面向。如布伦塔诺所言，如果能思维知觉到的东西，同一本质在一方面能成为知觉对象，同时在另一方面能成为思维对象[④] 的话，那么本质就可以被思考为作用的结合点。而我们可以认为这种本质发展的面向作为直观成为客观知识的对象，其否定的面向，亦即反省面向则成为概念的知识。心理学所谓的知觉，就位于这两个面向的中间。纯粹知觉的反省面向，亦即其被反省的形态，就是其体系和另一个体系的接触面，亦即被改造为能和另一个体系结合那样的形态。吾人的主观意识在这种意义下，只不过是各种体系结合的形式而已。这也就是为何意识本身被认为是无内容的，"被意识"被认为是在意识内容中不添加任何东西的缘故。也就是说，所谓主观的意识就是意志的绝对否定面向。或许有人会认为如此被改造的东西不是原本的纯粹知觉，当然概

---

①　柯亨：《纯粹认识的逻辑学》，第 154 页。
②　同上书，第 452 页。
③　费德勒：《艺术活动的起源》，《费德勒艺术论文集》第 1 卷，第 273 页。
④　布伦塔诺：《从经验立场出发的心理学》第 1 卷，第 124—125 页。

念的知识和纯粹知识并非同一是毋庸置疑的。然而当红的纯粹知觉被反省时，并不是说会变成蓝的概念，本质是同一的，因为本质也可以说是从一个作用移动到另一个作用的结合点。吾人从概念知识的立场来看，认为纯粹知觉是无法达到的认识之前，这完全不是因为该性质是不同的，而是因为前者被包含在后者之中。然而，这个被包含的意思，如文德尔班所言，知识世界并非直接经验在分量上不同的部分，在三角形的一边在三角形之中、三角形被包含在四面体之中这种意义下，它是作为部分的维度被包含在内的。纯粹知觉在绝对意志的形态中是更高层次的。当然，从一方面来思考的话，思维本身还是一个作用，或许可以说是一种纯粹经验。无限反省的极限本身，或许可以被认为是具有一个中心的发展。就好像一条直线被认为是在无限距离中具有中心的圆一样。如此一来，我们可以说所有一切都是和艺术家所谓纯粹知觉一样的纯粹经验。创造的神同时也是不创造的神。肯定的意志就是否定的意志。在和此同样的意义上，我们可以说在纯粹知觉的一个半面里，其经验思维早已被包含在内。李凯尔特等人只看反省面，因此思维和直观彼此断绝无法相互结合，然而柯亨在被给予的直觉根柢中直观思维，因此可以从一个更高层次的立场来阐明知识本身的成立。因此知识成为理念的无限发展前进。

如上所述，吾人的思维是绝对自由意志的反省面、是否定各种经验体系，而且是统一这些体系的面向，也就是各种先天的统一作用。各种经验内容属于各自的先天，因此思维本身被认为只是没有任何内容的形式。就好像作为吾人意识内容的线都是有限，无限的线单纯只是思维对象一样。然而，真正的无限并非只是单纯的无边际，它必须在其自身是独立的，亦即必须是自我反省的。思维作为单纯的消极统一，如李凯尔特所言，只能是"甲是甲"，但当绝对意志的反省面作为反省意志承认自身的独立时，它作为一个先天和纯粹知觉等一样，会变成一个创造性的思维。这种思维会创造我所谓的纯粹思维，亦即数理世界。思维的统一是所有先天的统一、对他关系的极限,因此共通于一切,思维对象的世界虽然被认为是不变的、普遍的,然而只要思维已经作为一个先天被其自身意识到的话,那么就免不了特殊性,亦即它是绝对意志的一个面向,而不是绝对意志本身。真正的创造性的绝对意志,不仅不是单纯的否定,还必须在任何意义上是被限定的东西,必须是无限的贫脊同时又是无限的丰富。真正的绝对意志的统一,是肯定和否定的统一、形式和内容的统一,用一句话来说,必须是人格的统一。在这里有思维和经验的统一、有知识的客观性。当然,这种真正的绝对统一是无法达到的,但吾人却可以一直去接近它。而种种世界便是根据其性质和程度而出现的。吾人绝对意志的经验是朝两个方向发展的。一个是各种先天的统一面,亦即反省的方面;另一个是先天自身发展的方面。一个是普遍化的方面,另一个是特殊化的方面。当然,这两个方向的作用,虽然从绝对意志的立场来看是直接的一,但就好像在三维度的世界里能形成各种立体的形状那样,却可以在其统一当中看到各种形状。这里会出现被视为是绝对肯定的纯粹知觉、被视为是绝对否定的纯粹思维,以及位于这两者之间的各种阶段。某一个内容的绝对肯定是艺术立场,其内容的否定是思维的立场,否定的否定,亦即全体的绝对肯定是宗教的立场。所谓知识的立场并没有从否定往“否定的否定”前进,相反地,我们可以说它是统一部分肯定的立场。比如,当我们反省红色的经验并说“这是红色”(これは赤である)时,我们早已超越并否定一个纯粹知觉的立场。李凯尔特的“所与范畴”(Kategorie der Gegebenheit)①,说的便是从这种绝对意志的否定立场统一某一个纯粹知觉立场的形式,也就是知识最初的阶段。此时,作为“这是”(これは)成为主语的东西,是绝对意志从肯定移动到否定的回转点,并以此点为界线,从知觉世界进入思维世界。这个点就是两个世界的接触点(因此被认为是现在)。吾人的意识无论在哪个点,都包含反省的可能,在所有的点上接触知

---

① 李凯尔特:《认识的对象》,第 166—186、176 页。

识的世界。当这种反省立场自身作为一个意志创造对象界时，如上所言，虽然会出现作为纯粹思维对象的数的世界，然而从这个立场进一步返回到绝对创造的意志之立场时，亦即人格统一的立场时，则会出现康德学派所谓的"经验世界"。所谓时间和空间只不过是通过纯粹思维统一经验内容的形式而已。如我之前曾说过的，思维体系的质的方面成为空间的基础，其量的方面则成为时间的基础。当我们从反省我自己的纯粹自我立场，将被称作是纯粹经验的绝对意志全体统一起来的时候，在那里会有由时间空间、物和性质、原因和结果等范畴所构成的所谓事实的世界成立。自我本身的发展变成时间的范畴，其发展方向的差别变成空间的范畴，这两方面的统一则变成物的范畴。彭加勒的原始法则（loi brute）[1]，与其说是依靠法则，倒不如说是依靠物和其性质或物和其作用等范畴而成立的。这种事实的世界，亦即所谓实在界，虽然作为由超个人的自我之统一所形成的对象界，会被认为是共通于每个人的所与客观界，但如上所言，当思维作为思维被意识到时，它已经是一个相对性的先天，而不是一个真正的统一，因此，根据思维统一而成立的世界，从一方面来看却反而是主观的。自古以来，哲学家和科学家会在这些现象界的背后追求本质的世界，亦是依此之故。这个要求对于思维并非是从外部被给予的，事实上是由思维本身所产生的。如康德在"经验的类比"（Analogien der Erfahrung）所说的那样，纯粹思维统一的要求，最终要求将所有的物视为一个实体的相互作用。而绝对意志的一个面向，亦即作为人格一部分的思维之要求，并无法只停留在单纯的思维统一，必会要求内容，亦即会要求全部经验的统一、要求思维回到作为其根柢的自我全体，在此会有知识的客观性存在。物理世界观便是依此而产生的。自然科学家所谓的经验界，就是立足在绝对反省立场统一全部经验所看到的东西。自然科学家所谓的直觉，比如彭加勒的感官证明，[2] 便是从这种立场来看的直觉。

---

① 彭加勒：《科学的价值》，第 241 页。
② 同上书，第 226 页。

艺术家的直觉原本就是和该范畴不同的东西。自然科学知识的发展，说的就是这种意义统一的发展。像自然科学界中的各种假说或彭加勒的原则（principes）① 这种东西，便是如此产生的。然而，从这种单纯的绝对反省立场统一人格内容的全部经验当然是不可能的。对于思维的立场，视觉和听觉的先天是非合理的。因此，科学的假说是主观的，对于经验内容来说，则是外部来的统一。科学家在经验界的背后所追求的本质，并非真正的本质，反而成为吾人的主观概念。真正经验内容的统一必须进入各种先天的统一或吾人的人格当中去追求，亦即必须进入吾人自身的内部，向深层内面的自由追求，不，应该向连我这个东西都没有的直接统一追求。可称为纯粹知觉发展的艺术家的意识，在这一点上，和科学家的意识相比，是更深层的具体意识，亦即更内面的、自由的、直接统一。在这个意义下，我们可以说艺术的立场和思维的立场相比是更自由的立场。艺术立场并非单纯的肯定，就如思维立场并非单纯的否定，它在其自身是创造性的那样，可称为塑形作用（Gestaltungstätigkeit）的艺术立场，是在其自身中含有否定面向的具体立场。除去否定，单纯是肯定的抽象立场，只不过是心理学家所谓知觉立场那样的东西。艺术家的纯粹知觉并非是像这样的东西。因此，被认为是心理知觉对象的颜色或声音，或许单纯被认为是现象，然而这些在艺术立场中的知觉，和物理实在相比，是更深层的、直接的具体实在。颜色和声音的自己，并非以太振动或空气的振动那种东西，反而必须是像艺术家的直观那样的东西。

　　吾人的意识在每个点上，既是肯定同时又是否定。艺术的立场亦不是单纯的直观，思维作用在一方面亦是直观。吾人的意志体系就是因为在意志当中允许意志，因此在其每个点上，既是自我内返照同时又是他者内返照。希尔德布兰德（Adolf von Hildebrand）在《形式问题》（Hildebrand, *Das Problem der Form*. 5te Aufl. S. 33.）中论及知觉的"作用形式"（Wirkungsform），并认

---

① 彭加勒:《科学的价值》，第 239—243 页。

为当我们只看到手指时,能够获得其部分的形式和大小的印象;当我们看到手的全体时,能够获得在和手全体的关系中看此手指这种新的印象;当我们看到手和手腕时,能获得更新的印象。[①] 如他所述,该自我内返照即使在纯粹知觉里,亦直接就是他者内返照。纯粹思维在这种意义下,是可称为宇宙纯粹知觉的绝对意志之否定面,道德意志就是其肯定面,统一这两面的绝对意志本身的立场是宗教。宗教的立场是所谓超越意识的艺术立场,艺术的立场与之相反,是在部分经验体系中的宗教立场。会主张艺术直观比知觉更具体,亦是依此之故。艺术直观的世界和认识的纯粹自我统一世界相比,在量上或许是部分的,但在质上却表现出具体的全体。所谓实在界就是依据时空间等所谓"实在的形式"(Wirklichkeitsformen)[②] 而成立的。此实在界是绝对意志的否定统一之对象,对知识来说,或许被认为是直接被给予的客观实在,但对绝对意志来说,只不过是其抽象的一面而已。如果想要在此形式中加入绝对意志全体的话,那么就会直接落入二律背反。绝对意志若要真正地返回自身的具体全体的话,就必须超越这种实在界,进入艺术、宗教的立场。如此,从知识的立场,亦即否定的立场移动到绝对肯定立场的回转点是道德意志的立场。如梅特林克所言,能够依据道德意志将过去作为现在,亦是依此之故。所谓实在界在量上或许是客观的,但在质上却是主观的。艺术的对象界与之相反,在量上或许是主观的,但在质上却是客观的,它能够超越知识的立场,直接接触绝对意志的内面。

# (四十三)

吾人最直接的具体经验的真相是绝对自由的意志、是各种作用的人格

---

① 希尔德布兰德:《造型艺术中的形式问题》(*Das Problem der Form in der bildenden Kunst*)(第 5 版),1918 年(初版 1893 年),第 33 页。

② "现实性形式"、"现实的形式"。

统一、种种经验体系的内面结合。将立足在各自立场上的经验体系比喻为一个圆来看的话，结合这些圆的中心的线必须是绝对自由的意志，也就是说，该统一并非作为认识对象所能被思考的静态统一，而必须是在其自身是独立的无限动态统一。主张无法重复的无限发展，事实上已经将此发展对象化了。若将吾人的直接经验，亦即真实在进行如上思考的话，具有这种绝对意志的否定反省面，亦即无限大半径的圆的立场就是纯粹思维的立场。从这个立场反过来看全部经验的是所谓的经验界，也就是依据时空间、因果这种构成的范畴而被组织起来的实在界。这种世界是吾人认识的最初对象、是从意志世界移动到知识世界的第一步、是两个世界的边界。而从这种单纯的反省立场来看，依据普遍法则试图将异质的经验统一起来的是自然科学的看法。马克斯·普朗克将物理学的目的视为"从拟人论（anthropomorphism）的解放"，亦是依此之故。针对各种作用的统一之人格经验，否定各种作用的差别，试图从潜藏在任何一种作用背后的共通的反省立场统一一切的是物理学的看法。吾人所谓物质界就是依据这种看法而成立的实在的一个面向。一般会将立足在绝对意志的否定反省的先天上的世界视为共通于所有人的客观世界，然而从一方面来看，立足在否定的反省作用这种某一个特殊的先天之上的东西，却反而可以被认为是主观的。在现代哲学里，将物理世界视为主观的人，已经开始着眼在这一点上。

　　吾人的经验体系作为绝对意志的部分意志，在肯定的里面直接包含着否定。我们可以说其每个经验如上所述，接触绝对意志的否定反省面，属于所谓的物质界，同时每个经验又和绝对意志的肯定面相连续，存在于一个大人格的统一当中。比如，当我们反省颜色的经验时，它作为思维对象属于思维统一的世界，且被认为是物质界的一个现象，同时颜色的经验立足在其自身的先天上，对于思维的先天始终是以非合理的立场要求其自身的独立。也就是说，吾人的经验在一方面属于物质界，同时每个经验又以纯性质的立场要求其自身的独立，在吾人经验内要求和思维同等的独自性。如唯名论者所想的那样，思维反而可以被视为主观的一个作用。因此我们必须这样思考：在自由意志的形式里，于绝对意志当中成立的吾人之直接经验，无论是哪一种，在一方面和绝对意志的否定反省面相连接，同时在另一方面又和绝对意志的肯定发展面相连接。若从前者方面来看的东西是物质界的话，那么从后者方面来看的东西便是心理学家所谓的精神现象。纳托普的重构方法（rekonstruktive Methode）[①]的立场，亦是意味着这个。现在若将这些立场的关系诉诸在吾人的内省来思考的话，吾人的直接经验，比如像艺术直观这种东西，便是超越认识的具体意志之立场。当我们从绝对意志的否定面来看它时，这个经验本身的独立立场会被否定，统一的中心则会移动到思维的立场，对于原经验则会被认为是从外部来统一它。然而，真正的绝对意志必须是否定即肯定、肯定即否定。在无限否定的内面里，必须要有无限肯定的可能。因此，当我们针对否定省察肯定的立场时，也就是当我们立足在否定的否定、反省的反省之立场时，那里就有所谓的精神界。当我们站在这个立场来看时，就是在说我们在反省自己的精神现象。当然，这种意义下的否定的否定，并非真正的否定的否定，这种意义的肯定并非真正的肯定，而是相对的肯定。真正的否定的否定，亦即真正的肯定是反省即发展、否定即肯定，必须是无论用任何意义都无法反省的东西。相对的肯定之立场是站在否定即肯定的绝对意志之立场来看某一个经验体系的情况、是从全体作用的绝对统一立场反过来看部分作用的情况、是从存在＋非存在的立场来看存在的东西，非存在是表示和更大立场的结合。我们可以想到的是，针对看、听、思考的立场，我们想要看、想要听、想要思考这种所谓"我想要做什么"（私は意志する）的立场，也就是自由意志的立场。从这个立场可以将各种作用本身视为对象。若从这个立场来看，思维的立场亦不是反省的立场，而是成为某一个肯定的立场，因此，自然科学的世界并不是唯一的世界，而只

①　纳托普：《基于批判性方法的一般心理学》，第189—213页。

是成为一个世界,在这个立场里才能否定、反省思维本身。在一般的想法里,反省就是这种意思,意味着自然科学立场的绝对意志的反省,却反而能够知道外界。与之相反,自由意志的立场绝对无法反省它,因为那是反省他者的立场。一般作为人格立场被认识到的,若严格来思考的话,只不过是依据某一个先天统一而产生的相对肯定立场而已,因此并非真正属于我,仍然属于外界的一部分。真正属于绝对意志的肯定的世界,必须是相对于认识世界的神秘世界。这里有艺术的世界、宗教的世界。我曾在本书第二十四节的最后说过,被反省的作用已经不是作用本身,毋庸置疑,站在所谓知识的立场,吾人无法反省作用本身,被反省的东西已经是对象,而不是作用本身。然而,从作为作用统一的绝对意志之立场,能够将作用本身作为对象来进行反省,亦即能够体验作用。从意志的立场,能够反省具有反省作用的思维本身,亦即能够体验思维本身。绝对意志的立场是发展即复归的立场。经验体系的发展和复归,在这个立场上是一个,这两个方向反而是在这之中成立的。从此立场可以将作用本身视为对象。

　　如上所述,从绝对自由意志的立场,能够将作用作为对象,并意识到它。在知觉或思维这种认识主观的立场里,其对象界是立足在一个先天之上无法动摇的客观对象界,作为主观本身的作用被认为无法反省,亦是理所当然。然而,在作为作用统一的意志主观里,其对象只是可能的世界,可以将各种作用,亦即先天本身作为选择对象来进行反省。总之,知识的立场是经验体系被固定下来的抽象立场,意志是其具体的全体之立场。虽然从知识的立场无法将意志的立场作为对象来看,但从意志的立场却能够将知识的立场视为对象。这种绝对意志的立场就是纳托普的所谓重构方法的立场。从此立场来看的东西,是吾人精神现象的世界。吾人的精神现象是种种作用的结合。此结合点应可说是利普斯所谓的意识我(Bewusstseinsich)[①]。意

———————————

① 　利普斯:《心理学入门》(*Leitfaden der Psychologie*),1906年(初版1903年),第2页。

识现象必定是作为一个"我"的意识而成立的。它或许能通过极限概念将各种圆锥曲线作为一个连续包容进来，但反过来思考，这些曲线全都是站在各自的先天之上而且这每个先天都是独立的作用。作为独立作用的性质，并不是因为所有一切作为二次方程式的曲线被统一而消失的。从作为作用统一的绝对自由意志的立场来看，作用本身反而是最直接的对象。当吾人在一个作用中的时候，虽然无法将作用本身视为对象，但却可以立足在绝对意志的立场，通过超越作用本身将作用本身作为对象。说到对象，或许都会被认为是同一个意义，但一个是知识的对象，另一个却是自由意志的对象。精神现象是作为后者，依据后者立场而成立的实在界。没有自由意志的东西无法理解精神现象。意志是精神现象所依据而成立的先天。若思考实在的阶级这种东西的话，如奥古斯丁以来的伪狄奥尼修斯或爱留根纳等人主张神超越所有范畴那样，无论在任何的意义上都无法反省的绝对自由意志是最直接、具体、主要的真实在。意志关系的世界，亦即作用本身的纯粹活动世界，便是作为这种绝对意志的对象而出现的。我想将这个世界命名为象征（symbol）的世界。在这个世界里，既没有时空间也没有因果。如象征派诗人的诗那样，所看到的、所听见的都是一种象征。在"蓝色的花"的乡下宴会里，无论是科学还是数学都成为了合唱（chorus）。今日的康德学徒认为知识是依据先天而成立的，但在先天以前的世界，亦即绝对意志的对象界里，所有对象必须是各个无限的精神活动。若是在这个立场的话，所有的每个东西都是无限精神作用的象征。我认为可以将这种象征世界视为将阿列夫作为最小数的无限数世界。我过去曾说过，无限数在其自身是独立的自觉，也就是依据自动的先天而成立的。只从唯——一个世界而来的吾人之知识世界，是有限数的世界，在其极限当中超越它自身，并进入无限数的世界，亦即意志的对象界。若依据康德所说的那种时空间、因果的有限数关系来统一真实在的话，便会立即落入二律背反。我们唯有依据无限数的自由意志，方能接触真实在。物自体的世界是意志的世界、无限数的世界。若是如此,在吾人知识世界、有限数世界之前就已经有超越时空间、因果关系的无限数世界、象征对象的世界。从前灵知派学徒(Gnostiker)会认为在根本精神和此世界之间有种种的神话图式,是因为无法轻易地将古代哲学家的想法视为空想来加以排斥的缘故。从可称为巴西理德(Basilides)的"未在的神"(ὁ οὐκ ὢν θεός)① 或瓦伦廷(Valentinus)的"深底"(βυθός)② 的绝对意志出现的最初对象,必须是人格的实在。不! 吾人真正的自我现在仍然住在象征派诗人在现实根柢里所见到的神秘世界里。

　　如上所述,从绝对意志看到的最初对象界是艺术的世界、宗教的世界。从此立场,所谓认识对象世界可以作为一个先天,亦即一个作用来被对象化看待。如此一来,作用本身被反省的东西便是所谓意识现象。因此,所谓意识现象,可以说是依据可称为绝对意志的否定反省的纯粹思维之统一而成立的自然科学世界和从绝对意志立场所看到的直接对象界之象征世界的接触点。如我以前曾说过的,当我们从可称为绝对意志的否定面之纯粹思维立场来统一经验全体时,依据时空间、因果范畴而成立的所谓实在界就会出现。所谓精神界和物体界就是以这个实在界为界线来相互接触的。物体界就是依据从这种纯粹思维立场无限地统一所有经验内容而产生的。然而,在绝对意志里,原本每个作用作为生命的冲动,要求和思维同等的独立性。因此取代往物体界的方向前进,反过来从绝对意志的肯定立场看到此实在界的便是历史世界。历史世界就是从作为绝对意志的直接对象之象征世界的立场看到所谓实在界的东西,亦即在和意志对象世界的关系里看到所谓实在界的东西。若将自然科学的看法作为意志的对象否定面的话,历史的看法亦可以说是其相对肯定面。相对于这些面向,艺术和宗教的立场是肯

---

① 巴西理德的文献已佚失,相关论述可参见希波吕特(Hippolytus of Rome):《驳一切异端》(*Refutatio Omnium Haeresium*)第 7 卷,20.2—21.1。
② 布塞:《灵知的主要问题》(*Hauptproblem der Gnosis*),1910 年。小坂指出西田根据的是此书。

定即否定的具体立场。历史世界作为所谓实在界的一种看法，尚属于知识界，然而艺术和宗教的世界完全超越了知识的范畴，也就是作用本身。艺术的看法一般被认为是主观、空想的，然而在上述的意义下，却反而可以说是真正的客观看法。在艺术里，特殊被包含在普遍当中，个物直接就是全体。相对于立足在一个先天之上的自然科学看法，或许应被视为先天结合的历史世界，作为其具体的根源被认为是客观的实在，然而我们必须说艺术和宗教的立场作为肯定即否定、普遍即特殊是更具体的立场。连历史立场亦和自然科学立场一样，属于作为绝对意志的一个作用的纯粹思维立场。前者试图从此立场来统一全部经验的内容，后者则是从更具体的立场反过来看它。然而，当我们完全超越一个作用，站在全人格的立场时，那就会变成艺术、宗教的立场。此立场是先天的先天，其普遍性并非抽象概念的普遍性，而是创造力的普遍性。我以前曾借由推理的形式论述了精神和物体的关系，表示单纯普遍性的大主语，是从绝对意志的否定立场所看到的物体界；表示一个限定性的小主语，是表示其肯定面的心理自我，判断表示从全体立场所看到的意识现象的世界、历史的世界。我们或许可以说：推理本身作为具体的全体，无论在任何意义下，都是不会成为对象的绝对意志。

　　如上所述，吾人的意识现象和物体现象，并非彼此相互独立的实在界。意识现象就是相反地从作为先天统一的绝对意志的立场，看到立足在某一个先天上的对象界的东西。在纯粹思维的先天上，数理的世界会出现，自然科学的世界是依据从此立场统一全部经验而产生的。自然科学的世界亦是依据其先天的性质，以一种阶级的方式，分成物理、化学、生物的世界。与之相反，所谓意识规范或纯粹自我的统一作用等，是通过反省纯粹思维的先天而产生的，亦即像李凯尔特所谓先验心理学的对象①那样的东西。自然科学的对象界是依据从思维立场统一经验而成立的，吾人所谓意识现象的世

────────────

① 李凯尔特：《认识论的两种方式》，《康德研究》第 14 卷，第 213—228 页。

界则是通过反省这个自然科学的对象界而产生的。比如,反省颜色这个经验界所依据的先天是视觉作用。以自然科学的方式来说的话,或许必须认为有眼睛这个感官后才会产生颜色的经验,然而从直接经验的立场来看的话,与其说是眼睛,倒不如说是颜色的经验本身更加的根本。首先颜色这个直接经验若没有被给予的话,眼睛这个物体也不可能具有特殊的生理意义。当颜色的先天从作为先天的先天的绝对意志立场被反省,在绝对意志的否定面被表现的同时存在的平面里,在和其他经验内容的关系中被观见时,眼睛这个感官方能被思考。从绝对意志的立场来看,与其说是眼睛,倒不如说是颜色经验的先天更加的根本。这里没有加入因果关系的余地,因为有是从无而生的(無より有を生ずる)。反省这种先天的是心理作用,吾人的个人自我只不过是这种作用的集合而已。从绝对意志来反省站在种种先天上的经验体系的某个结合,也就是种种先天的某一个统一时所看到的东西是意识的自我。而将这种作用的一个结合,亦即作用的某个统一映照在绝对意志的否定统一的对象界时所看到的东西是吾人的身体。就如同将某一种经验映照在对象界时所看到的东西是感官那样,先天的有限统一被映照在此对象界的东西是身体。所谓有机体就是在和绝对意志的直接对象界之关系中看到绝对意志的否定统一的对象界,亦即物质界的东西。因此,有机体必须是物体和精神的结合点。就好像在解析几何学里具有正负两义的点,一方面被认为属于曲线的内部,另一方面被认为属于其外部那样,一个先天若属于绝对意志的肯定面就会变成精神作用,若属于其否定面就会变成有机体。自然界的目的论想法是从其具体根源来看物体界的想法,因此和立足在单纯的否定统一上的机械论想法是完全不同的立场。试图进行机械论说明来解决目的论问题和古代解析家试图通过无限的分割达到极限点,同样都是错误的。物体现象的目的,并非是在其前进的方向中产生的,而是一开始就被给予的。就好像有乙必须先有甲那样,前进只是其手段而已。立足在某一个先天上的对象界之具体根源,是此对象界的目的。在这个意义下，我们可以说，如洛采所言，有机体成为自然的目的，精神成为有机体的目的。精神和身体的结合，能够通过上述的思考得到理解。作为绝对意志的否定统一的对象界的所谓物体现象，通过在和作为绝对意志的直接对象的作用之关系中被观见而变成目的论。其统一点，如上所述，具有正负两义，在一方面被认为是生命的中心，同时在另一方面被认为是精神和身体的结合点。绝对意志通过此点，从肯定到否定、从否定到肯定。如我过去曾说过的，通过有意的行为，精神和物体被结合起来的想法，亦是依此之故。若将此点更往前推进一步，就如费德勒所谓艺术的活动那样，当吾人的每个行动成为表现运动时，吾人就能够否定单纯的否定世界，回归到绝对意志本身。在此，物体界失去作为物体界的实在性，每一个都会被视为象征。

在此重复一下以上思考，当我们把某个特殊经验内容说成"这是什么什么"（これは何々である），并站在绝对否定立场来看时，此经验则会进入否定统一的对象界，并成为经由时空间、因果的范畴所组织起来的所谓实在界的事实。将这种事实界作为界线，如李凯尔特等人所言，便能朝普遍化统一和个性化统一的两个方向前进。[1] 前者变成自然科学，后者则变成历史。自然科学的想法是从绝对否定的立场，亦即纯粹思维的先天来统一事实界的想法。历史的想法相反地是在和绝对意志的直接对象界的关系中来观看它的想法。历史是宇宙精神的传记。与之相反，当完全超越绝对否定的立场回归到人格统一，亦即绝对意志本身的具体立场时，我们就能完全超越事实的世界，进入艺术想法的世界。若进行如上的思考的话，我们可以说心理学家所谓的意识界，便是位于历史世界和自然科学世界之间的东西。更仔细地来说，历史是在事实界里的艺术想法，而从前者来看此想法和自然科学想法的接触点的是精神现象，从后者来看的则是生物现象。精神和身体的平行，总而言之，只是一种公设（Postulat）而已。心理学家所谓精神现象是在

---

① 李凯尔特：《文化科学和自然科学》，第 58—69 页。

身体基础中被看到的直接经验的内容,相反地身体是对应精神现象而被思考的物体。总之,某个立场的否定,亦即部分意志的否定,在一方面成为身体的基础,在另一方面则成为科学的基础。因此,关于所谓精神现象,就如同在生理心理学里那样,若彻底于其生理说明的话,最终则必须还原到物理现象。与之相反,如很多心理学家所主张的那样,相反地试图忠实地记述直接经验本身的话,那么理所当然地就必须成为传记那样的东西。冯特认为精神现象全部都是遵循创造性综合的因果律,[①] 然而,如果严格地贯彻这个想法的话,就必须变成柏格森的内在绵延那样的东西,也就是说,无法再建立起心理法则那样的东西。所谓心理学家都是在历史现象和自然科学现象之间决定对应于身体统一的意识我这种作用的结合,并将依据此统一而成立的对象界命名为意识界。这种意识界越是将意志活动映照在否定面就越具物体性,因此不仅能建立起普遍法则,亦能和生理现象相对应。

如上所述,身心现象是依据绝对意志否定部分意志(亦即直接经验的某一体系)而成立的,映照在其否定统一的对象界中所看到的东西是身体,在和原状态的关系中看到它的是精神现象。这和柏格森主张同时存在面是物体界,内在绵延面是纯精神,吾人身体和意识在其接触点上成立是同样意义的。[②] 此外,这和我曾主张推理的大前提面是物体现象,小前提面是精神现象,大主语表示物体界,小主语表示精神是同样的想法。若针对身心关系进行如上思考的话,那么意识和无意识的关系又该如何思考呢? 如果意识和无意识的关系采取如上立场的话,那么我认为就如我在第十七节中所言,必须思考某一个意识内容和潜在其背后的具体根源,亦即被限定的东西以及限定作为其基础的我自身的东西之间的关系。在这个意义下,我们可以认为针对某个被限定的线或形状,无限维度是其背后的无意识。"有无意识的作用"(無意識の作用がある),并不是说以自然科学的方式存在,亦即并非

---

① 冯特:《心理学纲要》,第 399 页。
② 柏格森:《物质与记忆》,《柏格森著作集》,第 281、284—285 页。

作为自然科学原因来进行活动。作为自然科学原因而被对象化的无意识，和生活力等相同，是属于吾人客观对象界的东西，和一种物力没有不同。在这个意义下，主张有无意识的精神等存在便是一种矛盾。这种意义的无意识只不过是在有机体的生理作用和意识我的意识作用之间为了说明而被设定的一种假定统一而已。这种无意识被认为是意识的原因和将物体视为意识的原因同样都是本末倒置。真正作为意识根源的无意识，必须是像柯亨所谓的根源（Ursprung）①那样的东西。主张"有这种无意识"（此の如き無意識がある），并不是说在自然科学意义下存在，而是在柏拉图理念世界意义下存在，它是作为我所谓的绝对意志的对象而存在的，也就是世界创造以前的神的思想。关于这种无意识是否能离开意识而存在的问题，我们只能说在任何一种意义下，完全没有限定的理念，亦即和意识完全没有任何关系的无意识都是不可能存在的。然而，离开被限定的某个个人意识，我们依旧可以认为理念能够在其自身得以存立，即使没有人类全体、生物全体，我们依旧可以认为理念本身是存立的吧！

## （四十四）

如上思考精神现象和物体现象的区别以及相互关系，就如我在第三十六节所论述的那样，可以说是和吾人的常识及自然科学想法不相容的。在吾人的常识里，身体被认为是精神的原因，通过眼睛才能产生光觉，通过耳朵才能产生音觉。即使在自然科学的想法里，亦没有不同。然而，自然科学的想法，如先前所述，是站在绝对意志的否定立场来统一全部经验的想法。若一度站在这个立场来思考的话，那么我们大概只能这样想：所谓时空、因果的关系变成无法动摇的实在秩序，物体现象被认为是所有现象的根

---

① 柯亨：《纯粹认识的逻辑学》，第 35—37、79—93 页。

柢,精神现象在宇宙进化的某个时期是伴随生物的神经系统的附属物。然而,在自然科学的立场里,即使认为上述想法是不可动摇的真理,如此思考的我并不属于自然界。自然科学世界,如康德所言,是依据纯粹我的统一而成立的。若想以作为自然科学世界的根本概念的时空、因果形式来统一全实在的话,必会立即陷入矛盾。自然科学的世界只是一个世界,并非唯一的世界。如超越平面世界到达立体世界那样,我们亦能超越自然科学世界进入自由意志的世界。这个世界是所谓"因为你不得不这样做,因此你做得到"(汝は為さねばならぬ故に汝は為し能う)的自由意志的世界、是连像梦般的空想亦无法动摇的事实的世界、是见妇人而动心已经是应被视为奸淫的世界。物理时间之前必须要有应称为现象时间的价值时间。内面统一的艺术动作或许能够以自然科学的方式来思考、以机械的方式来说明,但其极为直接的内面意义,却无法以自然科学的方式来说明。而即使是自然科学的说明,若在其根柢里没有某个程度允许这种意义的话,说明亦是无法成立的。吾人的精神,在一方面被认为依存在身体、从属于物质界,同时在另一方面又直接和宇宙精神的人格历史接续。通往上帝之城的道路,无论何时都敞开在吾人的背后。如奥古斯丁所想的那样,吾人属于上帝之城和恶魔之国,这两个国度在现在的我当中相连接。在这个意义下,取代真正的世界以星云开始的说法,我们可以说世界是以人格的历史开始的。我的世界是随着我的生涯而开始,我们人类的世界,亦即人类的对象界是以人类的历史开始的。和作为纯粹思维的对象界之物体界相比,人类的历史世界是更具体的实在。精神现象并非如一般所认为的那样,时时刻刻都在生灭。如柏格森所言,记忆在保存它自己。[①] 如我们必须依据推理思考物体界现存于外部那样,亦必须思考历史的实在现存于内部。一般都认为前者是唯一的实在,但若说前者是实在的话,后者亦是如此。不,必须说它是更直接、具体

---

① 柏格森:《创造的进化》,《柏格森著作集》,第 498—499 页。

的实在。正确来说，像人类的行为这种实在，其结果和动机的总和是其全体那样，所有具体实在必须是物体＋精神。在历史实在里，现象并非是遵循机械因果法则产生的，而是依据手段和目的的目的论因果而产生的。当然，在吾人的小人格里，或许以目的论方式观看全部经验是不可能的，但人格越大就越能在更大的范围里以目的论方式来观看它。若是到了斯宾诺沙的"理智的爱"这种神的性格，所有一切不仅被视为是必然的，同时这一切亦能被视为是目的论的。对这种人来说，一切都是"永恒的现在"。时间即使被认为是以自然科学方式在推移，然而它在精神上只不过是在转动同时存在的一个平面。认为在一直线中的东西是无法返回到一瞬间的过去的无限推移的想法，若从二维度的立场来看的话，则能被认为可以自由地回到过去。所谓物理时间只不过是实在最抽象的看法之形式。若站在纯粹思维统一的立场来看，物理时间的顺序是无法动摇的实在顺序，身体或许被认为是精神的原因，然而如柏格森所言，身体并非精神的储存处，[①] 反而只是其切断面而已。

　　若没有身体就没有精神现象，精神现象必然要伴随身体，这并不是在说如一般所想的那样，物体和精神现象没有任何交涉，且在它之前就存在，精神现象只是作为其附加物出现在其上的意思。精神现象和物体现象的区别，只是一个实在的看法的不同而已。总之，精神和身体的平行只不过是思维的要求而已。可说是绝对自由意志的吾人的直接经验无处不含有反省的可能，也就是说无论何种经验都可以将之映照在同时存在的平面上来观看，换言之，就是可以将它物质化。若没有眼睛就没有视觉经验，这并不是在表示视觉经验从眼睛这个物质产生出来的意思，而是说在绝对意志的否定统一的对象界，亦即所谓物体界里，不存在不具有眼睛这个射影的经验体系。因此，在严格意义下的物体界里，不可能会有精神现象的连结。物体现象依据目的论统一被认为是有机体，有机统一的中心，亦即知觉神经和运动神经的结合点被认为是精神的坐标。吾人的感官在一方面作为

---

① 柏格森：《物质与记忆》，《柏格森著作集》，第 223—224、292—293 页。

纯物质单纯被认为是客观的,同时在另一方面作为精神现象的基础被认为是主观的。这从上述的理由便能理解。总之,神经作用只是绝对意志从否定转移到肯定、从肯定转移到否定的一个阶段而已。说到从否定转移到肯定的顺序,我们可以想到的是从物理的想法到生理的想法、从生理的想法到心理的想法、从心理的想法到历史的想法,而从肯定到否定的顺序,则恰好是相反。神经作用只不过是前者的最初阶段而已。结合这些现象界的一切的东西,正是应可称为超越时空的"永恒的现在"的吾人之意志本身。此意志的中心始终是现在,是以"此"这个语言被表现的。现在的意志成了种种世界的结合点。作为"目的王国"的市民,在各自的立场上蕴含绝对自由的影子的经验体系,在各自的立场上具有现在,在各自的立场上成为种种世界的结合点。如此我们个人的身心结合才能成立。然而,潜藏在这些背后的绝对意志统一了全体,成为一个体系,因此我们可以说:如宗教家所认为的那样,世界成为神的人格显现,所谓物体界是其身体,历史是其传记。真理的世界可以说是神的思想。

如果思维和经验的对立或精神和身体的关系是我一直以来论述的那样的话(如我在第十三节最后所说的那样的话),实在就是唯一的直接经验,合理的和非合理的或必然的和偶然的的对立,总之我们可以认为只不过是经验统一的先天之不同而已。若试图以纯粹思维的先天来统一由各种感觉先天所构成的全部经验的话,相对于前者后者被认为是非合理的、偶然的,亦是理所当然。然而,严格来说,相对于逻辑,数理变成非合理的,相对于算术,解析则变成非合理的。与之相反,如迈农的对象论所示,关于吾人种种感觉,我们可以认为有各自的先验学的成立。比如,关于颜色,我们可以认为有颜色的几何学( Farbengeometrie )的成立( Meinong, Bemerkungen über den Farbenkörper und das Mischungsgesetz. Z. f. Ps. 33. )。[1] 从一个立场被认

---

① 原文是den 不是die,是西田引用时出错了。迈农:《关于色体和混合法则的评论》,《感觉器官心理学与生理学杂志》( *Zeitschrift für Psychologie und Physiologie der Sinnesorgane* ),第 33 号,1903 年。

为是合理的或偶然的东西，从另一个立场则可说是合理的、必然的。也就是说，合理的或非合理的只是立场的不同而已。统一这些种种先天的东西便是绝对自由意志的先天。在此立场下，吾人方能结合思维和经验、精神界和物体界、意义世界和事实世界。若是如此思考的话，某个人在此时此地思考某个真理，亦可以说是依据绝对自由意志的先天。已经被移到思维对象界的、只不过是自然科学存在的心理自我，已经无法和普遍有效的真理结合。然而，我们的"我"是映照在纯粹思维的统一的对象界中被认为是心理的"我"，同时其每一个都是蕴含绝对意志的影子的自由人格。应被视为是种种作用统一的自由人格，是各种先天的结合点、各种世界的切点。被限定在某时某地的个人的"我"思考普遍有效的真理，不仅意味着绝对意志通过此切点，自由地从自然科学存在的世界往其他对象界移动，同时还意味着从同时存在的平面世界往意志对象的象征界之立体世界移动。如此一来，吾人的精神现象并非单纯的自然科学存在，它变成了蕴含普遍意义的象征。

如上所述，各种世界是依据各种先天才能够成立的，吾人能够通过绝对意志的统一自由地从此移动到彼。所谓某个人思考某件事，就是移动到更高维度的世界，从平面世界移动到立体世界。原本超越自然科学世界，属于对象界的意义或价值，如纯逻辑派的人所思考的那样，必须被认为是超越作为自然科学存在的个人作用的东西。即使某人在某时某地思考，都必须是同一的东西。被某人意识到，就是对内容本身不添加任何东西。黑格尔在《哲学全书》中主张单称命题的主语是普遍的。( Das Subjekt, das Einzelne als Einzelnes [im singulären Urteil] ist ein Allgemeines. In dieser Beziehung es über seine Singularität erhoben. *Encyklopädie*. I. S. 338. )[①] 而在《精神现象学》的一开始谈论到"此"是什么( Was ist das Diese? )，并主张"此"并非其直接的东

---

① "主词，即［在单称判断中］作为个别的个别，是一个普遍的东西。在这种关系中主词超越了自己的单个性。"此段采梁志学的翻译，《逻辑学》，第302页。小坂提供出处黑格尔：《哲学全书》，第175节，《黑格尔全集》第8卷，第326页。

西，而是被"媒介的东西"（ein Vermitteltes）[1]。如黑格尔所说的那样，当我们意识到此时此地时，我们的意识已经超越了此时此地。此时此地是普遍意识的对象、是每个人都必须思考的思维对象。作为"此"而被限定的东西，是无法意识到"此"的。若要意识到"此"，我们的主观必须上升到先验的主观。"此"不仅是在他人心理现象的外部，亦没有在被指定为"此"的心理现象本身之中。对于个人的自己要如何才能思考普遍有效真理的疑问，可以如上述那样去进行理解。然而，进一步深入思考的话，我想或许也能提出这样的疑问：无法离开可比拟赫拉克利特永恒之流的内在绵延的自己，要如何才能回顾过去呢？再者，上升到先验主观的立场本身，不就已经是在内在绵延之流当中所发生的事实吗？站在先验立场，即使超越了自然科学时间，亦无法超越柏格森所谓的内在绵延的真正时间吧！吾人的道德自由行为，即使超越了自然科学因果，亦是吾人更深一层的人格历史上的事实。我们亦可以认为烙印在人格历史上的过去痕迹，无论如何也不可能被抹去。然而，如我以前曾说过的，柏格森的内在绵延已经立足在一个先天之上，已经属于对象世界了。在从一个先天自由地移动到另一个先天的绝对自由意志的立场里，无论任何事实都无法留下任何痕迹。所谓"坐水月道场，修空华万行"[2]，绝对能动的意志无论在何种意义上都不会是被动的。就好像无限数对于有限数是彻底的无限那样。如果说绝对意志是在某种意义下为了行为而限定它自身的话，那么它早已是被对象化的意志，不能说是真正主动（能动）的绝对意志。我们的自我在这个深处里，是和这种绝对意志相接续的。作为吾人性格被意识到的东西是经验的性格（empirischer Charakter），而不是理知的性格（intelligibler Charakter）。在后者的性格里，我们要取什么先天是自由的。我认为甚至连判断的谬误，亦可以通过如上的思考而得以可

---

[1]　"一个间接的东西"、"一个被中介了的东西"。黑格尔：《精神现象学》（*Phänomenologie des Geistes*），《黑格尔全集》第 3 卷，第 84—92 页。

[2]　《禅林句集》，1908 年，第 258 页。

能。在被对象化的客观界里，谬误这种东西应该是不可能会产生的。因此，在自然科学的想法里，谬误的判断，亦被认为须依靠必然因果的法则而产生。谬误是在自由的纯粹主观作用上产生的东西、是在各种先天的统一作用上产生的、是从不同立场混淆中产生的、是从针对一个立场混入其他立场而产生的。原本谬误或罪恶在一方面表示东西的不完全，同时在另一方面又表示其具体性。唯有丰富、深层的实在才能够掉入谬误和罪恶。如圣西朗（Saint-Cyran）[1] 所言，这可以说是"从烟雾处释放出光芒"（Unde ardet, inde lucet）。

---

[1]　法国神学家，本名让·德·弗吉尔·德·奥拉纳（Jean Duvergier de Hauranne），是圣西朗修道院院长，因此被称为圣西朗。

# 跋

作为此书的跋，我想就和康德哲学之间的关系，将曾在此书论述过的想法简单地整理一下，并进行一些论述。康德哲学在认识论上的重要功绩是改变了真理的想法。也就是说，他改变了"真理就是和实在的一致"这种独断论真理的想法，并阐明了知识是依据主观先天形式被构成的东西，吾人必须承认普遍有效的真理是因为吾人无法离开此形式来进行思考的缘故这种所谓批判论式的真理之想法。当然，即使不能说康德自己如此明确地说过，但我们可以说康德哲学的主要意思就是如此。今日的李凯尔特等人主张"在存在之前有意义"（存在の前に意味がある），总之，只不过是彻底地说明了康德哲学的意思而已。

真理若是上述般的东西的话，我们必须随之改变一般所认为的那种"知道东西"（物を知る）的想法。一般常识都是这样认为：将吾人的心比做明镜，知道东西就是东西映照在镜子上。多少具有科学思维的人，并不会将吾人的心视为镜子，而会认为心具有某种性质，因此能改变外界实在的形状并感受它的东西。总之，我们必须说在这些人的想法里，在吾人知识成立的根柢里，在某种意义上，有心和物之间的因果关系存在。然而，在康德批判论式的认识论想法里，在知识成立以前，不能设定因果律这种东西。所谓因果律，只不过是构成吾人经验界的思维范畴而已。在思维以前思考因果关系是一种矛盾。在这个批判的想法里，知道东西就是统一被给予的经验内容。

康德自身亦如此说道:"当吾人统一直觉的杂多时,就认识了对象。"( Wir erkennen den Gegenstand, wenn wir in dem Mannigfaltigen der Anschauung synthetische Einheit bewirkt haben. )① 所谓对象只不过是在说杂多的经验内容的统一。康德有一句话是这样说的:"直觉的杂多被统一的东西是对象。"( Object aber ist das, in dessen Begriff das Mannigfaltige einer gegebenen Anschauung vereinigt ist. )② 今日李凯尔特等人主张认识对象是应然( Sollen )或价值( Wert )就是这个意思。

若这样思考的话,认识以前的物自体究竟是什么呢? 康德在先验感觉论里,将物自体视为感觉的原因虽然有些疑点,但若从康德的立场严格地论述下去的话,物自体作为认识对象必须是完全不可知的东西。也就是说,像吾人一般所想的那样,在依据范畴来知道对象这个意思下,物自体是完全不可知的。那么,物自体对于吾人的认识世界究竟具有何种意义和关系呢? 如果说完全没有意义、关系的话,那么直接将物自体这个想法从康德哲学那里消除就好了。然而,如果知识已经是从某个立场而来的构成的话,那么就必须要有被给予的某物。在此,物自体就不是知识的原因这种东西,而必须是概念性知识之前被给予的直接经验这种东西。我认为今日的康德学徒,就是在这种意义下思考物自体的。也就是说,被给予的直接经验是吾人无法认识的知识之前。吾人的知识只不过是从某个立场看这个丰富的具体经验的东西而已。西南学派最能阐明这种想法。文德尔班认为一直以来将物自体和现象界视为在质上不同的东西是一种错误,并主张必须将两者视为在量上不同的东西。③ 在此,今日康德学派的想法和被认为完全从不同源头发展而来的法国柏格森等人的想法能够进行结合。连李凯尔特亦在《自然

① "当我们在直观的杂多中造成了综合的统一时,我们就说我们认识这个对象。"( 李秋零主编:《康德著作全集》第4卷,第74页。)小坂提供出处为康德:《纯粹理性批判》( 第1版 ),第105页。
② "客体是这样的东西,在其概念中一个被给予的直观的杂多被统一。"
③ 文德尔班:《哲学导论》( Einleitung in die Philosophie ),1923年( 初版1914年 ),第230页。

科学概念构造的界限》第二版的一开始亦已经承认柏格森的内在绵延。[①]

真理认识、物自体等想法如上述般被淬炼，同时主观和客观的想法亦必须随之被加以改变。一般都认为吾人的心是主观，与之相对，外界之物是客观。然而，若稍微想一下的话，吾人作为内省经验的对象说的是"我"，从认识主观来看的话，"我"和外物一样只是属于认识对象世界的一个对象而已。"我"和外物站在因果关系上，只是属于和它一样的自然界之同列现象。若说外物是客观的话，那么它也必须说是客观。若是如此的话，在认识论上真正的主观就必须是构成某一个客观界的统一作用。方才我说从某一个立场或一个先天来统一经验，而这一立场或先天并无法真正地被反省，也就是说，它并非是能够被对象化看待的认识主观。康德所谓的纯粹自我的统一就是这种东西。真正的主观如果必须得被那样思考的话，那么主观就是一个世界构成作用的中心，客观界便是依据它而被构成的东西。严格来说，主观和客观是一个实在的两极，无法相互分离。

若是如此，我们可以说种种的世界就是依据种种的立场而产生的。从数学家的立场会产生数的世界，从艺术家的立场会产生艺术的世界，从历史家的立场会产生历史的世界。如此一来，吾人一般所认为的唯一世界，也就是物理世界只不过是这种世界的其中一个而已，也就是说，它不是唯一的世界，只是一个世界。

接下来，我想针对种种世界及其相互关系进行一些论述。如上所言，知识依据某个先天的构成而成立，种种的世界依据种种的立场被建构起来。若是如此，尚未采取某种立场以前的世界或消除了所有立场的世界，亦即真正被给予的直接经验的世界、康德所谓的物自体究竟是什么东西呢？这种世界不用说，必须是超越吾人语言、思虑的东西。说它是无法思维的神秘世界，或许就已经是一种错误。我认为直接接触这种光景的是宗教，而不是哲

---

① 李凯尔特：《自然科学概念构造的界限》，第 2 版"序"。

学。然而，若试着从哲学的立场来论述的话，我想将它思考为绝对自由意志的世界。我认为能够综合、统一吾人各种能力，并自由地使用它的人格统一之体验，亦即绝对自由意志的体验，可以让我们去想象这个世界。一般认为直接经验只是单纯的感觉世界，这是错误的。这种世界反而只不过是被制造的间接世界而已。在这一点上，柏格森将直接经验称为内在绵延，可说是得到了"直接"的真正意义。然而，在我的想法里，他主张无法重复它，便已经落入了思维对象的世界。真正的直接世界必须是爱留根纳所谓静止的运动、运动的静止的世界。因此这个世界完全超越了吾人思维的范畴。如从前伪狄奥尼修斯或爱留根纳所言，神超越了所有范畴，说神是有就已经失去其当。如吾人的意志是有又是无、是无又是有那样，这个世界甚至超越了有无的范畴，更何况在这里既没有时空间也没有因果，有是从无而生的（無より有を生ずる）。在此，我不得不承认从希腊末期的新柏拉图主义的流溢说到奥利金等教父的创造论的转变当中的深层意义。我认为最深层的实在之解释，不应该向理性要求，它就在创造性意志之中。

那么，种种的世界要如何从无法作为知识对象被反省且吾人必须作为认识根柢来加以承认的直接的实在，亦即可称为康德物自体的绝对自由意志的世界产生的呢？如吾人就在吾人内省经验中所知的那样，吾人的意志每一个既是自由的，同时又被包摄在一个大自由的意志当中。我们的自己在每一个瞬间是自由的，同时在全体之中亦是自由的。在这个意义下，我们的自己便是康德所谓目的的王国（Reich der Zwecke）、黑格尔所谓概念，在每个作用之中包含肯定和否定。所谓自由就是指在肯定之中包含否定，在否定之中包含肯定。意志如此才能每一个都得以是自由的，然而这些又全都被包容在绝对自由意志的立场之中，从绝对意志的否定立场能够统一一切，也就是说，能够将吾人的经验全体视为绝对意志的否定统一的对象界。依据这个想法所产生的东西就是依据思维统一所产生的、亦即符合思维范畴而产生的所谓实在界。我们的自己在任何一个情况下都是自由的，能够否定、反省自己，同时又能够作为一个人格来反省我自身的经验全体。就如同如此，我们的个人自我虽然是各自独立自由的，然而从超个人意识的立场来统一全部经验所见到的东西却是实在界。思维就是这种绝对意志的否定立场。当思维作为绝对意志的否定作用被独立思考时，其自身就能具有一个对象界。数理的世界是纯粹思维的对象界。然而，思维原本只不过是绝对意志的一个作用而已，因此，只站在思维立场上的对象界，只能被认为是主观、抽象的。思维随着完成它自身必须前进到全人格的统一。从思维的立场来统一全部经验所见到的东西是实在界。李凯尔特如此主张道：直接经验的内容，首先要符合所与的范畴，接着必须符合时空间、因果的范畴，如此实在界才会产生。[①] 彻底进行这种纯粹思维统一的是物理学的世界。普朗克的"物理世界图景的统一"（Einheit des physikalischen Weltbildes）就是如此产生的。吾人若站在某一个立场上就无法反省该立场本身，因此其对象界即被认为是无法动摇的实在界。吾人一般都会将被认为是和所有人共通的思维对象视为唯一的世界，然而思维只不过是绝对意志的一个作用，因此若站在可称为先天的先天、作用的作用的绝对自由意志本身的立场的话，吾人就能够将思维本身视为对象来加以反省。康德的纯粹批判，亦是其中一个。在上述的意义下，将所谓实在界再次建构成原经验的形态时所见的就是历史世界。自然科学朝向普遍化方向前进，与之相反，历史被认为是朝向个性化方向前进，亦是依此之故。历史是自然科学的颠倒。如此一来，才能一方面将物理世界，另一方面将历史世界作为两极，并在那中间思考种种的实在界。比如像历史学的世界、心理学的世界、生物学的世界、化学的世界、物理学的世界那样，种种世界是以阶段的方式被思考的。随着从物理世界接近历史世界而接近意志本身的具体经验，所有一切都变成目的论的。而现在的"我"是这些世界的接触点。吾人能够通过这个现在的"我"自由地进出任何的世界。

---

① 李凯尔特：《认识的对象》，第 166—186 页。

如上所述，就从绝对意志的否定立场，亦即从思维立场统一经验全体时所见的世界，也就是所谓只有实在界的想法来看，从历史的想法到物理学的想法，会以阶段的方式出现各种想法，然而否定了否定（否定を否定して）在任何的立场上都能够独立自主的绝对意志，能够超越所谓实在界，并在那之外具有种种世界。如赫拉克利特主张吾人在太阳底下虽拥有共通的世界，但在梦里每个人却拥有每个人的世界那样，[①] 当绝对意志否定了否定，一度超越此实在界时，无限可能的世界、想象的世界的展望，便会在那里打开。在这个世界里，像梦那样的空想，每一个都是事实。方才我说过，种种世界依据种种立场、先天而产生。对于可称为种种立场的统一、先天的先天的绝对意志立场的直接对象界，便是所有东西每个都是作为独立作用的自由意志世界。在这个世界里，既没有时空间也没有因果，万物全部都是象征。吾人认为是唯一实在界的所谓自然界，亦只不过是一种象征而已。就如当某个人揭开赛斯女神[②] 的面纱竟然会不可思议地看到自己那样，在自然世界的根柢里会有自由的人格。从前灵知派的瓦伦廷等人在从太始深底（βυθός）的神到这个世界的创造之间思考了神话图式（mythologisches Schema），[③] 我认为从这点来看是有深远意义的。

若整理以上思考来说的话，吾人无论如何都无法反省的，亦即无法对象化的绝对意志的直接对象，也就是最主要的世界是艺术的世界、宗教的世界。在这个世界里，每一个现象都是象征、自由的人格。在这个世界里，吾人的思维只不过是一个作用而已。因此，站在思维之上的真理、站在思维之上的世界只是一种真理、一种世界，而不是唯一的真理、唯一的世界。若单纯站在思维立场来看的话，那里会出现数理的世界。数是纯粹思维世界的

---

① 《前苏格拉底哲学家残篇》（H. Diels/W. Kranz），1951—1952 年，第 1 卷，22，赫拉克利特，残篇 89。
② 指埃及的都市赛斯的女神奈斯（Neith）。黑格尔：《历史哲学》，《黑格尔全集》第 12 卷，第 271 页。
③ 参见爱任纽：《驳异端》（Adversus haereses），1·1·1。

实在。然而，若将数理作为意志的直接对象来看的话，那只是一种象征。狄利克雷（Peter Gustav Lejeune Dirichlet）在罗马听复活节音乐得到数理的启发，亦是很有意思的事（根据闵可夫斯基［Hermann Minkowski］为狄利克雷诞生一百周年纪念而撰写的论文）。[1]绝对意志的统一是往深度和广度这两个方向前进的，每一个立场在其各自的立场里，深度地往纯粹的方向前进，同时又作为人格的一个作用，往该全体的统一前进。这成为了知识客观性的要求。

　　如上所述，吾人一般认为是唯一世界的所谓自然世界，只是一个世界，不见得是唯一的世界。我认为我们能够以和"自然界是脱离主观自我存在的"同样的理由，不，应该以更强的权利主张历史世界是客观存在的。如柏格森所言，和我们相信打开窗户隔壁就会有间室一样，可以将它视为无法动摇过去所发生的事的实在，而且亦可以主张物理的真理反而必须依存于历史的真理（Bergson, *Matière et Mémoire*. p. 164.）。[2]物理学家认为我们的精神现象只不过是在那一时、那一刻消失的虚幻而已。心理学家本身亦认为精神现象是无法重复、时时刻刻都在生灭的事象。然而，物体现象不变，说的只是同样的精神现象可以重复而已。穆勒（John Stuart Mill）已说过，所谓物就是"感觉的不变可能"（permanent possibility of sensations）。[3]如果精神现象是真正无法重复的永恒之流的话，那么物体的不变性亦会消失，而且我们虽然将单纯不变的东西，亦即任何时候都是现在的东西视为实在的，然而这种实在只不过是抽象的实在而已。真正的具体实在必须是加入过去的东西。如果任何人死后都会化成灰的话，那么作为物体或许任何人都不会有

---

[1]　闵可夫斯基：《狄利克雷及其对当今数学的重要性》（Peter Gustav Lejeune Dirichlet und seine Bedeutung für die heutige Mathematik），1905 年。

[2]　柏格森：《物质与记忆》，《柏格森著作集》，第 284 页。小坂指出西田原文之中的"p. 164"应该是误植（原版页码是第 157—158 页）。

[3]　穆勒：《威廉·汉密尔顿爵士哲学研究》（*An Examination of Sir William Hamilton's Philosophy*），《J. S. 穆勒全集》（J. M. Robson 编），第 9 卷，1979 年，第 181—187 页。小坂指出原文多数为"permanent possibilities of sensation"。

变化,然而作为历史实在,我们可以说每个人都是具有独一无二之个性的实在。相同地,即使是落魄行乞的人,有些是因为自己的罪行所致,有些则是因为不得已的命运所致。如果只着眼于外部的固定现象的话,这些差别全部都必须作为虚幻被排除。然而,吾人直接具体的实在,并非像物体现象那种抽象实在,反而必须说是上述的历史实在。历史世界和自然科学世界相比,或许被认为是更具体的实在,然而我们可以说,和它相比,艺术、宗教的世界又是更深层的直接实在。总之,我们属于种种世界、出入于种种世界。如奥古斯丁所思考的那样,人类在一方面属于"上帝之城"(civitas Dei),同时在另一方面又属于"恶魔之国"(civitas diaboli)。我认为我们人类的向上、堕落、悲剧、喜剧全部都在这里。

　　我想将上述的想法稍微结合到人生问题来进行思考。若按上述那样来思考的话,从抽象的东西来看,东西的目的指的是其背后的具体全体。从前者的立场来看,后者则变成其目的。如上所述,某一个客观界是依据某一个先天而被建立的,数理的世界是依据数理的先天而成立的,自然科学的世界是依据自然科学的先天而成立的,历史的世界是依据历史学的先天而被建立的。更详细地来说,有理数的世界依据算数的先天而成立,实数的世界依据解析论的先天而成立,几何学图形的世界依据几何学的先天而成立,机械的世界依据力学的先天而成立,化学的世界依据化学的先天而成立,生物界依据生活力的先天而成立,心理学家所谓意识界依据心理学的先天而成立。这些立场从极为抽象的逻辑或数理的立场到极为具体的历史或艺术的立场,抽象立场依序在具体立场中成立,具体立场对于抽象立场则成为其目的。在这个意义下,数理成为逻辑的目的,连续数成为非连续数的目的,几何成为数理的目的,生命成为物体的目的,精神成为物体的目的。吾人最直接的绝对自由意志的立场,在这种意义下,成为所有立场的根柢,是所有立场所依据而得以成立的最具体立场,可以说成为所有立场的目的。虽说吾人的知识通过获得该内容而得以充实客观性,但我们可以这样思考:若能通过进一步达到意志或行为就能达到其终极。

因此，吾人充实人生目的，就是从抽象立场转移到其具体的根源。我们可以认为柏格森的生命冲动，就是在这种意义下，向具体根源的跃进。从逻辑到数理、从有理数到实数，亦是一种生命的冲动。我认为生命这个语词虽暧昧，然将吾人意志投射到对象界来看的就是生命，亦即被客观化的目的论统一。虽说是生命一词，但我认为其内容会依据目的的内容而有所不同。比如，对单单只理解物质欲的人来说，那个人的生命能思考的只是肉体生命。与之相反，活在深层理想要求的人，可以如保罗所说的那样，主张"现在活着的不再是我，乃是基督在我里面活着"①。依据自身而存立的人、真正独立的人是活着的人，真正的生命可以说是实在的具体全体的统一。生命的发展就是往具体的全体前进。在这个意义下，站在单纯抽象立场上的肉体生命是手段，而不是目的本身。基督说："凡想要救自己生命的，必失去生命，凡为我失去生命的，必得到生命"②，这绝不能只被解释为单纯的道德意义。基于上述理由，真正的生命若排除文化意识（Kulturbewusstsein）是无法被思考的。"对生命的意志"（der Wille zum Leben）必须是"对文化的意志"（der Wille zum Kulturleben）。我在这一点上对费希特等人的想法最能表示赞同。绝对意志并不是反理智的，必须是超理智，不，必须将理智作为其一面来加以包容。意志否定理智成为反智就是意志的堕落。意志被自然化成为他律的。

如上所言，从抽象立场移动到具体根源，从一方面来看，是指回归到吾人最直接具体的全体。绝对意志是吾人最直接的现实。与之相反，所谓自然界则是被投射的对象世界、间接经验的世界。现实的具体生活就是像立体世界那样的东西，自然界只不过是像其投射面那样的东西而已。吾人最直接的绝对自由意志既是"创造与不被创造"（creans et non creata），同时又

① 《加拉太书》2：20。
② 《马太福音》16：25。

是"既不被创造也不创造"（nec creata nec creans），无处不包含吾人自身的否定。因此，吾人的精神现象必会被认为伴随有物体现象。精神和物体的结合是一种公设（Postulat）。因此，吾人随时都会被认为属于精神和物体的两界，就如投射图的意义作为其原形本体的原立体之影子被理解那样，肉体生活的意义就在于精神生活，肉体生活只是精神生活的手段而已。偏向物质生活的文化发展，绝不是真正的人生目的。

# 人名索引*

---

\* 此索引为中译者所做。

# 西田几多郎年谱[*]

## （1870—1945）

**1870 年（明治 3 年）**

5 月　　出生在加贺国河北郡森村（今石川县河北市森）。

**1875 年（明治 8 年）5 岁**

4 月　　入学就读于森村长药寺所办的小学（河北郡森村森小学）。

**1882 年（明治 15 年）12 岁**

4 月　　毕业于新化小学高等科。

5 月　　为升学迁移到金泽，学习国语、汉学、数学。

**1883 年（明治 16 年）13 岁**

7 月　　入学石川县师范学校。

**1884 年（明治 17 年）14 岁**

2 月　　毕业于石川县师范学校预科。

10 月　　因养病从石川县师范学校退学。

---

[*]　此年谱为中译者编订。

**1886 年（明治 19 年）16 岁**

3 月　　拜访石川县专科学校的北条时敬，并求学于他。

9 月　　候补入学于石川县专科学校附属初中二年级。结识铃木贞太郎（大
　　　　拙）、藤冈作太郎（东圃）、金田（山本）良吉等人。

**1887 年（明治 20 年）17 岁**

7 月　　初中毕业。

9 月　　入学第四高等中学预科（第三学年）一年级。

**1888 年（明治 21 年）18 岁**

7 月　　从第四高等中学预科毕业。

9 月　　成为第四高等中学第一部文科一年级学生。

**1889 年（明治 22 年）19 岁**

5 月　　与藤冈作太郎、金田良吉、松元文三郎、川越宗孝、长谷川贞一郎、
　　　　冈三治郎（真三）、横山正诚一起组建"我尊会"，撰写文学批评、诗
　　　　歌、小说。

9 月　　从第一部文科转到第二部理科。

**1890 年（明治 23 年）20 岁**

春　　　从第四高等中学退学。

**1891 年（明治 24 年）21 岁**

9 月　　以东京帝国大学文科大学哲学系选修班学生身份入学。师从井上哲次
　　　　郎、元良勇次郎、中岛力造、路德维希·布塞等人。一年级修习哲学概
　　　　论、哲学史、历史学、汉文、英语、国文、自然科学、德语、拉丁语课程。

## 1892 年（明治 25 年）22 岁

9 月　　在文科大学第二年修习哲学史、逻辑学、认识论、社会学、生理学、心理学、伦理学、德语、拉丁语、历史学、比较宗教以及东亚哲学课程。

## 1893 年（明治 26 年）23 岁

7 月　　着手撰写《康德伦理学》，提交中岛力造伦理学课程作业。

9 月　　在文科大学第三学年修习美学美术史、教育学、伦理学、心理学、比较宗教及东洋哲学、印度哲学、精神病理学、哲学研讨、德语等课程。

## 1894 年（明治 27 年）24 岁

7 月　　修完帝国大学文科大学哲学系选修课程。回金泽。

## 1895 年（明治 28 年）25 岁

4 月　　担任石川县寻常中学七尾分校主任。教授英语、伦理、历史。

5 月　　发表《格林伦理哲学大意》（序言・第一篇）于《教育时论》第 362 号、发表《格林伦理哲学大意（承前）》（第二篇）于《教育时论》第 363 号、发表《格林伦理哲学大意（承前）》（第三篇）于《教育时论》第 364 号。与寿美结婚。

## 1896 年（明治 29 年）26 岁

10 月　在第四高中演讲《斯宾诺莎的性向》。

12 月　发表《休谟的因果律》在《北辰会杂志》第 13 号。

## 1897 年（明治 30 年）27 岁

2 月　　发表《论先天知识的有无》在《北辰会杂志》第 14 号。

4 月　　发表《论先天知识的有无（承上）》在《北辰会杂志》第 15 号。

5 月　　被第四高中解聘。

6 月　　发表《论先天知识的有无（完结）》在《北辰会杂志》第 16 号。旅居
　　　　京都妙心寺退藏院修禅。

9 月　　任职于山口高中，担任英语和德语老师。

11 月　　《格林伦理哲学大意》以《唯心伦理学　格林》被转载。

12 月　　京都妙心寺参禅。


**1898 年（明治 31 年）28 岁**

4 月　　在山口摄心。

6 月　　发表《读山本安之助君〈宗教与理性〉论文有感》在《无尽灯》第 3
　　　　卷第 6 号。

7 月　　妙心寺参禅。

12 月　　妙心寺参禅。


**1899 年（明治 32 年）29 岁**

7 月　　被调回第四高中。

8 月　　在妙心寺开始摄心。

9 月　　讲授逻辑学和德语。


**1900 年（明治 33 年）30 岁**

3 月　　发表《美的解说》在《北辰会杂志》第 26 号。

9 月　　讲授德语、逻辑学、心理学。

11 月　　发表《别涅狄克·斯宾诺莎》在《北辰会杂志》第 28 号。


**1901 年（明治 34 年）31 岁**

2 月　　得居士雪门玄松的内观心法。在洗心庵开始摄心。

3 月　　雪门授法号"寸心"，成为居士。

4 月　　发表《康德伦理学主义》在《北辰会杂志》第 29 号。

9 月　　教授伦理学、逻辑学、心理学、德语、英语课程。

12 月　　发表《关于现今的宗教》在《无尽灯》第 6 卷第 12 号。

## 1902 年（明治 35 年）32 岁

9 月　　教授逻辑学、伦理学、心理学、德语。担任伦理学科主任。

## 1903 年（明治 36 年）33 岁

6 月　　发表《人心的疑惑》在《北辰会杂志》第 35 号。

9 月　　教授逻辑学、伦理学、心理学、德语。

## 1904 年（明治 37 年）34 岁

9 月　　开始撰写伦理学讲稿《伦理学草案　第一》、心理学讲稿《心理学讲义》。

## 1905 年（明治 38 年）35 岁

9 月　　在伦理学课程的讲义草稿为《伦理学草案　第二》。

## 1906 年（明治 39 年）36 岁

11 月　　发表《自觉主义》在《北辰会杂志》第 45 号。

## 1907 年（明治 40 年）37 岁

3 月　　发表《谈实在》在《哲学杂志》第 241 号，之后被放入《善的研究》第二编。

8 月　　发表《知与爱》在《精神世界》第 7 卷第 8 号，之后被放入《善的研究》第四编。

## 1908 年（明治 41 年）38 岁

3 月 　发表《伦理学说》(1—3)在《东亚之光》第 3 卷第 3 号,之后被放入《善的研究》第三编。

4 月 　发表《伦理学说(承前)》(4—6)在《东亚之光》第 3 卷第 4 号,之后被放入《善的研究》第三编。

6 月 　发表《伦理学说(承前)》(7—8)在《东亚之光》第 3 卷第 6 号,之后被放入《善的研究》第三编。发表《纯粹经验和思维及意思》(1—2)在《北辰会杂志》第 51 号。发表《纯粹经验和思维及意思》(3—4)在《北辰会杂志》第 52 号。发表《纯粹经验和思维、意思以及理智直观》在《哲学杂志》第 258 号。

7 月 　发表《伦理学说(承前)》(9—11)在《东亚之光》第 3 卷第 7 号,之后被放入《善的研究》第三编。

8 月 　发表《伦理学说(承前)》(12—13)在《东亚之光》第 3 卷第 8 号,之后被放入《善的研究》第三编。

## 1909 年（明治 42 年）39 岁

5 月 　发表《谈宗教》在《丁酉伦理会 伦理演讲集》第 80 号。

7 月 　发表《神与世界》在《丁酉伦理会 伦理演讲集》第 82 号,之后被放入《善的研究》第四编。受聘为学习院教授。

9 月 　担任学习院德语主任。

## 1910 年（明治 43 年）40 岁

2 月 　发表《谈纯粹经验相互的关系及联络》在《哲学杂志》第 276 号。

3 月 　发表在《丁酉伦理会 伦理演讲集》第 80 号的《谈宗教》以《宗教论》为题,转载在《学习院辅仁会杂志》第 80 号。

8 月 　受聘京都大学文科大学副教授。

9 月　在京都大学文科大学教授哲学概论、伦理学（特殊）、伦理学讲读三门课程。

10 月　签订《善的研究》出版合同。发表《柏格森的哲学方法论》在《艺文》第 1 年第 8 号。

## 1911 年（明治 44 年）41 岁

1 月　发表《关于托尔斯泰》在《艺文》第 2 年第 1 号。弘道馆出版《善的研究》。

7 月　发表《关于认识论中的纯粹逻辑派的观点（上）》在《艺文》第 2 年第 8 号。

9 月　发表《关于认识论中的纯粹逻辑派的观点（下）》在《艺文》第 2 年第 9 号。

10 月　开始在真宗大谷大学讲课。

## 1912 年（明治 45 年，大正元年）42 岁

2 月　发表《法则》在《哲学杂志》第 300 号。

9 月　教授科目：西方哲学普通讲义"哲学概论"、伦理学特殊讲义"法则"、伦理学讲读（亚里士多德伦理学）、宗教学演习（施莱尔马赫）。发表《逻辑的理解与数理的理解》在《艺文》第 3 年第 9 号。

10 月　发表《作为认识论者的亨利·彭加勒》在《艺文》第 3 年第 10 号。发表《对高桥（里美）文学士对拙著〈善的研究〉之批评的回答》在《哲学杂志》第 308 号。

## 1913 年（大正 2 年）43 岁

5 月　发表《反自然科学的思想》在《独立评论》再兴第 4 号。

8 月　担任京都大学文科大学教授（宗教学讲座主任）。

9 月　　讲授科目：宗教学普通讲义、心理学普通讲义、宗教学演习：康德《单纯理性限度内的宗教》。发表《自觉中的直观与反省》（1—3）在《艺文》第 4 年第 9 号。发表《自然科学和历史学》在《哲学杂志》第 319 号。

11 月　　发表《自觉中的直观与反省（承前）》（4—6）在《艺文》第 4 年第 11 号。

12 月　　获得文学博士学位。

## 1914 年（大正 3 年）44 岁

3 月　　发表《自觉中的直观与反省（承前）》（7—8）在《艺文》第 5 年第 3 号。发表《宗教的本质》在《美国佛教》第 15 卷第 3 号。

4 月　　发表《宗教的本质（二）》在《美国佛教》第 15 卷第 4 号。

8 月　　发表《自觉中的直观与反省（承前）》（9—10）在《艺文》第 5 年第 8 号。担任京都大学文科大学教授（哲学哲学史第一讲座主任）。

9 月　　讲授科目：哲学普通讲义"哲学概论"、心理学普通讲义、哲学特殊讲义"当今德国哲学"、哲学演习：康德《纯粹理性批判》、心理学演习：柏格森《物质与记忆》。

11 月　　发表《自觉中的直观与反省（承前）》（11—13）在《艺文》第 5 年第 11 号。

12 月　　发表《雅各布·波墨》在《智山学报》第 1 号。

## 1915 年（大正 4 年）45 岁

1 月　　发表《自觉中的直观与反省（承前）》（14—15）在《艺文》第 6 年第 1 号。

3 月　　发表《自觉中的直观与反省（承前）》（16—17）在《艺文》第 6 年第 3 号。千章馆出版《思索与体验》。

6 月　　发表《自觉中的直观与反省（承前）》（18—20）在《艺文》第 6 年第 6 号。

9 月　　讲授科目：哲学普通讲义"哲学概论"、心理学普通讲义、哲学特殊讲义（第一学期"从波尔查诺、布伦塔诺到胡塞尔"，第二、第三学期"黑格尔逻辑学"）、哲学演习：康德《纯粹理性批判》。

12 月　　发表《自觉中的直观与反省（承前）》（21—23）在《艺文》第 6 年第 12 号。

## 1916 年（大正 5 年）46 岁

1 月　　发表《自觉中的直观与反省（承前）》（24—26）在《艺文》第 7 年第 1 号。

3 月　　发表《自觉中的直观与反省（承前）》（27—29）在《艺文》第 7 年第 3 号。

4 月　　《哲学研究》创刊。在创刊号上发表《现代的哲学》。

7 月　　发表《柯亨的纯粹意识》在《艺文》第 7 年第 8 号。

9 月　　讲授科目：普通哲学讲义"哲学概论"、哲学特殊讲义"黑格尔逻辑学"、哲学演习：费希特《全部知识学的基础》。

10 月　　发表《自觉中的直观与反省（承前）》（30—32）在《哲学研究》第 7 号。

11 月　　发表《自觉中的直观与反省（承前）》（33—36）在《哲学研究》第 8 号。

12 月　　发表《自觉中的直观与反省（承前）》（37—38）在《哲学研究》第 9 号。

## 1917 年（大正 6 年）47 岁

1 月　　发表《自觉中的直观与反省（承前）》（39）在《哲学研究》第 10 号。

2 月　　发表《自觉中的直观与反省（承前）》（40—41）在《哲学研究》第11 号。

4 月　　发表《自觉中的直观与反省（承前）》（42）在《哲学研究》第 13 号。

5 月　　发表《自觉中的直观与反省（承前）》（43—44）在《哲学研究》第14 号。弘道馆出版《现代的理想主义哲学》。

6 月　　发表《种种的世界》在《哲学杂志》第 364 号。

9 月　　讲授科目：哲学普通讲义"哲学概论"、哲学特殊讲义"直观与反省"、哲学演习：莱布尼茨《形而上学论》。

10 月　　岩波书店出版《自觉中的直观与反省》。


## 1918 年（大正 7 年）48 岁

1 月　　发表《意识意味着什么》在《哲学研究》第 22 号。发表《莱布尼茨的本体论证明》在《艺文》第 9 年第 1 号。

3 月　　发表《象征的真正意义》在《思潮》第 2 卷第 3 号。

6 月　　发表《感觉》在《哲学研究》第 27 号。发表《奥古斯丁的三位一体论》在《智山学报》第 5 号。

7 月　　发表《感情》在《哲学研究》第 28 号。

9 月　　讲授课程：哲学普通讲义"哲学概论"、哲学特殊讲义"现代的哲学"、哲学演习：斯宾诺莎《伦理学》。发表《意志》在《艺文》第 9 年第 9 号。


## 1919 年（大正 8 年）49 岁

1 月　　发表《艺术的对象界》在《制作》第 1 卷第 2 号。

2 月　　发表《经验内容的种种连续》在《哲学研究》第 35 号。

3 月　　发表《经验内容的种种连续（承前）》在《哲学研究》第 36 号。

4 月　　发表《意志实现的场所》在《艺文》第 10 年第 4 号。

5 月　　发表《意志的内容》在《哲学研究》第 38 号。

6 月　　发表《意志的内容（完结）》在《哲学研究》第 39 号。发表《论关系》在《艺文》第 10 年第 6 号。

7 月　　发表《谈现今的理想主义》在《智山学报》第 6 号。

9 月　　讲授科目：哲学普通讲义"哲学概论"、哲学特殊讲义"黑格尔逻辑学"、哲学演习：柏格森《创造的进化》。发表《关于意识的明暗》在《哲学研究》第 42 号。

## 1920 年（大正 9 年）50 岁

1 月　　岩波书店出版《意识的问题》。

3 月　　发表《美的本质》在《哲学研究》第 48 号。

4 月　　发表《美的本质（承前）》在《哲学研究》第 49 号。

9 月　　教授课程：哲学普通讲义"哲学概论"、哲学特殊讲义"黑格尔逻辑学"、哲学演习：黑格尔《逻辑学》。

10 月　发表《从马克斯·克林格的"绘画和素描"来看》在《艺文》第 11 年第 10 号。

## 1921 年（大正 10 年）51 岁

4 月　　教授科目：哲学普通讲义"哲学概论"、哲学特殊讲义"哲学概论补遗、伦理学根本问题"、哲学演习：黑格尔《小逻辑》、谢林《论人类自由的本质》。发表《感情的内容和意志的内容》在《哲学研究》第 61 号。

9 月　　发表《真善美的合一点》在《哲学研究》第 66 号。发表《作为学者的罗素》在《改造》第 3 卷第 10 号。

11 月　发表《反省判断的对象界》在《艺文》第 12 年第 11 号。

## 1922 年（大正 11 年）52 岁

4 月　讲授科目：哲学普通讲义"哲学概论"、哲学特殊讲义"黑格尔逻辑学"、哲学演习：黑格尔《精神现象学》。发表《社会与个人》在《哲学研究》第 73 号。

9 月　发表《作用的意识（上）》在《艺文》第 13 年第 9 号。发表《行为的主观》和《美和善》在《哲学研究》第 78 号。发表《意志和推理》在《思想》第 12 号。发表《我的唯意志论的意思》在《改造》第 4 卷第 9 号。

10 月　发表《作用的意识（下）》在《艺文》第 13 年第 10 号。发表《艾克哈特的神秘主义和一灯园生活》（第一回）在《光》第 16 号。

11 月　发表《波尔查诺的自传》在《哲学研究》第 80 号。发表《艾克哈特的神秘主义和一灯园生活》（第二回）在《光》第 17 号。

## 1923 年（大正 12 年）53 岁

2 月　发表《法与道德》在《哲学研究》第 83 号。发表《真和美》在《改造》第 5 卷第 2 号。

3 月　发表《真和善》在《思想》第 18 号。

4 月　讲授科目：哲学普通讲义"哲学概论"，哲学特殊讲义"意识的问题"，哲学演习：胡塞尔《纯粹现象学通论：纯粹现象学和现象学哲学的观念》、洛采《形而上学》。

7 月　岩波书店出版《艺术与道德》。

9 月　发表《直接被给予的东西》在《哲学研究》第 90 号。

11 月　发表《直观与意志》在《讲座》第 10 号。

## 1924 年（大正 13 年）54 岁

1 月　发表《在物理现象背后的东西》在《思想》第 27 号。

3 月　　发表《关于内部知觉》（1—2）在《哲学研究》第 96 号。

4 月　　讲授科目：哲学普通讲义"哲学概论"，哲学特殊讲义"亚里士多德
　　　　形而上学"，哲学演习：洛采《形而上学》、黑格尔《精神现象学》。

9 月　　发表《关于内部知觉》（3—5）在《哲学研究》第 102 号。

10 月　　发表《关于内部知觉》（6—7）在《哲学研究》第 103 号。

## 1925 年（大正 14 年）55 岁

1 月　　妻子寿美逝世。

3 月　　发表《表现作用》在《思想》第 41 号。

4 月　　讲授科目：哲学普通讲义"哲学概论"、哲学演习：黑格尔《精神现象
　　　　学》、社会学演习：韦伯《社会科学方法论》。

10 月　　发表《动者》在《哲学研究》第 115 号。

## 1926 年（大正 15 年，昭和元年）56 岁

4 月　　讲授科目：心理学普通讲义、哲学特殊讲义、西方哲学史特殊讲义
　　　　"宗教的哲学基础"、哲学演习：亚里士多德《形而上学》。

6 月　　发表《场所》在《哲学研究》第 123 号。

## 1927 年（昭和 2 年）57 岁

4 月　　讲授科目：哲学普通讲义"哲学概论"，哲学演习：亚里士多德《形而
　　　　上学》、亚里士多德《论灵魂》，社会学演习：黑格尔《法哲学原理》。
　　　　发表《答左右田博士》在《哲学研究》第 133 号。

6 月　　成为帝国学士院会员。

8 月　　发表《知者（上）》在《思想》第 70 号。

9 月　　发表《知者（下）》在《思想》第 71 号。

10 月　　岩波书店出版《从动者到见者》。

## 1928 年（昭和 3 年）58 岁

| 4 月 | 讲授科目：哲学特殊讲义"哲学解决终极问题的计划"。发表《所谓认识对象界的逻辑构造》在《哲学研究》第 145 号。发表《谓词的逻辑主义》在《思想》第 78 号。 |

4 月　讲授科目：哲学特殊讲义"哲学解决终极问题的计划"。发表《所谓认识对象界的逻辑构造》在《哲学研究》第 145 号。发表《谓词的逻辑主义》在《思想》第 78 号。

7 月　发表《观见自身者所处的场所和意识的场所》在《哲学研究》第 148 号。

8 月　从京都大学退休。

9 月　发表《奥古斯丁的自觉》在《岩波讲座　世界思潮》第 7 册。

10 月　发表《睿智的世界》在《哲学研究》第 151 号。

12 月　首次入住镰仓。

## 1929 年（昭和 4 年）59 岁

1 月　发表《直觉的知识》在《哲学研究》第 154 号。

2 月　京都大学名誉教授。

4 月　发表《在自觉普遍者中的物以及它和在它背后之物的关系》和《一个教授的退休致辞》在《思想》第 83 号。

5 月　发表《在自觉普遍者中的物以及它和在它背后之物的关系（2）》在《思想》第 84 号。发表《所谓我的判断的普遍者》在《哲学杂志》第 507 号。

6 月　发表《在自觉普遍者中的物以及它和在它背后之物的关系（3）》在《思想》第 85 号。

9 月　发表《普遍者的自我限定（上）》在《思想》第 88 号。

10 月　发表《普遍者的自我限定（下）》在《思想》第 89 号。发表《普遍者的自我限定和自觉》在《哲学研究》第 163 号。

11 月　发表《从自觉的限定所见的普遍者的限定》在《思想》第 90 号。

12 月　发表《从自觉的限定所见的普遍者的限定（下）》在《思想》第 91 号。上海开明书店出版魏肇基译《善的研究》中译本《善之研究》。

## 1930 年（昭和 5 年）60 岁

1 月　　岩波书店出版《普遍者的自觉体系》。

7 月　　发表《表现自我的自我限定》在《哲学研究》第 172 号。

8 月　　发表《表现自我的自我限定（承前）》在《哲学研究》第 173 号。

9 月　　发表《作为场所自我限定的意识作用》在《思想》第 100 号。

## 1931 年（昭和 6 年）61 岁

2 月　　发表《我所谓绝对无的自觉限定》在《思想》第 105 号。

3 月　　发表《我所谓绝对无的自觉限定（完）》在《思想》第 106 号。

4 月　　发表《人间学》在羽溪了谛、小岛祐马、植田寿藏、天野贞佑编《朝
　　　　永博士还历纪念哲学论文集》（岩波书店）。

5 月　　发表《从我的立场所见的黑格尔辩证法》在近藤俊二编、国际黑格
　　　　尔联盟日本版《百年忌纪念 黑格尔与黑格尔主义》（岩波书店）。

7 月　　发表《永恒的现在的自我限定》在《哲学研究》第 184 号。

9 月　　发表《时间性存在与非时间性存在》在《思想》第 112 号。

12 月　　发表《井上先生》在巽轩会编《井上先生喜寿纪念文集》（冨山房）。

## 1932 年（昭和 7 年）62 岁

2 月　　发表《自爱与他爱及辩证法》（1—2）在《哲学研究》第 191 号。

3 月　　发表《自爱与他爱及辩证法》（3）在《哲学研究》第 192 号。

5 月　　发表《自由意志》在《思想》第 120 号。

7 月　　发表《我和你（上）》在《岩波讲座　哲学》第 8 期。

9 月　　发表《我和你（下）》在《岩波讲座　哲学》第 10 期。

10 月　　发表《关于生命哲学》在《理想》第 34 号。

11 月　　发表《关于人格》在《丁酉伦理会　伦理演讲集》第 361 辑。

12 月　　岩波书店出版《无的自觉限定》。

## 1933（昭和8年）63 岁

1 月　　刊登谈话《关于实在的认定：我所见的形和场所》在《读卖新闻》。

2 月　　发表《形而上学序论》在《岩波讲座　哲学》第 14 期。

3 月　　发表《哲学与教育》在《岩波讲座　教育科学》第 18 册。

4 月　　发表《知识的客观性》在《改造》第 15 卷第 4 号。

5 月　　刊登谈话《拥护文化的两个问题：文化暴力压制的波动》在《读卖新闻》。

10 月　　刊登《数学家阿佩尔》在《东京朝日新闻》。

12 月　　岩波书店出版《哲学的根本问题（行为的世界）》。

## 1934 年（昭和9年）64 岁

1 月　　发表《现实世界的逻辑结构》在《思想》第 140 号。

2 月　　发表《现实世界的逻辑结构（2）》在《思想》第 141 号。

3 月　　发表《现实世界的逻辑结构（3）》在《思想》第 142 号。

6 月　　发表《作为辩证法普遍者的世界》（1—3）在《哲学研究》第219号。

7 月　　发表《作为辩证法普遍者的世界》（4—6）在《哲学研究》第220号。

8 月　　发表《作为辩证法普遍者的世界》（7—10）在《哲学研究》第 221 号。发表《愚秃亲鸾》在岩波编辑部编的《国语》卷 10。

9 月　　发表《从形而上学立场所见的东西方古代的文化形态》在《文学》第 2 卷第 9 号。

10 月　　岩波书店出版《哲学的根本问题　续编（辩证法的世界）》。

## 1935 年（昭和10年）65 岁

1 月　　发表《世界的自我同一与连续》在《思想》第 152 号。

2 月　　发表《世界的自我同一和连续（2）》在《思想》第 153 号。

3 月　　发表《世界的自我同一与连续（完）》在《思想》第 154 号。

7 月　发表《行为的直观的立场（1）》在《思想》第 158 号。发表《关于我的"人格的世界"》在《信浓教育》第 585 号。

8 月　发表《行为的直观的立场（2）》在《思想》第 159 号。

9 月　发表《行为的直观的立场（完）》在《思想》第 160 号。

10 月　刊登与三木清的对谈《日本文化的特质：与西田几多郎博士的一问一答（1—6）》在《读卖新闻》。

12 月　岩波书店出版《哲学论文集　第一：对哲学体系的企图》。


## 1936 年（昭和 11 年）66 岁

1 月　发表《国语的自在性》在《国语　特报》第 5 号。

7 月　发表《逻辑与生命（1）》在《思想》170 号。

8 月　发表《逻辑与生命（2）》在《思想》第 171 号。

9 月　发表《逻辑与生命（完）》在《思想》第 172 号。刊登与三木清的对话《人道主义的现代意义：请教西田几多郎博士（1—5）》在《读卖新闻》。

10 月　刊登与三木清的对谈《人生及人生哲学》在《日本评论》第 11 卷第 10 号。


## 1937 年（昭和 12 年）67 岁

1 月　发表《关于法国哲学的感想》在《思想》第 176 号。

3 月　发表《实践与对象认识：历史世界中认识的立场》（1—2）在《哲学研究》第 252 期。

4 月　发表《实践与对象认识：历史世界中认识的立场（承前）》（3）在《哲学研究》第 253 期。

5 月　发表《实践与对象认识：历史世界中认识的立场（承前）》（4—5）在《哲学研究》第 254 期。岩波书店出版《续　思索与体验》。

7 月　发表《种的生成发展问题》在《思想》第 182 号。

8 月　发表《行为的直观》在《思想》第 183 号。

11 月　岩波书店出版《哲学论文集　第二》。

### 1938 年（昭和 13 年）68 岁

3 月　发表《人的存在》在《思想》第 190 号。

5 月　刊登演讲记录《日本文化的问题》第一讲在《京都帝国大学新闻》第 278 号。刊登演讲记录《日本文化的问题》第二讲、第三讲在《京都帝国大学新闻》第 279 号。

8 月　发表《历史世界中的个物立场（上）》在《思想》第 195 号。

9 月　发表《历史世界中的个物立场（下）》在《思想》第 196 号。担任昭和研究会昭和塾顾问。

12 月　发表《希腊语》在《图书》第 35 号。

### 1939 年（昭和 14 年）69 岁

3 月　发表《绝对矛盾的自我同一》在《思想》第 202 号。

8 月　发表《经验科学》在《思想》第 207 号。

11 月　岩波书店出版《哲学论文集　第三》。

### 1940 年（昭和 15 年）70 岁

1 月　刊登谈话《创造！迈向新世界》在《读卖新闻》。

3 月　岩波书店出版《日本文化的问题》。

8 月　发表《实践哲学序论》在《岩波讲座　伦理学》第 2 册。

11 月　就任风树会理事长。宫内省颁发文化勋章（未出席颁奖仪式）。

### 1941 年（昭和 16 年）71 岁

1 月　以“关于历史哲学”向天皇进讲。此稿发表在《哲学研究》第 347 期（1946 年 4 月）。

5 月　　发表《作为历史形成作用的艺术创作（上）》在《思想》第 228 号。

6 月　　发表《作为历史形成作用的艺术创作（下）》在《思想》第 229 号。

9 月　　发表《国家理由的问题》在《岩波讲座　伦理学》第 8 册。

11 月　　岩波书店出版《哲学论文集　第四》。因风湿病住进京都府立医院。

## 1942 年（昭和 17 年）72 岁

## 1943 年（昭和 18 年）73 岁

1 月　　发表《关于知识的客观性（新知识论的基础）》在《思想》第 248 号。

2 月　　发表《关于知识的客观性（2）（新知识论的基础）》在《思想》第 249 号。

5 月　　发表《关于自觉（前论文的奠基）》（1—2）在《思想》第 252 号。

6 月　　发表《关于自觉（前论文的奠基）》（3—5）在《思想》第 253 号。

9 月　　发表《传统》在《思想》第 256 号。

## 1944 年（昭和 19 年）74 岁

1 月　　发表《物理的世界》在《思想》第 260 号。

3 月　　发表《逻辑与数理》在《思想》第 262 号。

6 月　　发表《以预定和谐为线索走向宗教哲学》在《思想》第 264 号。

7 月　　发表《关于笛卡尔哲学》与《关于笛卡尔哲学　附录》在《思想》第 265 号。

9 月　　发表《哲学论文集第四补遗》《哲学论文集第四补遗　附录一》在《哲学研究》第 341·342 号（合并号）。岩波书店出版《哲学论文集　第五》。

10 月　　发表《生命》（1）在《思想》第 267 号。

## 1945 年（昭和 20 年）75 岁

2 月　　开始写《场所的逻辑与宗教的世界观》（最终论文）。遭到空袭，
　　　　《哲学论文集　第六》和收入《生命》（2—3）的《思想》第 268 号的
　　　　纸模在刊行前被烧毁。

4 月　　完成《场所的逻辑与宗教的世界观》。

6 月　　1 日执笔《关于我的逻辑》。7 日凌晨 4 时去世。9 日遗体在逗子小
　　　　坪火葬场火葬。13 日在北镰仓东庆寺举行葬礼。遗骨安葬在出生
　　　　地河北郡宇之气村（现在的河北市）长乐寺、北镰仓东庆寺、京都妙
　　　　心寺灵云院。

# 译 后 记

    本译著的出版有一个因缘际会。2009 年我从筑波大学获得博士学位回台湾任教于高雄中山大学后，受京都大学名誉教授藤田正胜的邀请参加《善的研究》刊行一百周年纪念国际研讨会，着手撰写西田哲学和田边哲学的比较论文。田边元自《求教西田先生》（1930 年）后总是批判西田几多郎的哲学是神秘主义哲学，这让我心中生起为西田哲学辩护的念头。西田在《善的研究》提出"纯粹经验"概念，试图超越西方主客二元对立下的所有知识体系及其世界观、价值观，并以"纯粹经验"说明实在、真善美和所有在思维和反省中的知识客观性或普遍性。此做法让西田被批评为一种心理主义者或神秘主义者。西田本人为了回应这个批评而撰写了《自觉中的直观与反省》。

    西田在《自觉中的直观与反省》中，一方面将《善的研究》中的"纯粹经验"所主张的主客未分之意识视为"直观"，另一方面又通过和新康德学派所代表的逻辑主义立场进行对决的过程，将站在意识之外来看意识的意识视为"反省"，并从自觉的立场来说明这两个异质者以及两者之间的内在关联。这个"自己映照自己"、"自己知道自己"、"自己发展自己"的自觉立场，可以说包含了将自己对象化的"反省"以及将对象化本身作为自身活动来看待而自己又不被对象化来发展自己的"直观"。这恰好说明了，在自觉之中，直观和反省是一个，自觉的两个面向就是直观与反省。西田正是在这个自觉体系的架构下,检讨和他同时代的哲学家所关注的"价值和存在"、"意义和事实"等哲学问题(参见"序"、"序论"第一节)。

从这本书的内容,我们可以窥见西田如何通过和新康德学派(李凯尔特、柯亨、文德尔班、纳托普、波尔查诺)、德国观念论(康德、费希特、黑格尔)、心理学(冯特、斯图姆夫、詹姆斯、布伦塔诺、迈农)、现象学(胡塞尔),甚至和西方的物理学、数学、几何学等自然科学的对话,来说明自己的哲学立场。《自觉中的直观与反省》展现的正是西田自身的自觉哲学体系。我认为西田以推理方式层层判释西方哲学、自然科学等的论述,不能算是神秘主义者的哲学论述。

西田哲学的研究进路非常多,比如有单独针对西田哲学的研究、比较哲学研究、跨文化哲学研究、哲学·思想史研究,亦有从宗教或儒释道、东亚哲学或世界哲学观点的研究,甚至有应用哲学研究等。就现今吾人对日本哲学的关心来看,每一条道路都极为重要,亦非常有魅力,但就我个人研究倾向来说,最容易进入的是西田哲学中的东方思维,特别是其禅体验或禅思维的部分。正如上田闲照所言,从禅宗思想切入最能理解西田哲学的精髓。以下,我想通过浅谈《自觉中的直观与反省》这本书中的一句话——"说似一物即不中",来说明自觉哲学体系的最重要部分以及此体系与西方哲学的关系。

西田在本书的"结论"开始总结自己的自觉哲学体系,并说明其背后的东西方宗教及艺术的要素。他在第一段话的一开始就坦言自己已达到了知识以上的某物,并说明自己和康德学徒一样,都承认知识的界限。他借由伪狄奥尼修斯或爱留根纳的"是一切的同时又不是一切"(亦即铃木大拙和西田爱用的"即非")的主张,批判柏格森仍停留在相对的世界里谈论自己的"绵延"概念,并认为真正的"绵延"要像爱留根纳所言的动静合一(静止的运动、运动的静止)。第一段话的结尾处,西田直言要将这个"绵延"称为绝对的意志,亦有失其当,最后写下南岳怀让回答六祖慧能的一句话——"说似一物即不中"。

　　怀让去见慧能,慧能问:"从哪来?"怀让回答:"从嵩山来。"接着,慧能又问:"嵩山是什么样子?从嵩山的哪个方向来?"怀让回答:"我若说嵩山是什么样子,就不是嵩山真正的样貌(说似一物即不中)。"慧能怀疑他所说的"说似一物即不中",因为那可能不是他真正的体悟,于是又问:"还可以修证它吗?"怀让又答:"既没有修证,也没有污染。"慧能立即为怀让印可,说道:"十方诸佛所说的就是这个没有污染,你也是如此,我也是如此。"(参见《景德传灯录》卷第五)。

　　"说似一物即不中"意味着任何言语都只是方便手段,无法描述任何人事物的真实。之所以可以这样说,是因为潜伏在这个说法背后的是"既没有修证,也没有污染"这种信念。也就是说,佛不执着于修证,最后达到绝对的、无修证的最高境界。佛的自性本来清净,不会有染污。西田显然已将这种超越者或悟道者(佛)的形象置入他自身以及他所对峙的西方哲学或自然科学之中。包含直观和反省的自觉形态(或绝对自由意志),正是这种无修证、无污染、说似一物即不中的超越者、绝对无之象征。关于这个绝对无的道理,虽然西田在此书没有直接道出,我们依然能够间接窥见西田跟随这个绝对无映照、知道、发展自己的活动而建构出自觉哲学体系的思索轨迹。

　　如"言得三十棒,言不得三十棒"(说也错不说也错)所示,西田并非要主张西方哲学、自然科学都是虚妄,相反地,他要说的是这些学问都是由人随着绝对无的自觉活动所产生的。也就是说,所有在思维和反省中的客观性或普遍性知识,都只是作为无的自觉活动本身的开展而已。西田在此书的"序"和"改版序"中都提到自己或许会受到"刀断矢尽向神秘军门请降"的嘲讽。事实上,我们应该反过来看。西田在《自觉中的直观与反省》中对西方哲学或自然科学的推理或判释,恰好是站在更高层次上的哲学活动。此书不应该只被看作禅师启悟弟子、学人的入门书。西田更不是一般所认为的那种心理主义者或神秘主义者。

　　此书的翻译缘由已经写于前面不再赘述。此书翻译成形得很早,但因我个人的工作际遇和经历关系，直到重新被整理为止，耽搁了有 12 年之久。感谢中山大学哲学系给予我一个稳定的工作环境，我才能将这本旧译书重新翻译一遍，以这种方式呈现给世人。关于此书的希腊文、拉丁文、德文、法文、英文的校对及翻译，除了对照西田自己的翻译外，我要感谢我的同事周小龙博士（图宾根大学）为我所做的大部分工作。李逸超博士（耶拿大学）以及杨小刚教授则为我提供翻译上的咨询。此外，我要感谢为此书撰写导论的京都大学名誉教授藤田正胜和立正大学教授板桥勇仁，以及无偿让我自由使用此书注释的日本大学名誉教授小坂国继。我还要感谢为此书的注释和年谱的初步整理付出心力的博士生孙彬和硕士生王少杰。此书的内容包罗万象，非常精彩，是喜爱哲学思辨的人必不能错过的哲学书。我衷心期望此书的问世，能为汉语哲学世界带来更多思索的空间及乐趣。

廖钦彬

2022 年 8 月 10 日

于广州市金沙洲

**图书在版编目 (CIP) 数据**

自觉中的直观与反省 / (日) 西田几多郎著；廖钦彬译 . — 北京：商务印书馆, 2024
（东西哲学与文明互鉴文库）
ISBN 978-7-100-23373-6

Ⅰ.①自… Ⅱ.①西…②廖… Ⅲ.①现代哲学—研究—日本 Ⅳ.① B313.5

中国版本图书馆 CIP 数据核字（2024）第 033820 号

东西哲学与文明互鉴文库
**自觉中的直观与反省**
〔日〕西田几多郎 著
廖钦彬 译

**商 务 印 书 馆 出 版**
（北京王府井大街 36 号　邮政编码 100710）
**商 务 印 书 馆 发 行**
**北京中科印刷有限公司印刷**
**ISBN 978-7-100-23373-6**

2024 年 2 月第 1 版　　开本 710×1000　1/16
2024 年 2 月北京第 1 次印刷　印张 18¼

定价：98.00 元